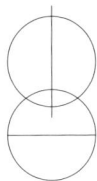

新中日文化交流史大系

编委会

主　编：王　勇

副主编：葛继勇

委　员：王　勇　王晓平　葛继勇　邢永凤

　　　　江　静　[日]河内春人　[日]森公章

　　　　陈　翀　张伟雄　丁　莉

国家出版基金项目
NATIONAL PUBLICATION FOUNDATION

葛继勇

著

中日汉籍关系论考

浙江人民出版社

总　序

　　中日文化交流的历史悠久而灿烂，历代名人辈出且留存史料丰赡，在中日两国学术界备受关注，多年来，该领域积淀了无数的学术研究成果。

　　日本学者辻善之助《增订海外交通史话》、藤田元春《上代日中交通史研究》、木宫泰彦《日中文化交流史》均出版于半个世纪前，这三部著作堪称中日文化交流史领域的先驱作品，至今仍有其重要意义。其中《日中文化交流史》经胡锡年翻译成中文后，更是对从事该领域研究的中国学者产生了莫大的影响。森克己围绕"宋日贸易"所著的《日宋贸易之研究》《续日宋贸易之研究》《续续日宋贸易之研究》《日宋文化交流之诸问题》四部扛鼎之作，搜集网罗该领域的基本史料，夯实了该领域的研究基础。田中健夫的《对外关系与文化交流》《中世对外关系史》等书聚焦元明时期，他继承了森克己的学术理念，着眼于东亚地区，促成了该领域的新发展。

　　此外，实藤惠秀研究清末时期的中国留学生（《中国人留学日本史》），大庭修研究江户时代中国书籍的流通（《江户时代中国典籍流播日本之研究》），池田温围绕法制研究中日交流史（《东亚文化交流史》），小曾户洋、真柳诚研究中日医学交流史（《汉方的历史》），等等。学者们均在各自的研究领域颇有建树，取得了不俗的成绩。近年来，这一领域的学术新人亦层出不穷，如森公章、山内晋次、田中史生、榎本涉、河野贵美子、河内春人等活跃在国际学术舞台，成果频出，备受瞩目。

回看中国，除了民国时期王辑五所著《中国日本交通史》，我国学者对这一领域的真正研究，始于1972年中日两国邦交正常化之后。

史学领域，汪向荣的《古代的中国与日本》与王晓秋的《近代中日文化交流史》发掘新资料、提出新见解，代表20世纪该领域的顶尖水平；杨栋梁主编六卷本《近代以来日本的中国观》，称得上是"从周边看中国"的佳作。

文学方面，20世纪末严绍璗的《中日古代文学关系史稿》与王晓平的《近代中日文学交流史稿》珠联璧合，以其宏大的视角与浑厚的国学底蕴，全面梳理中日文学交流千年史脉，至今仍被视作经典。

考古学分野，王维坤的《中日文化交流的考古学研究》以出土文物为据，实证中日文化交流史事；尤其是王仲殊，围绕"三角缘神兽镜"提出"东渡吴人制镜说"（《王仲殊文集》第二卷），在日本学界引起甚大反响。

思想史层面，王家骅的《儒家思想与日本文化》关注儒家思想在日本的变容，内容极富创见；刘岳兵的《明治儒学与近代日本》探究"西化"氛围中传统儒学的命运，提出富有挑战性的命题。

此外，来自中国台湾地区、香港地区、澳门地区的学者也是一股不可忽略的研究力量，如研究明代中日关系史的郑樑生，研究东亚教育圈的高明士，研究中日书籍翻译史的谭汝谦等人，都有丰硕的研究成果问世。

综上所述，在中日文化交流史领域，日本学者比中国学者早一步着手研究，凭借对基础史料的收集、整理、解读，在学界独领风骚多年。但近20年来，中国学者潜心研究，积极吸收国内外优秀研究成果，终于取得了飞跃性进步，研究水平达到国际水平，甚至在一些特定的"点"和"线"上有领先之势。

形成上述局面的原因主要有两点：首先，中国学者的汉语功底扎实，不仅能解读日本的汉语史料，还能从中国的历史文献与新出土文物资料中发掘新史料；其次，自1972年中日两国邦交正常化以来，留学日本后归国的中国学者大多数不仅有阅读日语文献资料的能力，还具备撰写外语论文及学术著作的水平。

这些年来，在从事中日文化交流史研究的中国学者中，有不少人因为其杰出的学术成果在国际学术界受到高度评价，甚至获得重量级学术奖项。如：王仲殊因对"三角缘神兽镜"的突破性研究，获得"福冈亚洲文化奖"；严安生因对日本留学精神史的精深研究，获得"大佛次郎奖"；严绍璗因在中日文学交流史领域的巨大贡献，获得"山片蟠桃文化奖"；王晓平因从事汉诗与和歌的比较研究，获得"NARA万叶世界奖"；王勇因提出"书籍之路"理论，获得"国际交流基金奖"；等等。

中日文化交流史为中日两国共有的研究主题，从事该领域研究的学者同人们交流互动亦非常频繁。20多年前，由浙江人民出版社推出的"中日文化交流史大系"正是其成果之一。

30年前的春日，我邀请中日比较文学界的国际知名学者中西进先生到杭州大学（现浙江大学）作专题讲座。讲座结束后，时任杭州大学校长沈善洪先生让我陪同中西进先生一同考察江南园林史迹。1991年5月18日，在无锡的一家酒店中，我与中西进先生共同商定了"中日文化交流史大系"的选题计划。该计划得到了许多同人的帮助，进展顺利。该丛书日文版定名为"日中文化交流史丛书"，自1995年7月起依次出版，共十卷；中文版定名为"中日文化交流史大系"，由浙江人民出版社于1996年11月一次性出版十卷。

此后20多年间，随着考古文物资料的出土及文献资料的不断发现，中日学术界的理念及研究方法也有新的发展，中日两国的人文学术交流更是不断深入。基于此，作为中日文化交流史的研究学者，我认为召集中日两国的学者重新审视两国之间文化交流历史的机缘已然成熟，也正是出版"新中日文化交流史大系"的最佳时机。

20多年前出版的"中日文化交流史大系"以专题史的形式，把全套书分为历史卷、法制卷、思想卷、宗教卷、民俗卷、艺术卷、科技卷、典籍卷、人物卷、文学卷等十卷，而每卷又都是由多人共同执笔的通史体裁著作。"新中日文化交流史大系"（第一辑）共有九卷，邀请了研究中日文化交流领域备受关注的学者，让其用通俗易懂的语言为读者讲述其最新的研究成果，力求做到"有趣有用"。

本丛书于2016年入选国家"'十三五'国家重点出版物出版规划"，2020年入选国家出版基金资助项目。此外，本丛书还得到2017年度国家社科基金重大项目"中日合作版'中日文化交流史丛书'"（首席专家：葛继勇）与浙江大学"双一流"项目"经典文化传承与引领——《东亚汉典》编纂与研究"（主持人：王勇）的支持。在此特别向支持本丛书的各单位和个人表示谢意。

悠久且灿烂的中日文化交流史，是世界文化交流互鉴历史中的瑰宝。希望本丛书能够为新型中日关系的构筑以及两国民众的相互理解略尽绵薄之力。是为序。

浙江大学日本文化研究所

王　勇

2021年10月1日

目　录

5

序　文

日本早稻田大学名誉教授　新川登龟男

本书的作者葛继勇是一位活跃在古代中日文化交流研究最前沿的优秀学者。

葛继勇的学术专著主要有《七至八世纪赴日唐人研究》（商务印书馆2015年版）、《汉诗汉籍的文化交流史》（日本大樟树出版社2019年版）等。前者着眼于古代中日人物往来，后者围绕日本人如何接纳中国古代诗文和科举所用教材这一主题进行阐释。葛继勇还与他人共同撰写了《历代正史日本传考注·汉魏两晋南北朝卷》（上海交通大学出版社2016年版）、《入唐僧的求法巡礼与唐代交通》（日本大樟树出版社2019年版）等学术著作。此外，其不仅在中国发表了许多研究成果，而且在日本著名学术期刊和著名学者退休纪念论文集中也发表过诸多高论。葛继勇围绕新出载有"日本"国号的几方墓志所取得的研究成果，也为日本学界瞩目。

其中，《七至八世纪赴日唐人研究》是葛继勇初试牛刀的著作，曾获得中国宋庆龄基金会颁发的"孙平化日本学学术奖励基金二等奖"。《汉诗汉籍的文化交流史》《入唐僧的求法巡礼与唐代交通》两部著作收录于王勇教授主编的"新中日文化交流史丛书"（日文版）第一辑（十卷）中，而且葛继勇本人也是这套丛书的编辑委员。此大型出版项目以中日两国共同出版的"中日文化交流史丛书"（日本大修馆书店1995—1998年版；中国浙江人民出版社1996年版）为基础，汇集此后发现的新材料、推出的新成果，由中日两国研究者再度携手合作而成。

1

而本书是在上述《汉诗汉籍的文化交流史》（日语版）的基础上编集而成的中文版著作。虽然本书第一章至第八章承袭《汉诗汉籍的文化交流史》的内容，但第九章至第十五章所收录的论文为其最新研究成果。此外，《汉诗汉籍的文化交流史》的研究对象以唐代即日本9世纪前的奈良、平安时代为主，而本书则在此基础上加入清代部分，聚焦18世纪前半叶的日本江户幕府时代（德川吉宗担任幕府将军期间），并将研究视域扩展至现当代（日本改元"令和"），可谓是了解整个中日文化交流史的力作。

本书基本主旨贯穿全书，绝非杂乱无章地罗列论文。葛继勇对其恩师王勇教授开拓的"书籍之路"(Book Road)研究进行了实证性的分析和拓展，尝试阐明中国是如何传承本土孕育的诗文及汉籍，而这些诗文及汉籍又是何时、如何传入日本，并对日本产生了何种影响的。全书字里行间皆见作者努力推动中日双方深化理解两国文化交流史的意图。

然而，将这样的研究意图付诸实践，并进一步取得重大成果绝非易事。直至今日，葛继勇一直在努力克服这一困难。毋庸置疑，在此过程中，葛继勇不仅具备卓越的研究能力，同时兼备对历史资料挖掘和人类社会探索的无限兴趣以及敏锐的洞察力、超强的行动力。此外，我们也能由衷感受到他对中华文明的自豪和对日本文化的尊重。

我曾经在早稻田大学与葛继勇有长达三年亲切交流的机会。此机缘始于其作为中国国家留学基金委员会公派的访问学者于2011年9月赴日留学之际。接着，葛继勇又被日本学术振兴会聘任为外国人特别研究员（JSPS），连续两年在日本从事博士后研究工作。在这三年的时间里，他以早稻田大学为平台，积极开展各种研究活动和人文交流。我们在日本学术振兴会等机构的资助下共同开展研究，他为此做出巨大贡献。回国后，葛继勇曾赴韩国短暂访学，之后作为日本国家级研究机构——国际日本文化研究中心的外国人研究员再次赴日访学。前不久，他曾在日本二松学舍大学"日本汉文学研究"国家基地从事学术研究。

这一系列的研究经历，促使葛继勇的研究得到了中日两国学界的高度评价，同时也推动葛继勇的研究进一步扩展和深化。本书正是最好的例证。

虽然已介绍过本书的基本主旨，但是我还想再强调三点。第一，书中提及众多诗文和汉籍，葛继勇对于中国传统文献的博览强记令人惊叹。第二，本书对中日两国先行研究状况的把握大致相当，在尊重双方先行研究成果的同时展开论述。这种论述方式值得赞赏。第三，葛继勇在本书中旁征博引新发现的墓志等资料，并提出了诸多独到的见解。

因此，本书定会成为引领今后中日"书籍之路"研究的灯塔。同时，本书也将成为"书籍之路"研究的基础学。如果此基础学能够为今后的研究课题指明新方向，则本书将进一步发挥其作为基础学的作用。

在此将其称为基础学主要有两个原因。其一，即使是日本的人文学科研究者，也对本书中提到的不少诗文和汉籍几乎一无所知。《白氏文集》等作品虽然在日本广为人知，但是从历史和文学的跨学科研究角度而言，日本学术界对其研究的深度和广度还有所欠缺。也就是说，这些诗文和汉籍对于研究学者以外的大多数人来说，是既没有见过也没有听过，当然也没有读过的。因此，本书广泛介绍了这些接近未知的诗文和汉籍，借此激起各行各业人士的兴趣和学习欲望。希望葛继勇今后为大家更多地介绍"书籍之路"上中日文化交流的生动实例。

其二，本书成为基础学，关系到更重要的问题，就是应该如何以"书籍之路"研究为媒介，来理解中国的大陆文明与日本的列岛文化之间的关系这一本质问题，其中存在着远超预想的巨大障碍。这一障碍的关键词是"影响"。如上所述，对传播至日本但在日本鲜为人知的诗文和汉籍的阐释，促使我们思考为什么它们会在日本被遗忘。另外，传播这些诗文和汉籍至日本的中国人和携归这些诗文和汉籍的日本人，在当时有什么样的意图或需求呢？这种意图或需求又造成了什么样的结果呢？正如葛继勇一贯主张的那样，这就是不可回避的"影响"论的精髓。

例如，书中对德川吉宗时代从中国输入的汉籍群的分析饶有趣味。其中，葛继勇指出，介绍马医术的《元亨疗马集》并未在日本流传，而是被之前传入日本的《马经大全》取代了。这是为什么呢？这确实与当时的出版情况有关系，但归根结底是因为没有需求的汉籍不会流传，所以也就不会被出版。那么，两者的内容哪里不同呢？中国历史上的马医术，也就是关于疗马的认识是怎样的呢？以汉籍为媒介接触中国马医术的日本是怎样应对的呢？这一认识在日本又是如何被改变的呢？这是"书籍之路"研究的一大课题。

包括我本人在内，也容易被"影响"一词及其概念所迷惑。所谓"影响"，真是一个模糊、方便，有时甚至会被误解的概念。在本书中，我们随处可以感受到作者为打破这一棘手壁垒而煞费苦心。在这一点上，我本人对作者真挚的研究态度表示敬意。

另外，本书也把从《万叶集》中选取的年号"令和"放到砧板上进行"解剖"。本来，在日本江户时代以后，特别是进入明治时代，人们才逐渐将《万叶集》视为日本文化的精髓。《万叶集》是由小部分仿照汉文体的题词（序）与大部分日本语化的和歌这两种不平衡的部分组成的。"令和"是从汉文体题词（序）中选取"令"与"和"两个汉字组合而成，使之看起来像是汉语的复合词。但是，大多数日本人误认为《万叶集》只有日语化诗歌，所以倾向于认为"令和"年号源自只有日语化诗歌的日本古典《万叶集》。

另一方面，似乎大多数日本人也没有意识到，日本的年号制度是仿照中国的年号制度而来的，年号也一直使用汉语或者类似汉语的词语。但是，从《万叶集》诗歌的万叶假名中，无法找出接近于汉语的年号。

因此，只能从少量的汉文题词中，即不被认为属于《万叶集》的内容中选取。但事实上，日本新年号确实出自《万叶集》。从这个意义上来说，这并非是在撒谎，而是在假想中建立起来的认知错误和认识偏差的堆积所致。而且，日本年号制度的历史意义与过去的中国年号制度有很大的不同，因此更加复杂。

"令和"这一年号蕴含着文明、文化间的复杂关系，即共有化、差异化、伪装化、拒绝化以及误认和扭曲的错层化等多方面、多层次的关系。但是，这是历史事实，从中日两国长期交流的历史来看，将其称为常态也不为过。因此，简单武断的"影响"论产生了巨大的错误认识，这些错误认识又派生出简单武断的"影响"论，如此循环往复。相反，走向非"影响"论的"独自""固有""特殊"论，也同样会反复犯错。

像这样无法用普通办法解决的"影响"问题，也凝缩在所谓"汉字"的问题中。"汉字"，顾名思义就是诞生于中国的文字，但现在日本也广泛使用。日本人使用"汉字"，确实存在着中华文明的"影响"，但当被问及其"影响"具体为何时，人们就穷于回答了。因为汉字不是单纯的符号，而是在将中国的习俗、感知与思考书面化的"汉文"文体和"汉文"文脉中存活的，所以失去这些关联事物的"汉字"便不能被简单称为"汉字"。尽管如此，日本仍频繁使用中国人创造的"汉字"，所以很容易产生各种错误认识。即使是同一个汉字，中文汉字与日语汉字意思不同之例绝非罕见，这暗示着两国历史文化间存在巨大鸿沟。

这种现象不仅存在于当今社会，在漫长的历史长河中也普遍存在。而且，不仅存在于中国文明与日本文明的关系上，各种异质文明交流互鉴时，也会出现这种普遍性问题。

希望今后中日两国研究者能够正确挖掘并解开这如网眼一样复杂的构造，挖掘蕴含于其中的根本性及切实性的问题所在，并充分交换意

5

见。在从零起点寻找答案的过程中，人们自然而然地就会对过早得出的"影响"论进行反省。

这种尝试绝非易事，因为要重新审视中日文明文化关系中的固有观念和认知错误、认识偏差，就必须具有相应的力量、勇气和视野。学术研究必须发挥先导性作用。当然，这一职责必须由接受"书籍之路"研究的日方研究者承担。但是，中方研究者的作用也是巨大的。本书正发挥着这样的作用，我本人对其在重新审视何为中国文明传播这一视野中的作用寄予厚望。

如果中日双方不能互相认识到彼此作用的话，则大家期待的合作就不能拓展下去。我想，不仅仅只有我一个人对此担忧吧。因为我们都深深感受到了理解中日两国交流史的重要性。正如中国将梵语等佛经翻译成汉语加以接受那样，日本又是如何将汉译佛经翻译成日语的呢？按照这样的方向和基准，重视翻译文化，也有助于拓宽我们的研究视野。

从作为基础学的本书中，能处处感受到作者试图为我们拓展研究视野的良苦用心。若本书能被广泛阅读，并且帮助读者从中发现新的课题，拓宽新的思路，实乃幸事。最后，也希望作者葛继勇能够再接再厉，产出更多典范性成果！

前　言
本书的研究视角和内容构成

一、研究视角

本书所谓"关系"，既覆盖日本对中国汉籍的受容之关系，亦包含日本对中国汉籍的排斥之关系，甚至也外延至中日两国携手编纂汉籍的协同之关系。同时，本书所谓"汉籍"，并非中国汉代典籍之称，也非中国汉文典籍之意，而取汉字古籍之意。诚如王勇师所言，"汉籍"为不分时代、不别国籍、不拘种类、不囿内外之总称，中国人原创称"中国汉籍"，日本人原创曰"日本汉籍"，以此类推，既可彰显中国文化普惠四邻之辉煌，亦可观摩东亚各国孜孜不倦之创意。[1]

一般认为，中日两国的文化交流始于汉武帝时期的使节往来，中国文化传往日本（倭国），给日本列岛的社会、文化带来了巨大的影响。逮至隋唐时期，经由"书籍之路"，中国大量书籍尤其是汉诗文集以前所未有的速度传往日本[2]，给日本带去了文明的种子，中国文化最终成为日本人精神生活中不可或缺的一部分。

遗憾的是，只有《白氏文集》等极少数典籍的传播过程清晰明了，

1　王勇：《从"汉籍"到"域外汉籍"》，《浙江大学学报（人文社会科学版）》2011年第6期。

2　关于中日"书籍之路"的研究，请参照王勇：《書物の中日交流史》，国际文化工房2005年版；王勇等：《中日"书籍之路"研究》，北京图书馆出版社2003年版。

其他大多数文献的传播轨迹已经湮没在历史尘埃中，鲜有人知。甚至，不少典籍即使是在原产地中国，业已散佚在历史长河中，难觅踪迹。因此，考察流播异国的典籍，探明其传播踪迹，梳理中国文化在域外本土化过程中的化用与变异，实乃当务之急。

例如，关于大津皇子《临终一绝》和陈后主《临行诗》之间的关系，目前有三种说法：一是"中日偶合说"，把两首临终诗的相似性视为历史中的偶然；二是"日诗入华说"，认为大津皇子的诗作在先，而陈后主的《临行诗》为中国人附会之作；三是"汉诗渡日说"，认为是陈后主的《临行诗》传往日本后，大津皇子仿作《临终一绝》。这三种说法中，"汉诗渡日说"最为合情合理，但只有真正弄清楚陈后主诗篇的创作、传播历程，才能更加令人信服。

同时，古代日本人在阅读汉文典籍时，并非简单地接受、模仿，时有变容现象发生。也就是说，汉文典籍传往日本后，日本人对其认知定位和中国国内并不完全一致。特别是平安时代，对中国典籍的受容从模仿走向创新，各种各样的变容随之出现。

比如，成书于初唐时期的《时务策》《兔园策府》等文集，曾作为应对科举考试的参考资料在士人之间传诵，后来变成庶民普通教育的教材，"田夫牧子"即能随口诵读，村院黄鹂能"解读书"。然而，东传日本后，其因文字典雅，引用经史解释，收集古今事迹典故，故由教科书（贡举考试的参考书）变成了资料性类书。通过考查古代中国佚存典籍在日本的受容和变容情况，可以一窥当时中日两国获取知识的实相。平安初期的日本人对魏徵《时务策》、杜嗣先《兔园策府》的受容情况，佐证了日本对待中国文化的态度由模仿逐渐走向创新，并终于迎来日本唐风文化的高潮这一事实。

另一方面，近年来，围绕新出史料而诞生的新领域、展开的新视角颇受重视。历来为个人、秘阁所私藏，或隐藏在深山古寺中的贵重卷轴、写本相继公开，使研究者有幸得览原始文献；众多一手史料得以铅字排印或影印出版，被有效利用。例如，诸古抄本所收《会昌四年惠萼识语》等文献史料以及《江州德化东林寺白氏文集记》等石刻资料相继公开，让今人有机会探明《白氏文集》成书后的传播历程。另外《杨宁墓志》《杨汉公墓志》《白邦彦墓志》等新出石刻资料也陆续面世，为研究白居易子孙的事迹提供了可靠的依据。

然而，有关这些新出史料的研究并不十分充分，尤其是对白居易和杨氏兄弟的交往情况，鲜有具体而深入的研究。另外，虽然学界对《白氏文集》传往日本的经过已有共识，但诸本编撰经纬、成书后去向、所藏地等，依然存有诸多未解之谜。

此外，在考察接受方购买何种书籍、为何购买这些书籍时，需要究明汉籍流播日本过程中的日本主体意识以及书籍贸易过程的具体实相。江户时代日本实行锁国政策，中日文化交流几乎全依赖于赴日贸易的中国商人。但是，这些赴日中国商人船载的书籍等货物以及同行的赴日文人、艺能者，大都与德川幕府的主动购求和积极邀请有关。尤其是在注重实学的第八代将军德川吉宗时代，赴日清人尤多，日本对法制、武艺、医药等中国文化的输入极为热心。

近年来，日本在前首相安倍晋三等保守派的影响下，试图消除中国痕迹的"去中国化"风潮暗流涌动，"国粹主义"思想逐渐显露。比如，新年号"令和"出典，安倍政府宣布采用取自日本古典而非中国汉籍的年号，欲利用日本古典来彰显"日本特性"。但是，中国汉籍已深植于日本土壤之中，成为日本文化不可或缺的一部分。日本文化中汉籍身影遍布，愿今后勿将汉籍看作异国文化加以排斥。

二、内容构成

基于上述问题意识，本书分十五章进行论述，大致内容如下：

第一章和第二章主要考察《净名玄论略述》收录的陈后主《临行诗》与《怀风藻》收录的大津皇子《临终一绝》的关系。通过梳理大津皇子《临终一绝》的创作背景，阐明陈后主《临行诗》东传日本的经纬。

第一章通过追溯《临刑诗》作者江为的先祖江总和陈后主的关系，探讨江为《临刑诗》和陈后主《临行诗》的"接点"。文中指出，陈诗为其本人真作，江为可能通过先祖江总的诗文集接触到陈后主《临行诗》，于临刑前触景生情仿作《临刑诗》。

第二章主要考察陈后主的诗作传至日本的经过。文中认为，陈后主诗为僧吉藏抄录并藏于嘉祥寺，入唐日僧智藏于嘉祥寺获得陈诗，携归日本后由弟子僧智光收入《净名玄论略述》。大津皇子和智藏交好，得以阅览陈诗，在感叹死之将至时仿作《临终一绝》。淡海三船敬仰大津皇子，从而在编撰《怀风藻》时将其临终诗收录。

第三章、第四章和第五章，主要考察传往日本的魏徵《时务策》、《魏文贞故事》和《兔园策府》的成书、特征及变容情况。

第三章通过考察日本大宰府遗址出土的魏徵《时务策》木简，梳理古代日本对其受容情况。《时务策》是魏徵担任皇太子李建成幕僚时撰写的文集，经由遣唐使携归日本，为上至中央官司下至地方官吏所青睐。在古代日本，《时务策》最初是作为贡举考试的教科书、参考书使用的，空海、藤原敦光等人后将其视为类书。

第四章主要考察记录魏徵言行的《魏文贞故事》一书。经考证，王方庆所撰《魏文贞故事》（又名《魏文贞故书》），与《魏文贞公故事》《魏公故事》《魏徵故事》为同一书籍。至南宋，《魏文贞故事（书）》十卷被改编为《魏郑公谏录》五卷。日本类书《明文抄》中引用的《魏文贞故事》四条，与现存《魏郑公谏录》的相关内容一致。传入日本的《魏文贞故事》六卷应是王方庆《魏文贞故事（书）》十卷中的一部分。

第五章主要考察同为对策文集的《兔园策府》。《兔园策府》是杜嗣先于龙朔元年（661）至乾封元年（666）期间撰成，作为科举考试参考书在士人之间广为流传。唐末五代以后，中下层士人乃至庶民将其作为儒学入门读物使用，后被删去了繁杂的注释，作为类书（工具书）或儒学入门书的功能减弱，遂作为蒙书流通。《兔园策府》被遣唐使团携归日本后，沿袭其本来功能，继续作为大学寮教科书或考试问题集使用。从《兔园策府》由最初作为政治参考书，到变成贡举考试参考书和教科书，乃至作为类书使用的变容过程，可以一窥当时日本文人获取知识的实相。

第六章、第七章和第八章则以白居易《白氏文集》为中心，考察《白氏文集》的编撰、寺院奉纳以及白居易和杨氏一族的交往与白居易诗文集东传日本的关联。

第六章主要涉及《白氏文集》的编撰过程和寺院奉纳情况，着重考察《白氏文集》的成书经过，包括各版本《白氏文集》的成书时间以及各自卷数等，特别是《白氏文集》七十卷的成书背景以及传播日本的经过。本章还通过考察《江州德化东林寺白氏文集记》碑文，从白居易文集的保存意识来讨论诸寺院奉纳本的去向。得益于寺院奉纳和家藏的保存方法，白居易文集幸得以较为完备的版本留存至今，鲜有散佚。

第七章在整理有关白居易子孙的新出史料的基础上，考察白居易后人的人生遭遇，探究《白氏文集》家藏本的去向。首先证实白居易侄子龟郎即白行简之子景受。白居易最完善的手定本原藏在旧居普明禅院，因咸通四年（863）水灾和乾符四年（877）火灾而亡佚。分藏在外孙谈阁童处的《白氏文集》，可能被携往位于太原的谈氏老家。

第八章通过考察杨氏一族相关的史料，挖掘白居易和杨汝士兄弟四人的交友关系，特别是通过追溯其与杨汉公、杨鲁士的交往，考察其与江南地区以及中央杨氏一族的交往情况，并着重分析入唐僧圆仁携归《杭越寄和诗集》与职方郎中杨鲁士的关系，以及僧惠萼抄写《白氏文

5

集》与苏州刺史杨汉公的关系。

第九章、第十章和第十一章从接受方购买何种书籍、为何购买这些书籍以及这些书籍在日本的流播情况出发，探讨江户时代日本接受汉籍的主体意识、中日书籍贸易的具体情况。

第九章关注传播至日本的《元亨疗马集》，细致调查日本国立公文书馆（内阁文库）、山口大学图书馆所藏的《元亨疗马集》诸本，并在梳理《舶载书目》等所载《元亨疗马集》目录的基础上，指出德川吉宗时代传播至日本的《元亨疗马集》为康熙十九年（1680）的丁宾序本，《舶载书目》等所载《元亨疗马集》为日本享保九年（1724）十一月施翼亭携带至日，现藏于日本国立公文书馆（索书号为"子50－17"）。《元亨疗马集》等未在日本翻刻刊行，对日本马医学的影响仅限于舶载原书的范围，概因与之前传入日本并在日本刊刻的《马经大全》内容重复较多而不再被大量需求相关。

第十章关注传至日本的骑射术专业书籍《射诀》，指出清人陈采若不仅携带骑射实用性书籍《射诀》至日，而且携带诸多骑射用具，在日传授骑射术。由于陈采若等在日教授骑射技艺之事未得到清政府许可，故浙江总督李卫遣人赴日探听日本动向，并要求舶载陈采若归国。本章力图从名不见经传的小人物——陈采若，以及鲜为人知的书籍——《射诀》出发，窥探江户时代中日文化交流之一斑。

第十一章以德川吉宗时代对中国马医术、骑射术的接受为中心，考察该时代成书的《马书》《马疗治》等与江浙地区赴日清人的关联。因受到幕府的邀请，赴日清商船载马匹、马具以及擅长马医术、骑射术的旧军官和医师赴日。围绕马的疗治、骑射等，德川吉宗遣使向陈采若等江浙地区的赴日清人询问。这些赴日清人的问答最终促成了《对语骥录》等书籍的问世。

第十二章、第十三章与上述专论中国书籍至日的传播途径和传播人物不同，主要从思想层面探讨日本搜求中国书籍的缘由和目的。

第十二章在对《古今图书集成》的作者、成书以及印本进行梳理的基础上，对《古今图书集成》东传日本及其影响进行了探讨。全套《古今图书集成》是拥有开明的实学思想和欲振兴幕政的德川幕府将军吉宗下令输入的。《古今图书集成》的辗转收藏，与明治政府的大型类书编纂事业有关。

第十三章对德川吉宗收集中国法制书籍、地方志、"洋书"（汉译"洋书"及"洋"版书）的情况进行梳理，指出吉宗对唐船舶来书籍的态度是择有用者而藏之，注重史部的诏令、奏议、地理、职官、政事及子部的农家、医家、天文、算法。对西洋文化的兴趣和对汉译书籍的收集，大大促进了"兰学"在日本的流播。

第十四章和第十五章以日本年号与汉籍、日本古籍的关系为中心，考察日本年号的源流、文字构成及其出典从汉籍向日本古籍转变过程中隐藏的民族意识和政治诉求等。

第十四章首先梳理了中国的年号与用字，指出中国虽不乏少量三字、四字、六字的年号，但以两字组成的年号为常用，且已定型。日本年号自诞生之始深受中国影响，并深植于日本的政治文化土壤之中。除取自祥瑞之外，至近代可以明确出典的日本年号，皆取自中国古典。

第十五章关注日本新公布的年号"令和"及其出典《万叶集》卷五（《梅花歌序》），在探究年号"令和"出典的同时，尝试挖掘其中隐含的学术思想和政治诉求。文中指出，《梅花歌序》前半部分受到王羲之《兰亭集序》、中间部分受到张衡《归田赋》、后半部分受到骆宾王《秋日与群官宴序》的影响，故"无法消除中国文化的痕迹"。安倍晋三采用"令和"新年号并宣布出典为日本古籍《万叶集》，体现了其借助民族文化认同来统合国民意志、推进其修改现有宪法的政治意图。

综上所述，本书以汉诗、汉籍为中心考察中日交往实况，追溯中国

7

文化流播日本的始末缘由以及在日本的受容和变容情况。通过对中日汉籍关系的研究，本书再次确认了一个事实：日本对中国文化的接受经历了从模仿到创新的过程，存在变容甚至排斥现象。

文化包括创造、被创造、享受三方面，这三者虽然联系密切，但各自在某种程度上又有相互独立的一面。[1]因此，在研究对外文化交流，特别是研究以本国已经佚失的汉诗、汉籍为对象展开的文化交流时，必须弄清楚它们诞生的文化环境和时代背景。基于这种观点，本书详细考察《白氏文集》复杂的编撰过程和据此生成的诸本。今后笔者拟立足当前研究成果，对《白氏文集》等传播日本后的受容和变容情况进行更为全面、具体的研究。

从文化交流的角度研究中日间的书籍往来，特别是关于汉诗、汉籍的研究，近年来在国际上备受瞩目。笔者曾在"书籍之路"概念的倡导者王勇先生的指导下发表数篇相关论文，本次在广大同志好友的帮助下得以将研究成果集结成书出版，实属荣幸之至。读者朋友们通过本书，若感受到本研究课题的重要性和趣味性，则幸甚至哉。

本书能够顺利完成得益于台湾大学佐藤将之教授及好友河野保博、赤木隆幸、植田喜兵成智、沟口优树、樋口能成等人的无私帮助。同时，本书的相关章节译自日文，分别由余水秀（前言）、王谈谈（第一章）、苏亦伟（第二章）、龚凯歌（第三章）、毋慧婕（第四章、第十章）、叶朝霞（第五章、第十五章）、许浩（第六章、第九章）、伊蒙蒙（第七章）、杨亚莹（第八章）、潘志涛（第十四章）、郑睿姝（附录二）等研究生完成初稿，张燕燕协助进行了校对。在此，对花费大量时间助力本书撰写、翻译和校对的上述诸位学友表示由衷的感谢。

---

1 ［日］家永三郎：《日本文化史》，岩波书店1982年版，第4页。

第一章
大津皇子《临终一绝》与陈后主《临行诗》
——以与江为《临刑诗》的关联为中心

当提到日本古代的悲剧人物时，大多数人马上会想到天武天皇之子大津。[1]继日本著名诗人、民族学者折口信夫（释迢空）出版《死者之书》（1943年）之后，根据大津皇子的不幸遭遇写成的小说《天翔的白日》（黑岩重吾著）、《明日香皇子》（内田康夫著）、《宇宙皇子》（藤川桂介著）以及漫画《天上之虹》（里中满智子著）等先后问世，传达了千年的悲怆之美，深受读者喜爱。[2]

在日本现存最早的和歌集《万叶集》中，有五首与大津皇子相关的和歌。此外，日本现存最早的汉诗集《怀风藻》中收录了其撰写的四首汉诗。《日本书纪·大津皇子卒传》载"诗赋之兴，自大津始也"，对大津皇子的诗赋创作给予了很高的评价。本文探讨的汉诗是大津皇子短暂一生中的绝唱，即《临终一绝》。

这首《临终一绝》是大津皇子的著作还是他人的代作，学术界众说

1　关于大津皇子的最新研究，请参照［日］篠川贤：《飛鳥と古代国家》，吉川弘文馆2013年版。

2　位于大阪府与奈良县交界处的二上山山顶附近的一处墓地，被宫内厅命名为"大津皇子二上山墓"。前往参观者人数众多，但是，靠近葛城市山麓的鸟谷口古坟为大津皇子墓地的说法更有说服力。

1

纷纭，莫衷一是。但现在的普遍说法是该诗为大津皇子本人所作。金文京围绕该诗与陈后主《临行诗》之间的关联进行了探讨。[1]然而，关于《临行诗》并非陈后主本人所作而是后人伪造的说法，仍有必要进一步探讨。江为的《临刑诗》与《临行诗》相似，但金文京文中并没有涉及两者之间的关联。

本章从江为的先祖江总与陈后主之间的关系入手，探讨江为《临刑诗》与陈后主《临行诗》之间的"接点"，在论述陈后主《临行诗》真伪的同时，以期探明日本大津皇子《临终一绝》的渊源系谱。

一

大津皇子的不幸与《临终一绝》

大津皇子（663—686）为天武天皇之子。《怀风藻·大津皇子传》载：

> 状貌魁梧，器宇峻远。幼年好学，博览而能属文。及壮爱武，多力而能击剑。性颇放荡，不拘法度，降节礼士，由是人多附托。

可知，大津皇子文武双全、不拘礼法，深受时人尊敬。此外，《日本书纪》卷二十九天武天皇十二年（683）二月癸未朔条中载"大津皇子始听朝政"。这种"始听朝政"的表述与《续日本纪》卷八养老三年（719）六月丁卯条中的"皇太子（之后的圣武天皇）始听朝政"相同。

---

1 ［日］金文京：《从〈全唐诗〉一首〈临刑诗〉谈日韩资料在汉学研究上之价值》，《中华文史论丛》第64期，2000年。

由此可以推测，大津皇子当时或已成为继承皇位的有力候选人。

然而，大津皇子的母亲在他四岁时早逝，其姊被选为斋王远赴伊势神宫侍奉皇祖神，缺乏有力支持者。异母弟草壁皇子（母亲是鹈野讚良皇后）被立为皇太子。更不幸的是，父亲天武天皇去世后，鹈野讚良皇后（即持统天皇）掌握朝政不到一个月，大津皇子就因谋反罪被处以死刑。

三年后，皇太子草壁皇子早逝，传闻源于大津皇子的鬼魂作祟，故大津皇子被改葬于二上山。二上山山麓东侧的鸟谷口古坟被认为是大津皇子的坟墓。此古坟离竹内街道的重要驿站当麻寺很近。[1]古坟的右侧有池塘，前面的小路通向二上山。选择这块风水宝地作为坟墓，符合大津皇子的喜好，当是对大津皇子鬼魂的慰藉。《万叶集》中收录大津皇子的和歌中，多次出现"池"（卷三的第四一六首）和"山"（卷二的第一○七首、第一○八首）等字样。

事实上，正如《日本书纪》卷三十朱鸟元年（686）十月条中载：

> 庚午，赐死皇子大津于译语田舍，时年二十四。妃皇女山边被发徒跣，奔赴殉焉，见者皆歔欷……（大津）及长辨有才学，尤爱文笔。

时人极为同情英年早逝的大津皇子。与上述《怀风藻》相同，《日本书纪》及《万叶集》等8世纪编纂的文献记载中对大津皇子的才学予

---

1 二上山位于古大和国西面，从大和国来看，夕阳从此山的两座山峰之间的山谷落幕消失，因此被称为西方极乐净土的入口、死者灵魂的最终安息之处。迁都平城（奈良）以前，竹内街道是连接古代日本大和飞鸟地区和河内国（今大阪）难波港的重要官路，遣隋使及赴日隋使裴世清等经此路往来于难波港与飞鸟京之间。2008年12月，笔者曾在友人朝田省三的引导下参观此地，在此深表谢意。

以高度评价。

另据《万叶集》卷三第四一六首载，大津皇子于磐余池陂流涕作歌一首：

> 磐余池中鸭悲鸣，今日见后隐云中。
>
> 上（诗），作于藤原宫朱鸟元年冬十月。

这首和歌是大津皇子去世前吟咏的。此和歌与下述临终诗相对应，备受瞩目。

大津皇子《临终一绝》收录在《怀风藻》中。原文为："金乌临西舍，鼓声催短命。泉路无宾主，此夕谁（离）家向。"[1]

据现存文献记载，与此类似的临终诗中，中国最早的是五代时期江为的《临刑诗》，朝鲜半岛最早的是15世纪中期成三问（1418—1456）所作的《临终诗》，在时间上，皆晚于大津皇子《临终一绝》。

那么，像安积觉、周作人指出的那样，这些临终诗是"偶然""奇绝"（即中日偶合说），还是如伍淑推测的那样，大津皇子的诗传到中国后，被中国人模仿（即日诗入华说）？[2]不过，小岛宪之指出，日僧智光（708—776?）《净名玄论略述》中所载中国南朝陈后主的《临行诗》与此诗相似。[3]梁容若、福田俊昭对上述临终诗群的成立时期予以关注并

---

1 ［日］小岛宪之校注：《日本古典文学大系·懷風藻》，岩波书店1981年版，第77页。《怀风藻》宽政本载为"离（離）"，但天和本、《群书类从》本等载为"谁（誰）"。

2 ［日］安积觉《老圃诗膄》（《日本诗话丛书》第七卷收录）、周作人《孙蕡绝命诗》（周作人《苦竹杂记》收录）、伍淑《日本之汉诗》（《中日文化论集》收录）。详见［日］小岛宪之：《上代日本文学と中国文学（下）》，塙书房1974年版，第1262页。

3 ［日］小岛宪之：《大津皇子の文学周边》，《歴史と人物》1978年11月号。

进行了探讨。他们认为，大津皇子的《临终一绝》传到中国和朝鲜半岛，中国和朝鲜半岛出现的类似汉诗都是模仿大津皇子的作品（即日诗入华说）[1]。另一方面，小岛宪之、滨政博司和金文京指出，中国在六朝至初唐期间就有类似的临终诗，应是大津皇子模仿此诗，临终前吟咏而成（即汉诗渡日说）。[2]目前国内少有学者论述过这些临终诗，在金文京《从〈全唐诗〉一首〈临刑诗〉谈日韩资料在汉学研究上之价值》于中国发表之前，一直不为国人所知。

以下将探讨《净名玄论略述》收录的陈后主《临行诗》。

二

陈后主《临行诗》及其问题点

陈后主（553—604）是南朝陈的最后一位皇帝（582—589年在位），名叔宝，在位期间广建宫室，常与妃嫔和文臣们举行宴会，创作艳词。祯明三年（589），隋军攻入都城建康，陈后主被押赴长安，隋仁寿四年（604）逝于洛阳。《旧唐书·百济传》载："（百济王义慈）及至京，数日而卒。赠金紫光禄大夫、卫尉卿，特许其旧臣赴哭。送就孙

---

1 ［日］福田俊昭：《大津皇子〈临终诗〉の系谱》，《日本文学研究》第18号，1979年；梁容若：《中日文化交流史论》，商务印书馆1985年版。

2 ［日］小岛宪之：《近江朝前後の文学その二——大津皇子の临终诗を中心として》，《万叶以前——上代びとの表现》，岩波书店1986年版；［日］滨政博司：《大津皇子临终诗と金圣叹·成三问——日中朝の临刑诗の系谱》，《日中朝の比较文学研究》，和泉书院1989年版；［日］滨政博司：《大津皇子"临终"诗群の解释》，《和汉比较文学丛书 万叶集と汉文学》，汲古书院1993年版；［日］金文京上述论文《从〈全唐诗〉一首〈临刑诗〉谈日韩资料在汉学研究上之价值》；［日］金文京：《大津皇子〈临终一绝〉と陈後主〈临行诗〉》，《东方学报》第73号，2001年。

皓、陈叔宝墓侧葬之，并为竖碑。"可知，陈后主死后，葬在投降西晋的吴王孙皓墓旁。

陈后主的文集虽多达三十九卷，但大部分散佚。在收录陈后主诗的明人张溥《汉魏六朝一百三家集》卷一〇二以及逯钦立《先秦汉魏晋南北朝诗》中《陈诗》卷四等中，均未见上述临终诗。收录该诗的《净名玄论略述》中有如下记载：

> 如有传云：后周终王号少帝阐，将诸太夫享祀先庙。掌客之臣杨坚有二美女与一男，男是杨光也。坚使此二女举筯上帝……叔宝之臣号曰妙景，其妻妍美。王闻感念，乃任以景将军居戍隋之南境，而集其妻纳于宫中。景乃言："戍境有限，无所奈何。心虽甚悔，今无所为。"遂生叛逆，使人告隋朝曰："叔宝无义失道，虐恶甚之。"坚固（故？）作色而怒曰："天授不取，还受殃耳。"乃以杨光为大将军，率诸兵卒，度江伐陈。临发之日，坚语光等："朕闻吉藏者善达法门，宜申诚心要请之。至今伐于陈，岂贪其地乎？良由有道之王（主？）耳。"以铁锁与鼓（船？）权为浮梁而渡津，景前导而伐之。遂平其城而囚执叔宝并子……宝发路，咏曰："<u>鼓声推命役，日光向西斜。黄泉无客主，今夜向谁家？</u>"

"鼓声推（催）命役（短），日光向西斜。黄泉无客主，今夜向谁家"一诗[1]，现称《临刑诗》、《临终诗》或《临行诗》。从当时的形势和诗歌的内容来看，陈后主认为在被押赴长安的途中或到达后会被立即斩首，故而吟咏此诗。因此，也可以说是一首临终诗。

---

[1] 金文京指出，陈后主诗中的"推"应为"催"，"役"应为"短"。[日] 金文京：《黄泉の宿——临刑诗の系谱とその背景》，《兴膳教授退官纪念 中国文学论集》，汲古书院2000年版。

不过，福田俊昭指出，上述"如有传云"的内容很可能是《净名玄论略述》的作者智光所作。[1]但是，金文京指出，这些看起来荒诞无稽的内容并不完全是日本人的虚构，均传自中国[2]，并认为这些内容原型来自陈灭亡后江南地区产生的传说，与《开业平陈记》《大业拾遗记》中的相关记载相对应[3]。其实，文中"妙景"的原型是《南史·萧摩诃传》的萧摩诃，两人经历相似，且名字日语发音也相近。"摩诃"的"诃"，《广韵》载音为"苦何切"，读作"ke"，即"摩诃"读作"moke"，这与"妙景"的日语发音"mioke"相近。应是智光（或智光所引材料的原作者）重视读音，选择了同样发音的"妙景"二字。因此，"如有传云"的内容虽有些荒唐无稽，行文亦不流畅，但也无法断言与史实无关。

金文京指出，诗中的"宾主"没有招待客人的意思，言辞不当，且不符合中国的习惯，这是日本人改作时所犯的错误。[4]这种观点很有见地，但在六朝隋唐时期，"宾主"是诗中常用的"诗语"。另外，大津皇子诗中"泉路"一词，在六朝隋唐的诗中也很常见。例如，南朝陈僧智恺的《临终诗》载："泉路方幽噎，寒陇向凄清。一朝随露尽，唯有夜松声。"此外，诗中称太阳为"金乌"，符合中国古典的记载。因此可以说，大津皇子的诗符合中国用语习惯。

此外，正如水口干记所指出的那样，大津皇子与陈后主两诗中"鼓声"具有共性（即时刻制度）。[5]"鼓声"表示的时间为戌时（19时至21

1　[日]福田俊昭：《海を渡った大津皇子の〈臨終詩〉》，《东洋研究》第114号，
　　2002年。

2　金文京上述论文《从〈全唐诗〉一首〈临刑诗〉谈日韩资料在汉学研究上之价值》。

3　金文京上述论文《大津皇子〈临终一绝〉与陈后主〈临行诗〉》。

4　金文京上述论文《从〈全唐诗〉一首〈临刑诗〉谈日韩资料在汉学研究上之价值》。

5　[日]水口干记：《大津皇子詩と陳後主詩——"鼓声"をめぐって》，《続日本紀研
　　究》第378号，2009年。

时），即一更。古代一晚分为五更，每更敲一次大鼓以告知时间。"金乌临西舍"是指酉时（相当于17时至19时），故在大津皇子的诗中，"金乌临西舍"放在"鼓声催短命"之前，在时间上是正确的。[1]因此，大津皇子的临终诗是只有熟读中国典籍、通晓中国文化的知识分子才能吟咏的。据上述《日本书纪·大津皇子卒传》所载"尤爱文笔。诗赋之兴，自大津始也"，不难想象大津皇子通晓《文选》等中国典籍诗文。

不过，诗的最后一句"此夕谁家向"是日语语序，应为"此夕向谁家"。这应是试图模仿汉诗押韵而表现出不成熟的一面。

日本古代的知识阶层拥有惊人的汉学修养，努力汲取中国文化，但只停留在模仿或抄袭阶段，独创性的东西很少。[2]例如，《怀风藻》所录的百济和麻吕《七夕》中有"昔惜河难越，今伤汉易旋"一句。该诗与梁武帝的《七夕》"昔时悲难越，今伤何易旋"相似。另外，石川石足《春苑应诏》中的"舞袖留翔鹤，歌声落梁尘"也与齐王融《秋夜长》中的"舞袖拂花烛，歌声绕凤梁"有很多文字上的重复。这些类似诗属于"同句式形态诗"，显然前者（日本人的诗）是模仿后者的。[3]

此外，收录大津皇子诗的《怀风藻》也许在8世纪中叶之后传入中国。但是，正如金文京所指出的那样，即使《怀风藻》传到中国，江为模仿大津皇子的临终诗来吟咏《临刑诗》的可能性也非常低。[4]

遗憾的是，迄今为止收录上述陈后主诗的著作只有《净名玄论略述》。福田俊昭指出，上述陈后主诗"不是追溯到中国初唐六朝以前的

---

1 "金乌"亦称阳乌、三足乌。《山海经·大荒东经》载"汤谷上有扶木，一日方至，一日方出，皆载于乌"。金乌即指太阳，"金乌临西舍"是指太阳落山的意思。太阳落山的时间是酉时（相当于17点到19点）。

2 王勇：《日本文化——模仿与创新的轨迹》，高等教育出版社2001年版，第232—233页。

3 严绍璗：《中日古代文学关系史稿》，湖南文艺出版社1987年版，第75—76页。

4 金文京上述论文《从〈全唐诗〉一首〈临刑诗〉谈日韩资料在汉学研究上之价值》。

资料",认为"大津皇子的临终诗传入中国并影响了江为",并进一步指出:《净名玄论略述》收录的陈后主诗与中国流传的江为、孙蕡、金圣叹等人的临刑诗酷似;虽是间接的,但大津皇子的临终诗传入中国大陆后被模仿,在一边倒地吸收中国文学的上代日本文学中是极为值得关注的现象;大津皇子诗虽是不成熟的作品,但在诗情方面直到近代仍对中国文学产生影响,其意义非常重大。[1]

众所周知,"中日偶合说"和"日诗入华说"几乎都是在陈后主的诗被发现之前出现的。陈后主的诗被发现后,"汉诗渡日说"成为主流。但是,福田俊昭近年来再次主张"日诗入华说"[2]。可以说此问题仍未解决。

如果能证明上述诗是陈后主本人所作,那么大津皇子诗改编自陈后主诗的结论将不容置疑。但是,大津皇子时代之前的中国六朝、隋、初唐时期的类似诗无法查验,小岛宪之等学者关于这些类似诗在六朝至初唐期间既已存在的说法很难找到依据。因此,关于陈后主诗歌的真伪,有必要进一步慎重考证。

接下来,笔者试从江为的活动场所和出身来考察其临终诗与陈后主诗的关系。

三

江为《临刑诗》

与上述两诗相似的汉诗群,即临终诗的谱系,滨政博司整理出七

1　福田俊昭上述论文《大津皇子〈臨終詩〉の系譜》。
2　福田俊昭上述论文《海を渡った大津皇子の〈臨終詩〉》。

首。金文京增添以下的（2）和（3），指出有九首。[1]根据作者年代，兹列举如下：

（1）五代江为（？—949）的《临刑诗》（陶岳《五代史补》卷五，1012年）：

衙（《全唐诗》卷七四一为"街"）鼓侵人急，西倾日欲斜。黄泉无旅店，今夜宿谁家？

（2）宋南戏《小孙屠》第十九出（《永乐大典》第一三九九一卷，15世纪初）：

黄泉无旅店，今夜宿谁家？

（3）元杂剧《薛仁贵衣锦还乡》四折《豆叶黄》曲（《元刊杂剧三十种》，14世纪后期）：

黄泉无旅店，晚天今夜宿在谁家？

（4）《水浒传》第七回（17世纪上半叶）：

万里黄泉无旅店，三魂今夜落谁家？

（5）明朝孙蒉（1334—1389）的临终诗（《西庵集》卷七，15世纪初）：

鼍鼓三声急，西山日又斜。黄泉无客舍，今夜宿谁家？

（6）朝鲜成三问的临终诗（《死六臣文集》所引的《稗官杂记》，1538年）：

击鼓催人命，回看日欲斜。黄泉无一店，今夜宿谁家？

（7）清金圣叹（1608—1661）的临终诗（伍俶《日本之汉

---

1 滨政博司上述论文《大津皇子"臨終"詩群の解釈》、金文京上述论文《大津皇子〈臨終一絶〉と陳俊王〈臨行詩〉》。实际上，《和汉骈事》卷下杂类第十中收录了大津皇子和孙蒉的诗，并介绍了江为的诗和《水浒传》第七回中所见的诗。［日］虞渊方外史编：《和汉骈事》，《日本艺林丛书》第四卷收录，第49—50页。

诗》，1955年）：

御鼓丁东急，西山日又斜。黄泉无客舍，今夜宿谁家？

（8）清戴名世（1653—1713）的临终诗（《安徽历史上科学技术创造发明家小传》，1959年）：

战鼓咚咚响，西山日已斜。黄泉无客舍，今夜宿谁家？

（9）民国叶德辉（1864—1927）的临终诗（周作人《苦竹杂记》，1935年）：

慢擂三通鼓，西望夕阳斜。黄泉无客店，今夜宿谁家？

在此，笔者补充下面一个例子。据《五灯会元》（1252年成书）卷十八，在回答弟子关于"借问"的典型例子的提问时，净光了威禅师举出了以下诗作：

（10）宋僧普济（1179—1253）《五灯会元》卷十八，《圆通仙禅师法嗣·温州净光了威禅师》：

（弟子僧）曰：学人好好借问。师曰：黄泉无邸店，今夜宿谁家？

江为的《临刑诗》是中国国内古典文献所载最早的类似诗。民国叶德辉、清朝戴名世的诗，可以追溯到五代江为的《临刑诗》。陈后主的《临行诗》在《净名玄论略述》中被发现后，围绕陈后主诗的研究兴盛起来，但对江为的《临刑诗》与陈后主诗的关联性却鲜有论述。

江为是五代南唐诗人，南朝梁江淹的后裔。虽撰有一卷诗集（现存的诗仅有八首，《全唐诗》卷七四一收录），但多已散佚，鲜为人知。然而，其残句"竹影横斜水清浅，桂香浮动月黄昏"被宋林逋《山园小梅》更换了二字，改编为"疏影横斜水清浅，暗香浮动月黄昏"，成为脍炙人口的绝妙佳句。

陶岳《五代史补》（1012年成书）卷五《江为临刑赋诗》载：

> 江为，建州人，工于诗。乾祐中，福州王氏国乱。有故人任福州官属，恐祸及，一旦亡去，将奔江南。乃间道谒为。经数日，为且与草投江南表。其人未出境，遭边吏所擒，仍于囊中得所撰表章。于是收为与奔者，俱械而送。为临刑词色不挠，且曰："嵇康之将死也，顾日影而弹琴。吾今琴则不暇弹，赋一篇可矣。"乃索笔赋诗曰："<u>衔鼓侵人急，西倾日欲斜。黄泉无旅店，今夜宿谁家？</u>"闻者莫不伤之。

可知，江为因为友人写投江南表而被处决，临刑前吟咏了这首《临刑诗》。

文中认为江为是建州人，但宋马令《南唐书》（1105年成书）卷十四《江为传》载："江为，其先宋州人，避乱建阳，遂为建阳人。"可知，江为的祖籍在宋州（治所是睢阳郡，今河南商丘市），之后迁到建州，遂以建州为本籍。古代江国的都城在今河南正阳县附近。亡国后的江氏子孙从正阳移居淮阳，然后由淮阳北上陈留圉县（今河南杞县），之后移居到济阳考城（今河南兰考县），并发展为名门望族。因此，江氏以"济阳""淮阳"为郡望。江为的祖先江淹（444—505）便成了济阳考城人。

江为一族何时为了避"乱"而移居建阳，尚不清楚。宋龙衮《江南野史》卷八载："江为者，宋世淹之后。先祖仕于建阳，因家焉。"可知，江为的祖先因在建阳任职，故搬家至建阳。但是，与《南唐书》记载相同，宋陆游《南唐书》也载："江为，宋人，避乱徙闽。"可知，江为本人是为了避"乱"而移居福建的。移居建阳，可能与江为的祖先在建阳任职有关。[1]

滨政博司考察了上述临终诗，指出吟咏这些类似诗的中国人都是南京一带的人，且受到陈后主诗的影响。[2]金文京也认为，上述类似诗最迟在唐初或六朝以前在以南京为中心的江南地区创作而成。[3]

但是，马令《南唐书》卷十四《江为传》载："乃诣金陵求举。屡黜于有司，为快快不能自已，欲束书亡越。而会同谋者上变，按得其状，伏罪。"文中没有记载从何处赴越。据宋龙衮《江南野史》卷八载："时金陵初拟唐风场屋，悬进士科以罗英造。为遂入求应，然独能篇什辞赋，策论一辞不措，屡为有司黜。为因是快快不能自已，乃还乡里。"据此可知，江为虽赴金陵参加科举，但不久就回到了建州。陶岳《五代史补》中也有相同的记载，即江为并非在南京，而是在福州去世。

另外，南宋陈振孙《直斋书录解题》卷十九《诗集类上》载："《江为集》一卷，五代建安江为撰。为王氏所诛。"此"王氏"自然是福州王氏。因此，江为死亡的地点并非滨政博司推测的南京，而是福州。

另外，上述戴名世的临终诗也不是在南京创作的。《南山集》所附录《戴南山先生年谱》载："弟辅世自京师扶榇，归葬于所居南山砚庄之南。"即戴名世在京师（北京）被处决。据《清史稿·戴名世传》载："自是往来燕赵、齐鲁、河洛、吴越之间，卖文为活。"可知，其活动范围并不局限于金陵（南京）。戴名世是安徽桐城人，与金圣叹同乡。此外，民国叶德辉的死亡地点也并非南京，而是长沙。[4]

1　《南史·吴均传》载："先是有济阳江洪，工属文，为建阳令，坐事死。"可知，江为一族的江洪曾担任建阳令一职。
2　滨政博司上述论文《大津皇子"臨終"詩群の解釈》。
3　金文京上述论文《从〈全唐诗〉一首〈临刑诗〉谈日韩资料在汉学研究上之价值》。
4　滨政博司上述论文《大津皇子臨終詩と金聖嘆·成三問——日中朝の臨刑詩の系譜》。

此外，《五灯会元》的作者僧普济是四明奉化（今浙江宁波奉化区）人，曾住天童寺、报国寺、临安光孝寺、灵隐寺等处。且净光了威禅师是温州人，其师圆通可迁禅师是严州（今浙江建德市）人。因此，类似的临终诗并非全部在南京一带所作，不能断定江为在金陵（南京）知晓陈后主的诗。

四
陈后主、江总与江为

笔者认为，江为的《临刑诗》与陈后主的《临行诗》之间的"接点"，是陈后主的"狎客"——尚书令江总。关于江总的诗学才华，《陈书·江总传》载：

> 江总，字总持，济阳考城人也……好学，能属文，于五言七言尤善，然伤于浮艳，故为后主所爱幸。多有侧篇，好事者相传讽玩，于今不绝。后主之世，总当权宰，不持政务……由是国政日颓，纲纪不立。有言之者，辄以罪斥之，君臣昏乱，以至于灭。有文集三十卷，并行于世焉。

可知，江总与陈后主交情甚好，经常唱和。如陈后主《同江仆射游摄山栖霞寺》诗载："时宰磻溪心，非关狎竹林。……自悲堪出俗，讵是欲抽簪。"（《广弘明集》卷三〇、《文苑英华》卷二三三等收录）诗中的"时宰"是指位居宰辅的江总。陈后主以"竹林七贤"的典故，称赞江总的高洁人品。《净名玄论略述》中收录的《临行诗》是以问答形式吟咏的即兴之作[1]，其听者也许是经常相互唱和的江总。

此外，《陈书·江总传》载：

> 后主即位，除祠部尚书，又领左骁骑将军，参掌选事。转散骑常侍、吏部尚书。寻迁尚书仆射，参掌如故。至德四年，加宣惠将军，量置佐史。寻授尚书令，给鼓吹一部，加扶，余并如故。……京城陷，入隋，为上开府。开皇十四年，卒于江都，时年七十六。

由此可知，陈后主即位后，江总迅速升迁，官至尚书令。陈朝灭亡的原因，被归结为江总"当权宰，不持政务""君臣昏乱，以至于灭"。不过，陈亡后江总并未被隋处决，而是官任"上开府"。《陈书·后主本纪》载："（祯明三年）三月己巳，后主与王公百司发自建邺，入于长安。"被俘的"王公百司"应包括尚书令江总。因此，陈后主被俘后的言行包括上述《临行诗》，很可能被随行的江总知晓并记录了下来。

江总本人的汉诗也被日本人模仿。《怀风藻》收录有山田三方的《七夕》："金汉星榆冷，银河月桂秋。"而江总的《七夕》中有"汉曲天榆冷，河边月桂秋"之言。两诗不仅标题相同，内容也相似，前者应是模仿后者吟咏的。[2]

《怀风藻》载"大学头从五位下山田史三方三首"，其中有《五言，秋日于长王宅宴新罗客》一诗。可知，留学新罗的山田三方曾参与接待赴日的新罗使节。《日本书纪》卷三十持统六年（692）十月条载："壬

1　金文京上述论文《大津皇子〈临终一绝〉と陈后主〈临行诗〉》。

2　月野文子指出，山田三方的诗是依据江总的诗吟咏而成的，同时也有日本特色的构思。[日] 月野文子：《山田三方の七夕詩における日本の発想——"衣玉"と"彩舟"をめぐって——》，《上代文学》第63号，1989年。

申，授山田史御形务广肆。前为沙门学问新罗。"其中的"山田史御形"即山田三方。可知，山田三方曾作为学问僧留学新罗，因学业优异，回国后还俗，官至大学寮的最高长官——大学头。此外，据《续日本纪》卷八养老五年（721）正月甲戌条记载，山田三方学业优异，被誉为"文章道之师者"。同卷养老六年（722）四月庚寅条载："御方负笈远方，游学蕃国。归朝之后，传授生徒。而文馆学士，颇解属文。"于新罗学习的山田三方或在新罗接触并读过江总的文集。换言之，江总的文集有可能传到了新罗、日本。[1]

值得注意的是，江总也是济阳考城人，或许是江为的祖先。目前国内没有记载陈后主《临行诗》的文献，可见这首诗的传播范围极为有限。不过，江为可能通过家传或江总文集等资料知晓此诗。

江为诗中的"衙鼓侵人急，西倾日欲斜。黄泉无旅店，今晚宿谁家"与陈后主诗中的"鼓声催命短，日光向西斜。黄泉无客主，今夜向谁家"，在语序、内容、意思等方面极为相似。正如滨政博司指出的那样，两首诗的措辞虽有差异，但主旨相同，且每句的意思都有对应关系。江为诗前两句虽有临景创作的部分，但后两句很明显受陈后主诗的影响。[2]

江为与陈后主、大津皇子三者诗文的不同之处在于"黄泉无旅店"

---

1 山田三方归国后，持统六年十月被授予务广肆，但朱鸟元年(686)十月左右，山田三方是否和大津皇子有过交往，尚无法判明。另外，《怀风藻·大津皇子传》载："时有新罗僧行心，解天文卜筮，诏皇子曰：'太子骨法，不是人臣之相。以此久在下位，恐不全身。'因进逆谋。"与大津皇子交往的新罗僧行心拥有天文、占卜之类的技能。遗憾的是，尚不明确大津皇子是否从山田三方和行心处了解到江总的文集。关于新罗僧行心，参见［日］铃木靖民：《古代東アジアの中の日本と新羅》，《日本の古代国家形成と東アジア》，吉川弘文馆2011年版，第132—133页。

2 滨政博司上述论文《大津皇子臨終詩と金聖嘆·成三問——日中朝の臨刑詩の系譜》。

的"旅店"、"今晚宿谁家"的"宿"等用词。关于这个疑问,滨政博司列举了四个理由进行说明。[1]笔者认为,也应有其他理由。陈后主诗"黄泉无客主"中的"客主",是指招待客人的主人。唐朝中后期,随着羁旅之人的增加,除驿站以外,还建立了服务于一般民众的旅店。《全唐诗》卷五五四收录的项斯《晓发昭应》诗中有"旅店开偏早,乡帆去未收"一句。因此,五代江为诗中出现"旅店"一词也就不足为奇。另外,《五灯会元》卷十八将"旅店"换成"邸店",应是囤积货物的场所邸店兼作商客住宿地之故。实际上,除了唐代文献中记载的"邸店"以外,旅馆的近义词还有旅舍、旅宿、宿舍、客舍、旅店、旅邸等。[2]正如宋释道潜《归宗道中》中所说的"邸店如云屯"一样,至宋,道路旁邸店兴盛,鳞次栉比。

换言之,江为的诗与陈后主的诗相似绝非偶然。江为应是通过江总知晓了陈后主诗,然后在陈后主诗的基础上加以模仿。

收录大津皇子诗作的《怀风藻》是日本现存最早的汉诗集,成书于天平胜宝三年(751),收录了飞鸟后期、奈良前期共64位作者的120首作品(现存116首)。与平安时代敕撰的三部诗集《凌云集》《文华秀丽集》《经国集》相比,《怀风藻》中的汉诗大多为五言,且多为模仿中国六朝浮华汉诗的作品。

除上述百济和麻吕的《七夕》、石川石足的《春苑应诏》之外,还有很多模仿六朝诗人的作品吟咏而成的诗歌。例如,纪末茂《临水观鱼》载:"结字南林侧,垂钓北池间。人来戏鸟没,船渡绿萍沉。苔摇识鱼在,缗尽觉潭深。空嗟芳饵下,独见有贪心。"南朝陈张正见的诗

1　滨政博司上述论文《大津皇子"臨終"詩群の解釈》。

2　参见［日］日野开三郎:《唐代邸店の研究》(三一书房1992年版)第二章《邸店の基本的諸営業》。

（《文苑英华》卷二十）中写道："结宇长江侧，垂钓广川浔。竹竿横翡翠，桂髓掷黄金。人来水鸟没，楫渡岸花沉。莲摇见鱼近，纶尽觉潭深。渭水终须卜，沧浪徒自吟。空嗟芳饵下，独见有贪心。"很明显纪末茂直接改编了张正见的诗。[1]正如小岛宪之所言，借用中国的诗句是《怀风藻》的整体倾向。[2]

陈后主的诗大多已散佚，且现存的诗句多见于诸野史杂记，争议较多。例如，陈后主《小窗诗》载："午醉醒来晚，无人梦自惊。夕阳如有意，长傍小窗明。"关于这首《小窗诗》，宋姚宽《西溪丛语》认为"六朝诗语不如此"，不是陈后主的作品，而是方械吟咏的。但是，同时代的杨延龄《杨公笔录》、朱胜非《绀珠集》卷五、曾慥《类说》卷六、阮阅《诗话总龟》卷九以及祝穆《古今事文类聚后集》卷二十一都认为《小窗诗》是陈后主的作品。也就是说，在宋代已出现分歧。《全唐诗》卷七七五在收录此诗时，虽将其归为方械的作品，但特意加了"一作陈叔宝诗"的注释。

此外，针对宋姚宽提出的"诗语"，宋释惠洪《冷斋夜话》卷四《五言四句诗得于天趣》载："吾弟超然喜论诗，其为人纯至，有风味。尝曰：'陈叔宝绝无肺肠，然诗语有警绝者，如曰：午醉醒来晚，无人梦自惊。夕阳如有意，长傍小窗明。'"也就是说，他肯定陈后主《小窗诗》的诗语是"警绝"的。除了上述杨延龄《杨公笔录》等宋代著作外，元朝陶宗仪《说郛》卷一〇上、刘壎《隐居通议》卷一一及明朝冯惟讷《古诗纪》卷一〇八、张溥《汉魏六朝百三家集》卷一〇二等，均将其作为陈后主的作品。因此，不能因为陈后主是风流天子而非议其文

1 严绍璗上述著作《中日古代文学关系史稿》，第75—76页；王勇上述著作《日本文化——模仿与创新的轨迹》，第232—233页。

2 ［日］小岛宪之：《上代日本文学と中国文学（下）》，塙书房1974年版，第1262页。

学才能，一概而论地把陈后主的诗看作是后人的伪作。

此外，陈后主的诗作中与《临行诗》相关的诗句，在《七夕宴重咏牛女各为五韵》诗中有"更觉今宵短，只邃日轮催"，在《同管记陆瑜七夕四韵》诗中有"唯当有今夕，一夜不迢迢"等诗句（《古今岁时杂咏》卷二十五）。

综上所述，收录在《净名玄论略述》中的《临行诗》是陈后主本人所作，江为通过江总，在知晓陈后主诗的基础上，吟咏了《临刑诗》。[1]

（原文刊于王勇、河野贵美子编《东亚的汉籍遗产》，勉诚出版2012年版）

---

1 福田俊昭指出，陈后主的诗有两个"向"字，该诗不是拥有盛誉的诗人陈后主所作。见福田俊昭上述论文《大津皇子〈臨終詩〉の系譜》。《怀风藻》时期出现两个相同文字的诗很少见。"向"字和"宿"字的草书写法相似，应是抄写时的错误。关于陈后主的诗传播到日本的过程，请参照本书第二章。

第一章　大津皇子《临终一绝》与陈后主《临行诗》

第二章

陈后主《临行诗》东传日本及其受容
——以大津皇子《临终一绝》溯源为中心

　　古代日本通过派遣遣隋使、遣唐使来华直接学习中国文化。如"虚往实归"所言，满载而归的遣唐使推动唐文化以前所未有之速度传入日本，对日本文化的形成与发展产生了重要作用。例如，汉诗传入日本后，萌生出文明的种子并逐渐成长，最终成为日本人精神文化生活中不可或缺的一部分。本文所要论及的陈后主《临行诗》便是其中之一。

　　迄今为止，鲜有学者论及陈后主《临行诗》东传日本的经过及其在日的受容情况。[1]除金文京列举的九首临终诗外，笔者也曾通过补充《五灯会元》卷十八中的一例，提出了以下观点，即五代诗人江为通过

1　比如小岛宪之《大津皇子の文学周辺》（《歴史と人物》11月号，1978年）、小岛宪之《近江朝前後の文学その二——大津皇子の臨終詩を中心として》（小岛宪之《万葉以前——上代びとの表現》，岩波书店1986年版）、福田俊昭《大津皇子"臨終詩"の系譜》（《日本文学研究》第18号，1979年）、福田俊昭《海を渡った大津皇子の〈臨終詩〉》（《東洋研究》第114号，2002年）、滨政博司《大津皇子臨終詩と金聖嘆・成三問——日中朝の臨刑詩の系譜》（滨政博司《日中朝の比較文学研究》，和泉书院1989年版）、滨政博司《大津皇子臨終詩群の解釈》（《万葉集と漢文学》，汲古书院1993年版）、金文京《黄泉の宿——臨刑詩の系譜とその背景》（《興膳教授退官記念中国文学論集》，汲古书院2000年版）、金文京《大津皇子〈臨終一絶〉と陳後主〈臨行詩〉》（《东方学报》第73号，2001年）等。

同族的江总得知陈后主《临行诗》并进行模仿咏叹，大津皇子《临终一绝》是基于陈后主诗改编而成的。[1] 由于前章篇幅有限，未对陈后主《临行诗》传入日本（倭国）的经过，以及此诗如何为大津皇子所知并模仿创作等问题进行充分探讨。鉴于此，本章将通过考察陈后主诗与隋僧吉藏、日僧智藏的关系，探究陈后主《临行诗》传播日本的经纬以及大津皇子《临终一绝》的创作渊源。

一

陈后主《临行诗》与智光、吉藏

陈后主《临行诗》收录于智光《净名玄论略述》卷一，作为"至长安悬芙蓉曲水日严精舍"之注疏，原文如下（原文较长，但因其为重要原典，故不避烦琐，加以引用）：

（1）大师生于梁末，长于陈代。及于陈灭，以隋开皇十八年至于长安。长安陈朝相去凡三千三百里。春时发去，秋时还矣。长安为隋王之所都。

（2）如有传云：后周终王号少帝阐，将诸太夫享祀先庙。掌客之臣杨坚有二美女与一男，男是杨光也。坚使此二女举觞上帝。帝感于二女好色，即敕之曰："欲纳其弟女耳。"坚乃献之。仍纳此女而弃先妃，宠爱甚重。经乎三年，女启帝曰："欲见父焉。"乃诏："莫过三日归矣。"女退语父："欲帝位乎。"父曰："若似朝花，一日得耳。"女曰："欲赍铦刀。"遂置靴里而入宫中。帝善非违约，

1　本书第一章。

甚为燕乐而卧。女以铦刀密刺帝颈，乃出敕曰：“杨坚入宫，因宠爱女，而让位于坚矣。”坚乃施行云：“威宪去可去，用可用。”不知故然之，忽行此事。已获天下，群臣皆服，无敢出异言者。躬治万机，其势亦尔。坚乃兼文武，远振威德。次其子光袭于位。然即隋有二君，合三十八年。坚初年号开皇，二十年。次年号仁寿，四年。光年号大业，十四年。凡陈合五主三十二年，从大将军陈霸先至叔宝。叔宝在位八年，以己酉年正月为隋杨坚所威（灭?）。叔宝之臣号曰妙景，其妻妍美。王闻感念，乃任以景将军居戍隋之南境，而集其妻纳于宫中。景乃言：“戍境有限，无所奈何。心虽甚悔，今无所为。”遂生叛逆，使人告隋朝曰：“叔宝无义失道，虐恶甚之。”坚固作色而怒曰：“天授不取，还受殃耳。”乃以杨光为大将军，率诸兵卒，渡江伐陈。临发之日，坚语光等：“朕闻吉藏者善达法门，宜申诚心要请之。至今伐于陈，岂贪其地乎。良由有道之王（主?）耳。”以铁锁与鼓（船?）权为浮梁而渡津，景前导而伐之。遂平其城，而囚执叔宝并子。光乃申坚意确请。大师抚叹而应之。既已，还于长安矣。宝发路，咏曰：“鼓声推（催）命役（短?），日光向西斜。黄泉无客主，今夜向谁家?”及渡□津至梁上，宝咏曰：“闻道长安路，今年过□津。请问浮梁上，度几失乡人。”遂至于隋。诸家大人看之感慕。宝子入宫，坚使为咏。咏曰：“年少未敢书，口咏墙上草。生处非不高，但恨逢霜早。”又作咏曰：“野林无大小，山花色并鲜。唯有权折枝，独自不知春。”

（3）然坚自大师未至之前，预造日严精舍。遂及至，自躬出迎之，止住其中。事以国师之礼，劝请传法。暨于光辰，弥复敬重。于是大师兴隆大法，仍制净名玄等。禀法之徒百千万众，而善知法，唯慧牍法师及一音慧藏等焉。言长安者，王都之号而有二处……（“□”表缺字）

关于（2）中的"如有传云"，金文京指出其与《开业平陈记》《大业拾遗记》的相关记载一致，故事原型为陈灭亡后流传于江南地区的传说。[1]换言之，（2）"如有传云"之内容虽略荒诞无稽，但也并非完全与史实无关。

金文京还指出，文中的"杨光"指隋炀帝杨广，由于中国人将"广"误写为"光"的可能性极小，或为日本人或百济人、新罗人乃至逃命至日本的外来移民所写。[2]不过，日僧安澄《中论疏记》所引《淡海记》中的"陈时，于杨光而所伐。以破国之日，大师（吉藏）来至长安"记载中也作"光"。

或许当时隋朝人为避讳而将炀帝之名"广"写作"光"。[3]《净名玄论略述》作者智光为日本（倭国）人，故无须避讳。"广"与"光"在汉语及日语中均为同音，故即使将"广"写作"光"，对于外国僧侣来说也属正常。

因此，炀帝之名"杨广"写作"杨光"，并不能视为错误。那么，（2）"如有传"中的"传"指什么呢？

《元亨释书》卷二《智光传》载："释智光，内州人。共礼光止元兴寺，得智藏三论之深旨。"《扶桑略记抄》卷二天平十七年（745）正月己卯廿一日条载："爰有释智光者，河内国安宿郡锄田寺沙门也。俗姓锄田连，后改姓上村主。母飞鸟部氏也。天性聪明，智惠殊胜，制《盂兰盆》《大般若》等经。"由此可知，僧智光（708—776?）为河内国人，师从智藏，是元兴寺三论宗高僧。

1　金文京上述论文《大津皇子〈臨終一絶〉と陳後主〈臨行詩〉》。

2　金文京上述论文《大津皇子〈臨終一絶〉と陳後主〈臨行詩〉》。

3　《净名玄论略述》卷一《陪从大尉公晋王》的注释载："言晋王者，扬（'杨'之误，下同）坚之子，名曰扬光。封以扬光而王晋地，从所王处，名曰晋王。光即尊威，不敢言名，故举处名。"文中为避讳称杨广为"晋王"。

除《净名玄论略述》外，智光还著有《盂兰盆经述义》一卷、《大般若经述义》一卷、《大惠度经疏》二十卷、《初学三论标宗义》一卷、《正观论》一卷、《肇论述义》（卷数不详）、《法华玄论略述》五卷、《中论疏记》三卷等三论教学专业书籍。此外，还撰有《无量寿经论释》五卷、《四十八愿释》一卷、《赡养赋》等与净土教相关的著作。[1]其中《法华玄论略述》《净名玄论略述》《中论疏记》分别为三论宗高僧吉藏（549—623）所著《法华玄论》十卷、《净名玄论》八卷、《中论疏记》十卷的注释。因此，智光关注吉藏书中有关陈灭亡与隋诞生的记述也是当然的。

吉藏俗姓安氏，生于南京，先祖为西域安息国人。吉藏曾住会稽（今浙江绍兴）嘉祥寺，钻研三论。之后，于扬州慧日道场、长安日严寺讲说传教三论、法华。唐朝建立后，先后移住长安实际寺、定水寺、会昌寺、延兴寺等处，作为统领僧众的大德十人之一受到重用。之后于长安完成三论注疏，开创了三论宗。吉藏出生于安息国，因此也被称为胡吉藏；又因其曾住嘉祥寺，故亦称嘉祥大师。

据上述《净名玄论略述》卷一记载，隋伐陈时，吉藏居住于都城建康。此外，《续高僧传》卷十一《吉藏传》载：

> 具戒之后，声问转高。陈桂阳王钦其风采，吐纳义旨，钦味奉之。隋定百越，遂东游秦望，止泊嘉祥，如常敷引……在昔陈隋废兴，江阴凌乱，道俗波迸，各弃城邑，乃率其所属，往诸寺中，但是文疏，并皆收聚，置于三间堂内。及平定后，方洮简之。故目学之长，勿过于藏，注引宏广，咸由此焉。

1　［日］末木文美士：《元興寺智光の生涯と著述》，《仏教学》第14号，1982年。

可知，陈灭亡之际，吉藏奔走于建康诸寺，收集"文疏"。由于吉藏深受陈桂阳王等王公贵族的尊崇，故推测其与天台宗智𫖮(538—597)一样，于陈灭亡前，受王公贵族或陈后主的邀请在建康讲经。

据《南史》卷十《陈后主本纪》祯明三年(589)正月戊辰条载，隋军占领建康时，僧尼和道士与陈后主一同被"执役"。此外，《净名玄论略述》卷一载："光乃申坚意确请，大师抚叹而应之。既已，还于长安矣。"可知，吉藏被杨广邀请至长安，故吉藏有可能与陈后主一同赴长安。因此，知晓陈后主《临行诗》者除陈后主的"狎客"江总外，还可能有吉藏。

陈后主《临行诗》载于《净名玄论略述》中的"有传云"，但现存《净名玄论》等书中却未见上述"有传云"的内容。那么，未曾赴中国留学的智光经由何人、如何获知陈后主《临行诗》呢？

二
慧灌、福亮与道慈

吉藏的弟子高句丽僧慧灌(亦写作惠观、惠灌)曾远赴倭国传授三论学说，被视为日本三论宗鼻祖。慧灌之后，日僧智藏及智藏弟子道慈曾入唐学习三论宗。道慈回国后，进一步发展了吉藏的三论学说。

《日本书纪》卷二十二推古天皇三十三年(625)正月条载："戊寅，高丽王贡僧惠灌。仍任僧正。"另外，《元亨释书》卷一《慧灌传》载：

> 释慧灌，高句丽人，入隋受嘉祥吉藏三论之旨。推古三十有三年乙酉春正月本国贡来，住元兴寺。其夏天下大旱，诏灌祈雨。灌

著青衣讲三论，大雨便下。上大悦，擢为僧正。后于内州创井上寺，弘三论宗。

据此可知，慧灌自隋返回高句丽后，于推古三十三年正月抵达倭国。吉藏于唐武德六年（623）去世，慧灌从隋返回高句丽应在此期间。

吉藏、慧灌的弟子中有吴国人福亮。《元亨释书》卷十六《吴国福亮传》载："释福亮，吴国人。受三论于嘉祥。齐明四年，内臣镰子于陶原家精舍请亮讲《维摩诘经》。"由此可知，福亮随嘉祥大师吉藏学习三论，于齐明天皇四年（658）在倭国讲授《维摩经》。《太子传私记》收录的《法起寺塔露盘铭》（《宁乐遗文》下卷所收）载："至于戊戌年（旁注：舒明十年），福亮僧正（为）圣德皇御分敬造弥勒像一躯，构立金堂。"据此得知，福亮于舒明天皇十年（638）为祈求圣德太子冥福，制作弥勒佛像并建造了法起寺金堂。因此，福亮前往倭国应在舒明天皇十年之前。[1]但是，并没有资料记载慧灌与福亮在隋时的活动，故陈后主的诗是否是由他们带至日本，不得而知。

《三国佛法传通缘起》卷中载："慧灌僧正以三论授福亮僧正，福亮授智藏僧正。智藏越海入唐，重传三论……智藏上足有三般匠，乃道慈、智光、礼光也。"据此可知，智光的同门有道慈。

关于道慈，《元亨释书》卷一《道慈传》载：

> 事吴智藏，禀三论学。大宝元年入唐请益，于时武后长安之始也。蹈胜地，寻明师，经律论多涉猎，益究三论之旨。养老元年归，盛唱空宗。天平九年冬十月，启最胜会于大极殿，其仪同元

1　《元亨释书》卷二十推古天皇三十三年条载："夏，释慧灌擢僧正。秋冬，沙门福亮为僧正。"可知，福亮在师僧慧灌被任命为僧正后不到三个月也被任命为僧正。但是，因不见于其他文献，故此记载存疑。

日。慈为讲师。初元年将新大官寺，下诏觅伽蓝营造之宏规。时无委者。慈奏曰："臣在唐时偷图西明寺，心中誓念，若归本土，柄道福愿规模之。今陛下之睿志，臣之先抱也。"即上之，上大悦，诏慈为造寺监护而居焉。

另外，《续日本纪》卷十五天平十六年（744）十月条载：

> 辛卯，律师道慈法师卒。法师俗姓额田氏，添下郡人也。性聪悟，为众所推。大宝元年随使入唐，涉览经典，尤精三论。养老二年归朝……卒时年七十有余。

道慈去世时正值天平十六年（744），据"七十有余"记载可以推测其出生于670年前后，大宝元年（701）在唐朝留学时为30多岁。

另外，《怀风藻·道慈传》载：

> 少而出家，聪敏好学，英材明悟，为众所推。大宝元年，遣学唐国……游学西土，十有六岁。养老二年，归来本国。帝嘉之，拜僧纲律师。性甚骨鲠，为时不容。解任归，游山野。时出京师，造大安寺。年七十余。

文中的"年七十余"，与《续日本纪》中的"卒时年七十有余"一致，故非建造大安寺时的年龄，而是享年。据此可知，道慈于大宝元年（701）入唐，在唐朝度过十六年，并于养老二年（718）回国。[1] 在唐期

---

1 《元享释书》卷一《道慈传》载，道慈于养老元年回国，恐将自唐出发时间讹为到达日本时间。

间，于都城长安的西明寺学习。[1]据上述《元亨释书》卷一《道慈传》记载可知，在唐期间广泛涉猎佛教典籍的道慈，归国时带回许多唐朝的佛教典籍。另外，智光的著作受当时唐朝新译经论影响很大。[2]因此，智光有可能参考了道慈带回的新译三论经典。也就是说，智光关注道慈自唐带回的佛教典籍。

大津皇子《临终一绝》诞生于朱鸟元年（686）。从时间上看，智光应该从其师智藏处得知陈后主诗。

三
智藏、吉藏与嘉祥寺

关于智藏，《元亨释书》卷一《智藏传》载：

> 释智藏，吴国人福亮法师俗时子也。谒嘉祥受三论微旨，入此土居法隆寺，盛唱空宗。白凤元年为僧正。道慈、智光皆藏之徒也。

文中的"白凤元年"所指何年，学界众说纷纭。但据《扶桑略记》卷五天武天皇二年（673）三月条载："同月，智藏任僧正。"可知，白凤元年即天武天皇二年三月，智藏被补任为僧正。但是，《智藏传》所载"谒嘉祥受三论微旨"中的"嘉祥"是指吉藏本人还是嘉祥寺呢？

《怀风藻·僧正吴学生智藏师传》载：

1　西明寺（原为唐朝魏王李泰的住宅）建于658年。吉藏曾住长安日严寺、实际寺、定水寺、会昌寺、延兴寺等处，最后在延兴寺圆寂。

2　末木文美士上述论文《元兴寺智光の生涯と著述》。

智藏师者,俗姓禾田氏。淡海帝世,遣学唐国。时吴越之间,有高学尼。法师就尼受业。六七年中,学业颖秀。同伴僧等颇有忌害之心。法师察之,计全躯之方,遂被发阳狂,奔荡道路。密写三藏要义,盛以木筒,著漆秘封,负担游行。同伴轻蔑,以为鬼狂,遂不为害。太后天皇世,师向本朝。同伴登陆,曝凉经书。法师开襟,对风曰:“我亦曝凉经典之奥义。”众皆嗤笑,以为妖言。临于试业,升座敷演,辞义峻远,音词雅丽。论虽蜂起,应对入流。皆屈服,莫不惊骇。帝嘉之,拜僧正。时岁七十三。

第一,应该注意的是智藏被称作“吴学生”。东野治之指出,吴学生不是吴国人,而是指在吴国留学的学生(僧),在称呼上加上留学国名的例子屡见不鲜。[1]但奈良时代的混血儿一般是根据其父的出身来决定国籍,因福亮是吴国人,故其子智藏亦被当作吴国人。

另外,《僧纲补任抄出(上)》“福亮”条载:“吴人,熊凝氏,本元兴寺。”《本朝高僧传》卷一《福亮传》载:“释福亮姓熊凝氏,本吴国人,来朝出家,从高丽慧灌僧正习禀三论,兼善法相。”可知,“熊凝”是福亮来到倭国后、出家前的氏名。不过,《怀风藻》载智藏的俗姓作“禾田氏”。对此,王勇指出,这是因为福亮所娶日本女性即智藏母亲“俗姓禾田氏”,抑或福亮出家后智藏成为禾田家的养子之故。[2]

第二,智藏入唐的时期是“淡海帝世”(天智朝)。天智朝曾于665年、667年、669年三次派遣唐使,智藏应该是随665年出发的遣唐使入唐的。另外,据上述“六七年中,学业颖秀”的记载可以推测,在吴

---

1 [日]东野治之:《法起寺露盘铭》,《日本古代金石文の研究》,岩波书店2004年版,第326页。

2 王勇:《吴越に留学した智藏》,《中日文化論叢》第1995号,1996年;王勇:《狂人を装う留学僧——智藏列传》,《アジア遊学》第28号,2002年。

越地区逗留六七年的智藏于672年前后回国。井上光贞、王勇主张，《元亨释书》《扶桑略记》中记载的三论宗僧智藏与《怀风藻》中记载的"僧正吴学生智藏师"是同一人，智藏于天智天皇十年（671）十一月回国。[1]此外，胡志昂也指出，智藏于天智天皇十年十一月随唐使郭务悰回国，但因受次月天智天皇驾崩、壬申之乱等影响，翌年秋后才得以入京。[2]

不过，《日本书纪》卷二十八天武天皇元年（672）十一月条载："辛亥，飨新罗客金押实等于筑紫。"因此，智藏或许随新罗使金押实等，于天武天皇元年十一月抵达筑紫，次年二月前后入京，参加"试业"。

另外，一般认为"太后天皇世"指天武天皇的皇后鸬野讚良（持统天皇）或天智天皇的皇后倭姬。横田健一认为，"太后天皇世"是指中国的武则天，智藏于天武天皇十二年（683）回国。[3]胡志昂主张，天智天皇驾崩后，皇后倭姬称制，故认为"太后"为皇后倭姬较为妥当。[4]但是，佐证皇后倭姬称制与其即位为天皇的史料并不存在。《日本书纪》卷二十九天武天皇二年二月癸未条载"立正妃为皇后"，可知正妃鸬野讚良立后于天武天皇二年。下文又有"帝嘉之"，使用"帝"字指代天武天皇。另外，《怀风藻》中称持统天皇为"皇太后"，与"太后天皇世"异语同义。在《日本书纪》等六国史中，"帝"字皆用以指代男性天皇。

第三，据前后文判断，"时岁七十三"疑是智藏就任僧正时的年

1　[日]井上光贞：《三経義疏成立の研究》，《日本古代思想史の研究》，岩波书店1986年版；王勇上述论文《狂人を装う留学僧——智藏列伝》。

2　胡志昂：《釈智藏の詩と老荘思想》，《埼玉学園大学紀要》（人間学部篇）第10号，2010年。

3　[日]横田健一：《〈懷風藻〉所載僧伝》，《白鳳天平の世界》，創元社1989年版。

4　胡志昂上述论文《釈智藏の詩と老荘思想》。

龄。由于回国后不久即被任命，故其入唐时的年龄当在六十五岁左右，智藏以如此高龄入唐不免令人生疑。因此，从《怀风藻·道慈传》中的表述"时年七十余"判断，"时岁七十三"应是智藏圆寂时的年龄。

另外，智光在其编撰的《般若心经述义》序文中自述道："智光从生九岁避惯肉处，游止伽蓝。然自志学至于天平胜宝四年，合三十个年。"智光"志学"时若为十五岁，那么他应出生于708年，天平胜宝四年（752）时四十五岁。因此，从成为沙弥（出家）的716年到"志学"的722年期间，智光成为智藏弟子的可能性很高。换言之，716年至722年间智藏是在世的。

若722年智藏圆寂时为七十三岁，则其应出生于650年，"淡海帝世"（665）入唐时为十六岁。从福亮于舒明天皇十年（638）以前赴日一事来判断，智藏很可能是福亮与日本女性所生的混血儿。

《元亨释书》卷二十一天武天皇二年（673）二月二十七日条载："于川原寺写大藏经，沙门智藏督役，故任僧正。"据此可知，智藏在回国后的"试业"中充分发挥其才能，曾担任川原寺书写大藏经的"督役"，后被任命为僧正。

据《怀风藻·智藏传》记载，智藏入唐后曾师从于吴越地区的尼姑。由于嘉祥大师吉藏于武德六年（623）圆寂，故上述《元亨释书》卷一《智藏传》所载"谒嘉祥受三论微旨"中的"嘉祥"肯定不是吉藏大师，而应指嘉祥寺。也就是说，智藏在吉藏创立的越州嘉祥寺（今浙江绍兴平水镇）研习三论宗。

因越州离陈都建康很远，故金文京"在吴越地区留学的智藏得知建康（南京）一带流传的关于陈后主的传说及上述临行诗并记录了下来"这一推论[1]，值得商榷。此外，关于陈后主及陈朝灭亡的传记（如《开

1　金文京上述论文《大津皇子〈臨終一絶〉と陳後主〈臨行詩〉》。

业平陈记》等）虽在隋唐时代广为流传，但这些传记中是否收录了陈后主的《临行诗》尚无定论。

笔者推测，智藏在越州嘉祥寺知晓了陈后主的诗。智藏于"淡海帝世"前往越州时，吉藏已圆寂四十二年。陈朝灭亡后，吉藏住越州嘉祥寺，其所记录的有关陈朝亡国及陈后主诗等史料可能也留在该寺中。这些遗留在嘉祥寺中的史料应被吉藏的弟子们保存了下来。横田健一推测，智藏及其师从的尼姑是吉藏的弟子。[1]笔者认为，智藏在越州嘉祥寺通过吉藏的弟子得知上述（2）"如有传云"的内容。[2]

四
智光、安澄与"如有传云"

智光《净名玄论略述》卷一所收的（2）"如有传云"中有关少帝阐的记载，亦见于安澄《中论疏记》。安澄是平安初期三论宗僧人，作为奈良大安寺的三论宗论客闻名于世，所著《中论疏记》八卷是对吉藏《中论疏》十卷的注释。《中论疏记》引用了大量中国、日本文献，史料价值很高。

《中论疏记》卷三中"言以去仁寿等者"的注疏内容如下：

（a）《述义》引传云：后周少帝阐在位一年。隋杨坚令子杨光袭位。即隋有二君，合三十八年治之。坚初年号开皇，注（住）二十年。次年号仁寿，注（住）四年。光年号大业，经十四年。今言

---

1 横田健一上述论文《〈懷風藻〉所载僧传》。

2 如宋僧普济《五灯会元》卷十八"圆通可迁禅师法嗣温州净光了威禅师"所载，类似的临终诗在浙江地区的僧侣间广泛流传（参见本书第一章）。

去者，于大业时，著此疏故。以后望前，故云去仁寿也。

（b）《淡海记》云：陈时于杨光而所伐，以破国之日，大师来至长安。长安年号，前名仁寿，后呼大业。又后时号贞观。故以后望前，名为去仁寿也。

（c）如有偈（传？）云：后周终王少帝阐，将诸太夫享祀先庙。掌客之臣杨坚有二美女与一男，男是杨光也。坚使此二女举觞上帝，帝感于二女好色，即敕之曰："欲纳其弟女耳。"坚乃献之。仍纳此女而弃先妃，宠爱甚重。经乎三年，女启帝曰："欲见父焉。"乃诏："莫过三日归矣。"女退语父："欲帝位乎？"父曰："若似朝花，一日得耳。"女曰："欲赏铦刀。"遂置靴里而入宫中。女以铦刀密刺帝颈，乃出敕曰："杨坚入宫，因宠爱女，而让位于坚矣。"

（d）有人传云：一卷《玄义》云：大隋仁寿二年四月，奉命撰。又下文云：如疏初序，准此玄文。仁寿二年造此疏。然有人云：仁寿四年造此疏者，可问也。今检嘉祥碑，云大业四年。今云仁寿三年……

末木文美士认为，（a）"《述义》引传云"的《述义》即《中论疏述义》，指智光《中论疏记》三卷。[1]若如此，则安澄《中论疏记》八卷是参考智光《中论疏记》三卷所写。

上述《中论疏记》卷三中引用了（a）"《述义》引传云"、（b）"《淡海记》云"、（c）"如有偈云"三篇材料。其中，"偈"与"傅"（传）字字形相近，恐为"传"字之讹。福田俊昭指出，"如有偈云"以下的内容是独立引用的句子，并不包含在"《淡海记》云"中。[2]但

1　末木文美士上述论文《元興寺智光の生涯と著述》。

2　福田俊昭上述论文《海を渡った大津皇子の〈臨終詩〉》。

是，书名并不是《述义》（智光《中论疏记》》，而是明确表示为（a）
"《述义》引传云"。故不能忽略所引的"传"，有必要进一步研究。

（a）中从"后周少帝阐在位一年"到"光年号大业，经十四年"的
内容，与《净名玄论略述》卷一中引用的（2）"如有传云"的内容基本
相同。因此，（a）"《述义》引传云"、（b）"《淡海记》云"、（c）"如
有偈云"这三篇材料并非各自独立的引文，把（c）"如有偈云"看作
（b）"《淡海记》云"的一部分较为妥当。（d）的部分是《中论疏记》
作者安澄添加的。

（b）中"陈时于杨光而所伐，以破国之日，大师来至长安。长安
年号，前名仁寿，后呼大业。又后时号贞观。故以后望前，名为去仁
寿也"的内容应为《淡海记》的正文。（c）"如有偈云"之后的内容
与"如有传云"相同，《淡海记》直接引用了"如有偈云"的内容。

若按照福田俊昭的观点，（c）"如有偈云"之后的内容不是"《淡
海记》云"的一部分，那么安澄《中论疏记》卷三就直接引用了（c）
"如有偈云"即《净名玄论略述》（2）"如有传云"。即便如此，"如有传
云"的内容也确实存在，其内容不可否定。

此外，智光《净名玄论略述》卷一中引用（1）、（2）、（3）的内容
作为"至长安悬芙蓉曲水日严精舍"一句的注疏，正文内容如下：

> 金陵沙门释吉藏陪从太尉公晋王，至长安悬芙蓉曲水日严精
> 舍。养器乖方，仍抱脚疾。恐旋南尚远，而朝露非奢。每省慰喻之
> 言，游心调伏之旨。但藏青裳之岁，顶戴斯经；白首之年，玩味弥
> 笃。愿使经胎不失，历劫逾明。因撰所闻，著兹玄论。

据此可知，吉藏与指挥进攻陈都城建康的晋王杨广一同赴长安，但
（2）"如有传云"中则不见相关内容。

《中论疏记》中（a）、（b）、（d）是对"言以去仁寿等者"的说明。即使没有"如有偈云"之后的内容，也不影响对原文的理解。智光没有必要刻意创作（2）"如有传云"的理由。可以说，智光忠实地记录了原资料。因此，（2）"如有传云"中的内容是伪作的这一说法不能成立。[1]

《淡海记》现已散佚，但在安澄《中论疏记》中有多处引用。金文京在详细考察了《淡海记》的传说故事后指出，这些传说并非日本随意编造的，而是借鉴了《搜神记》等中国古典；《净名玄论略述》的情况亦类似，改写了某些来自中国的文献或记述了来自中国的传闻。[2]若按照金文京的观点，《淡海记》中很可能记录了包含陈后主诗的内容。

综上可知，《净名玄论略述》引用的（2）"如有传云"的内容，是由嘉祥寺的吉藏记述，并由对此熟知的弟子留传下来并告知了日本僧智藏。智藏将（2）与（c）的"传"携归日本后，被智光《净名玄论略述》、安澄《中论疏记》乃至《淡海记》所引用。

五
智藏、大津皇子与淡海三船

《扶桑略记》卷四齐明四年（658）条载："同年，中臣镰子于山科陶原家，屈请吴僧元兴寺福亮法师为其讲匠，甫演《维摩经》奥旨。其后，天下高才、海内硕学，相撰请用如此。"中臣镰子等内臣邀请福亮讲授《维摩经》后，又请"高才""硕学"的高僧讲经。僧正智藏自然

1　福田俊昭上述论文《海を渡った大津皇子の〈臨終詩〉》。
2　金文京上述论文《大津皇子〈臨終一絶〉と陳後主〈臨行詩〉》。

也在当时王公贵族邀请的人物之列。[1]

《怀风藻·大津皇子传》载：

> 性颇放荡，不拘法度，降节礼士，由是人多附托。时有新罗僧行心，解天文卜筮，诏皇子曰："太子骨法，不是人臣之相。以此久在下位，恐不全身。"因进逆谋。迷此诖误，遂图不轨。

可知，大津皇子的周围不仅有通晓经书的学士，还有从异国渡来的新罗僧。其身边也应该有很多曾留学国外的人士。

曾留学新罗的山田三方吟诵的《七夕》诗，是模仿陈后主"狎客"江总的《七夕》诗吟咏的。[2]大津皇子有可能从山田三方处获得陈后主的诗，并对其进行模仿。

但是，山田三方在持统六年（692）十月被授予务广肆，因此其回国时期应在此之前。[3]据《日本书纪》记载，大津皇子去世的朱鸟元年（686）十月之前，留学僧的回国情况如下：

> ①天武天皇十三年（684）十二月癸未，土师宿祢甥回国，但没有留学僧同行的记载。
>
> ②天武天皇十四年（685）五月辛未，回国的学问僧只有观

---

1 《怀风藻·大友皇太子传》载："广延学士沙宅绍明、塔本春初、吉太尚、许率母、木素贵子等位宾客。太子天性明悟，雅爱博古，下笔成章，出言为论。"据此可知，大友皇子身边有很多交流学问的"宾客"，拥有在唐留学经历的智藏也是其中之一。

2 ［日］月野文子：《山田三方の七夕诗における日本的発想——〈衣玉〉と〈彩舟〉をめぐって——》，《上代文学》第63号，1989年。

3 《万叶集》卷二第一二三首和歌序文载："三方沙弥娶园臣生羽之女，未经几时，卧病作歌三首。"此三方沙弥与山田三方当为同一人，但作歌时期不明。

常、云观两人。

因此，山田三方很可能于朱鸟元年（686）十月以后归国。若如此，即使山田三方知道陈后主诗，并将其带回日本，大津皇子也不可能知道。

此外，新罗僧行心似乎具有天文、占卜之类的技能，但并不清楚其是否熟悉中国文人文集的相关知识，无法判断大津皇子是否从山田三方与新罗僧行心处得知了陈后主诗。[1]

另一方面，被誉为"尤爱文笔""诗赋之兴自大津始也"的大津皇子与诗文才能颇高的留学僧智藏有所交往。大津皇子的诗中有"述志"，智藏的诗中有"言志"，两者都有"述怀"类的作品。[2]大津皇子应是直接通过智藏得知了陈后主的诗。[3]

正如《日本书纪》卷三十朱鸟元年（686）十月庚午条《卒传》所载的"为天命开别天皇所爱"那样，大津皇子深受天智天皇喜爱。其母为天智天皇女儿大田皇女，妻子是天智天皇的另一个女儿山边皇女。另外，其名"大津"与天智天皇在筑紫驻屯地大津（那大津）以及天智朝的都城近江国大津渊源颇深。

另外，《怀风藻》编者与《淡海记》作者同为奈良时代被称为"文人之首"的淡海三船，其为天智天皇五世孙。因此，淡海三船尊崇大津皇子是理所当然的。《怀风藻》卷首列举的几位人物，如淡海朝皇太子（大友皇子）、河岛皇子（天智天皇第二皇子）、大津皇子、智藏、葛野

---

1 关于新罗僧行心，参见［日］铃木靖民：《古代東アジアの中の日本と新羅》，《日本の古代国家形成と東アジア》，吉川弘文馆2011年版，第132—133页。

2 ［日］小岛宪之：《上代日本文学と中国文学（下）》，塙书房1974年版，第1582页。

3 金文京指出："大津皇子大概通过某种方式获悉此诗，并在临终时吟咏。"金文京上述论文《大津皇子〈臨終一絶〉と陳後主〈臨行詩〉》。

王等，与淡海三船皆有血缘关系。

值得注意的是，智藏在《怀风藻》中位列第四，第五是正四位上式部卿葛野王。另外，葛野王之后的人物，"诸人未得传记"，可见并不为淡海三船真人所熟知。[1]葛野王是淡海朝皇太子（大友皇子）的第一皇子，《怀风藻·葛野王传》载："少而好学，博涉经史。颇爱属文，兼能书画……皇太后嘉其一言定国，特阅授正四位，拜式部卿。时年三十七。"葛野王不仅"爱属文""能书画"，还有足够的胆量与见识，是被誉为"一言定国"的杰出人物。那么，身为一介和尚的智藏，为什么在《怀风藻》中被放在葛野王之前，名列第四位呢？

如前所述，《净名玄论略述》作于8世纪中叶，从时期来看，与《怀风藻》（751年成书）基本是同时期成书。换言之，在8世纪中期，大津皇子的诗和陈后主的诗同时受到了世人瞩目。因此，《淡海记》《怀风藻》的编辑者淡海三船和《净名玄论略述》的作者智光一样，肯定从智藏那里得知陈后主的诗。淡海三船关注根据陈后主诗改编的大津皇子诗，并收录入《怀风藻》中。[2]

《怀风藻》中只收录了两首智藏的诗，但正如胡志昂所言，智藏不仅是古代的留唐学僧，作为日本最早的诗僧，对汉文学的影响也是不可估量的。[3]不仅在佛教界地位颇高，智藏留学唐朝的经历、带回的汉籍经典以及他自己渊博的学识，也会得到被称为"文人之首"的淡海三船的关注。当然，智藏带来的陈后主诗也包含在其中。

1　第十五人弁正、倒数第七人释道慈、倒数第三人释道融、倒数第二人石上乙麻吕也有传记。或许开始只写了五个人的传记便中断，后又添加以上四人的传记。参见横田健一上述论文《〈懐風藻〉所載僧伝》。

2　滨政博司指出："大津皇子处于与陈后主同样的情况，临死之际情不自禁地吟诵了陈后主的诗。这首临终诗流传下来并收录于《怀风藻》中，至今广为传诵。"参见滨政博司上述论文《大津皇子臨終詩群の解釈》。

3　胡志昂上述论文《釈智藏の詩と老荘思想》。

最后，试对本章作如下总结：

第一，陈后主的《临行诗》由吉藏记录，僧智藏在嘉祥寺得到此诗并将其带回倭国后，由弟子僧智光收录在《净名玄论略述》中。

第二，通过与智藏的密切交往，大津皇子得知陈后主的诗，在自杀前吟咏了《临终一绝》。此后，由敬仰大津皇子的淡海三船收录于《怀风藻》中。

第三，淡海三船被称为"文人之首"，通过与带回内外经典的智藏的交往，得到了智藏所带回的包括陈后主诗在内的陈后主的相关记录，将其收录在《淡海记》中。

也就是说，陈后主《临行诗》传到倭国后，大津皇子以此为基础改编创作了《临终一绝》。

（原文刊于《日本汉文学研究》第9号，2014年3月）

第三章
古代日本对魏徵《时务策》的受容与变容
——以"魏徵时务策"木简为线索

1973年9月至11月，在对福冈县太宰府市大宰府史迹进行第26次考古发掘中，于推定的大宰府政厅正殿的东北角发现了共计930枚木简。这些木简制作于奈良时代中后期，与官衙设施的完善有关。[1]

众所周知，随着律令国家体制的确立以及不断的完备，大和朝廷于7世纪后半期设置了大宰府。大宰府作为西海道诸国和各岛屿的总管府以及对外交涉的门户，发挥着对内对外两种职能。这些木简的出土对资料匮乏的大宰府研究具有重要意义。

在出土的930枚木简中，有887枚出自一个土坑，其中可以判读一字以上的仅有160枚。

其中尤为人们关注的是两枚"魏徵时务策"木简削屑（见下图）。图左是"特进郑国公魏徵 时 务策一卷 问"，图右目前被判读为"郑国公务务胜 巍"，但在其中"巍"字的写法上，"委"的右边是"攻"，故应该可以解读为"魏徵"二字。此外，从"徵"字下面不完整的笔画来看，有可能是"时"字。换言之，图右木简上面的字应该是"郑国公

---

1 ［日］仓住靖彦：《大宰府史跡と木简の出土》，《大宰府史跡出土木简概报告（一）》，日本九州历史资料馆编，1976年3月。

务务胜 魏徵时 "。参考图左的文字，可以推测出图右本来也是要写"郑国公魏徵时务策"等字。

据新旧唐书的《魏徵传》记载，魏徵在唐太宗时被授予郑国公、特进等官职，贞观十七年（643）去世，谥号文贞。因此，木简上的"特进郑国公魏徵"确指活跃于唐太宗时期的大臣魏徵。

在魏徵死后 21 年即麟德元年（664）成书的《广弘明集》卷六《辨惑篇》中，记载有"唐特进郑公魏徵时务策"，《新唐书》卷六十《艺文志》中也记载有"魏徵《时务策》五卷"，故"魏徵时务策"可确定为由魏徵所撰写的《时务策》。

魏徵《时务策》木简，载《大宰府史迹出土木简概报告（一）》

与"魏徵时务策"木简削屑一同出土的木简中，有几枚写着"共山川而同 险 ""非可以一理推"等从某些文章中摘录出来的字。这些文字应该是魏徵《时务策》的一部分。因此，这两枚"魏徵时务策"木简削屑应不是习书（练习书写）木简[1]，而是写有魏徵《时务策》内容的典籍木简[2]。

迄今为止，研究"魏徵《时务策》木简"的论文只有于木简出土后

1　渡边晃宏指出，日本出土的典籍木简全部为习书木简。[日] 渡边晃宏：《日本古代の習書木簡と下級役人の漢字教育》，[日]高田时雄编：《漢字文化三千年》，临川书店 2009 年版。

2　木简的分类，参见[日]佐藤信：《日本古代の宮都と木簡》，吉川弘文馆 1997 年版。

第三章　古代日本对魏徵《时务策》的受容与变容

三年即1976年东野治之发表的《大宰府出土木简中的"魏徵时务策"考》一文。[1]东野治之对魏徵《时务策》的佚文、性质进行了详细的研究，取得了丰硕的成果。但魏徵《时务策》的构成、性质及传播日本等方面尚有探讨的余地。本章将参照先行研究，论述古代日本对魏徵《时务策》的受容与变容。

一

魏徵《时务策》的卷数与构成

关于魏徵的著作，《新唐书》卷五十七《艺文志》中著录有《次礼记》（即《类礼》）二十卷，卷五十八中著录有《自古诸侯王善恶录》二卷、《祥瑞录》十卷、《列女传略》七卷，卷五十九著录有《谏事》五卷、《群书治要》五十卷，卷六十著录有《魏徵集》二十卷、《时务策》五卷等。

关于《谏事》和《时务策》，宋代王应麟《玉海》卷六十一《艺文志》"唐魏徵《谏事》《谏录》《时务策》"条中有如下记载：

> 《志》杂家：魏徵《谏事》五卷。（旧《志》同）别集：《徵集》二十卷。又《时务策》五卷。（《书目》：《时务策》一卷，凡答问百篇）

"《志》杂家：魏徵《谏事》五卷"指《新唐书》卷五十九《艺文

1　［日］东野治之：《大宰府出土木简に见える〈魏徵時務策〉考》，《正倉院文書と木简の研究》，塙书房1977年版。

志》儒家类中的魏徵《谏事》五卷。"旧《志》同"指《旧唐书》卷四十七《经籍志》杂家类中记载的"《谏事》五卷（魏徵撰）"。因此，《谏事》五卷确由魏徵本人所撰。《旧唐书》卷七十一《魏徵传》载："（魏）徵又自录前后谏诤言辞往复，以示史官起居郎褚遂良。"据此可以确定，魏徵本人记录过"谏诤言辞"。

此外，注释里的"书目"是指《中兴书目》（《中兴馆阁书目》）。据此可知，魏徵《时务策》有一卷本和五卷本两种。《宋史》卷二〇五《艺文志》"别集类"载"魏文正公《时务策》五卷"，宋代王尧臣《崇文总目》卷十二"别集"载"魏文正公《时务策》五卷"。"魏文正公"指的是魏徵，"正"字是为了避宋仁宗赵祯讳而改"贞"为"正"。《宋史》卷二〇五《艺文志》"子部杂家类"中也有"魏徵《时物（'物'为'务'之讹）策》一卷"，《通志》卷七十《艺文略》"策"中有"魏郑公《时务策》一卷"。[1]大宰府史迹中出土的"特进郑国公魏徵时务策一卷"应该是此一卷本。

藤原师通（1062—1099）《后二条师通记》宽治五年（1091）七月条载：

> 十四日辛未，晴。自殿下^{（师实）}以有信^{（藤原）}朝臣御堂^{（道长）}御书《时务荣^{（策）}》三卷^{（注不见）}、《抱朴子》七卷、《词林》十卷^{（诗）}所借给也。[2]

可知，藤原师通从父亲藤原师实处借了藤原道长所藏的《时务策》

---

1 宋尤袤《遂初堂书目》（儒家类）中记载有《魏郑公时务策》书名，但未记载卷数。
2 《後二条師通記》，岩波书店1957年版，第139页。其中"不见"二字与正文内容不同，"荣"字旁有红笔批注的"策"字。

三卷。如东野治之所言，此处的"时务策"当指魏徵《时务策》。[1]

此外，同书宽治六年（1092）十二月二十九日条还有如下记载：

> 廿九日丁丑，晴……昨日，《琵琶谱》十卷返上已毕。又《仪礼注》《时务策》二卷所下给也。[2]

即第二年十二月份又借了《时务策》二卷。推测其可能是同样"注不见"的二卷。从中可知藤原师通一共借了"注不见"的《时务策》五卷。从"注不见"三字的注释来看，藤原道长所藏的《时务策》五卷应该是没有"注"的。即《时务策》五卷本原是有注释的，但是藤原道长的所藏本没有注释。

镰仓时代初期的僧侣觉明（生卒年不详）所著的《白氏新乐府略意》卷上载"《时务策》注云"，《和汉朗咏集私注》卷一春部柳条亦载"《时务策》注云"。其中的"时务策"是指魏徵《时务策》[3]，故可以推测带注的魏徵《时务策》一直到镰仓时代初期尚且存在。

因此可以推测，魏徵《时务策》的一卷本是无注本，而五卷本是有注本。[4]这种情况与杜嗣先《兔园策府》是一样的。唐龙朔元年（661）至乾封元年（666）完成的《兔园策府》本来是只有十卷的文例集，但在后来加入注释后就变成了三十卷。[5]

1　东野治之上述论文《大宰府出土木简に见える〈魏徵时務策〉考》。

2　《後二条師通記》，岩波书店1957年版，第323页。

3　东野治之上述论文《大宰府出土木简に见える〈魏徵时務策〉考》。

4　东野治之与高明士推测，一卷本为无注本，五卷本为有注本，但未进行详细考证。见东野治之上述论文《大宰府出土木简に见える〈魏徵时務策〉考》；高明士：《日本没有实施过科举吗》，《玄奘人文学报》2004年第3期。

5　葛继勇：《〈兎園策府〉の成立、性格及びその日本伝来》，《日本漢文学研究》第10号，2015年。参见本书第五章。

上述《玉海》卷六十一《艺文志》载："《时务策》一卷，凡答问百篇。"可知，魏徵《时务策》由"答"和"问"组成，共计一百篇。而且，唐僧道宣《广弘明集》卷六《辨惑篇》"叙列代王臣滞惑解"条载：

> 唐特进郑公魏徵策，有百条。其一条曰，问："经佛兴行，早晚得失。"答："珠星夜陨，佛生于周辰；白马朝来，法兴于汉世。故唐尧虞舜，靡得详焉；孔子周公，安能述也。然则法王自在，变化无穷，纳须弥于芥子之中，覆日月于莲华之下。法云惠雨，明珠宝船，出诸子于火宅，济群生于苦海。砮得砥，则截骨而断筋；车得膏，则马利而轮疾。诚须精心回向，洁志归依。宜信传毅之言，无从蔡谟之议。"

其中"唐特进郑公魏徵策"是指魏徵《时务策》。据此可知，魏徵《时务策》有一百条（篇），采用引经据典，且为问答形式的四六骈俪体。

上述的引用是关于对佛教认识的对策文。虽然现在已无法得知魏徵《时务策》全文的主旨，但可以推测，其是由关于"佛法""孝子顺孙、义夫节妇""廉洁、贪欲""游学""贫苦""善人、忠臣""隐士""祥瑞"等的对策文所构成。

这样的构成与敦煌文书残卷中现存的对策文集《籯金》相类似。李若立《籯金》共五卷，每卷二十篇，共计一百篇，有夹注。从现存的内容来看，卷一有帝德篇、东都篇、功臣良将篇、忠谏篇等，卷二有隐逸篇、明德篇、仁孝篇、父母篇等，卷三有佛法篇、南蛮篇、北蕃篇、元戎篇、盗贼篇等。[1]此外，大日奉首名于庆云四年（707）九月所作的对策文中有提到"立身之道，既显之《屑玉》；对策之理，又表之《纂金》"（《经国集》卷二十所收），可以看出，《纂金》在日本广为人知。第八次遣唐使是于庆云元年从唐回国的，故《纂金》应该是在庆云元年以前业已成书，与魏徵《时务策》几乎是同时代完成。[2]

但是，东野治之认为，《时务策》的全部内容虽然是由魏徵所写，但从魏徵的为官经历来看，很难认为其既是《时务策》的出题者又是解答者，因此应该将《时务策》看作是他人编集的"魏徵所著的时务策例文集"。[3]

确实，从上文所提及的崇佛内容来看，《时务策》可能为魏徵侍奉唐太宗之后所撰写。但是，该策问是关于武德年间傅奕和法琳的佛道论争。皇太子（皇储）李建成曾将僧侣法琳《破邪论》上呈皇帝，对"废佛论"持批判态度，主张应皈依佛教，将佛教与周孔的儒术和老庄的玄风一视同仁。彦琮《唐护法沙门法琳别传》上卷中，武德九年（626）春三月，李建成针对高祖的废佛旨意进行了以下叙述：

> 虽有周孔儒术，庄老玄风，将欲方兹，迥非伦媲。其有世代贤
> 士，今古明君，咸共遵崇，无乖敬仰……自有威仪、具足志等明

1　王三庆著，[日]池田温译：《类书》，《讲座敦煌5　敦煌汉文文献》，大东出版社1992年版；[日]福田俊昭：《敦煌出土の〈纂金〉と〈无名类书〉》，《东洋研究》第77卷，1986年，后收录于福田俊昭：《敦煌类书の研究》，日本大东文化大学东洋文化研究所2003年版；屈直敏：《敦煌写本〈纂金〉系类书叙录及研究回顾》，《敦煌学辑刊》第1期，2011年。

2　《纂金》的编纂时期为武周万岁登封元年（696）至唐中宗神龙二年（706）。郑炳林、李强：《唐李若立〈纂金〉编撰研究》（上、下），《大水帅池学院学报》2008年第6期、2009年第1期。

3　东野治之上述论文《大宰府出土木简に见える〈魏徵时务策〉考》。

珠，戒行不亏，心同洁玉……今责如来降罚以息奸。非但佛性慈悲，法门平等。无彼无此，无我无人。绝爱忘憎，情同巨海。厌之者，不生吝想；患之者，不发恚心。以此而详，昭然可验。且商均生于舜舍，丹朱长自尧宫。二子虽复非人，犹不亏两君之圣。今忽因愚僧之过，欲毁尊像之形。进退商量，理为未可。

对比可知，李建成的主张与上述《广弘明集》所引魏徵《时务策》中的对策文的主旨是一致的。

值得关注的是，《广弘明集》卷六"叙列代王臣滞惑解"条载：

有唐太史傅奕者，本宗李老，猜忌释门，潜图芟剪，用达其鄙。武德之始，上书具述。既非经国，当时遂寝。奕不胜其愤，乃引古来王臣诽谤佛法者二十五人，撰次品目名，为《高识传》一帙十卷，抄于市卖，欲广其尘。

武德七年（624），傅奕引用诽谤佛教的蔡谟等"古来王臣"二十五人的废佛论，编纂《高识传》，宣传废佛。僧道宣批判蔡谟诽谤佛教的言论时，引用了上述魏徵《时务策》佚文。因此，《时务策》由当时站在崇佛派李建成一侧、担任太子洗马的魏徵所撰也符合史实。

此外，《新唐书》卷六十《艺文志》"别集类"中"魏徵《时务策》五卷"七字前载有"卢铤《武成王庙十哲赞》一卷、李靖《霸国箴》一卷"，后载有"郭元振《安邦策》一卷、刘蕡《策》一卷、王勃《舟中纂序》五卷"，故"魏徵《时务策》五卷"应指魏徵本人撰写的《时务策》五卷。

《旧唐书》卷一八九上《儒学传》载："至（武德）三年，太宗讨平东夏，海内无事，乃锐意经籍。于秦府开文学馆，广引文学之士。"同卷《欧阳询传》亦载："武德七年，诏与裴矩、陈叔达撰《艺文类聚》一百卷，奏之。"从中可以看出，武德年间，秦王李世民广聚文人，开办文学馆，组织编撰了《艺文类聚》一百卷等作品。基于此，太子李建成聚集魏徵等文人，并让其编撰《时务策》这样的类书也合乎情理。换言之，魏徵在隋末唐初特别是作为皇太子李建成的幕僚时期编撰了《时务策》。

二

魏徵《时务策》传入日本及其佚文

遗憾的是，魏徵《时务策》早已失传，除了上述《广弘明集》中引用的佚文外，其他已无从得知。[1]

所幸魏徵《时务策》传入日本后，日本的文献对其有所引用。东野治之所收集的魏徵《时务策》佚文如下：

（1）《时务策》曰：清若冰霜，令宋人而退玉。贪如溪壑，谒郑伯而求环。〔觉明《三教指归注》（上卷之中）〕

（2）《时务策》曰：扁鹊换心，华佗洗胃。〔觉明《三教指归注》（上卷之下）、《性灵集略注》卷下〕

（3）《时务策》云：邴原寻师，蹑履涉于千里。（觉明《三教指归注》卷中）

（4）《魏徵策》云：蹑涉千里，景鸾愿学，负笈历七州。（《性

1　四库全书本《崇文总目》卷十二中载"魏文止公《时务策》五卷"，由于其中无"阙"字，故可推测《崇文总目》编纂的庆历元年（1041）时魏徵《时务策》五卷尚存。

灵集略注》卷上）

（5）魏徵《时务策》曰：贫人既偷徭役，比屋饥寒，蔬食少于二旬。〔觉明《三教指归注》（下卷之上）〕

（6）《时务策》曰：燕石之疑荆宝，鱼目之乱随珠。（《性灵集略注》卷上、《性灵集闻书》册四）

（7）鲠生者，苏生义也。《时务策》见。（《性灵集略注》卷下）

（8）《时务策》云：西鹣东鹣，北黍南夷云云。（《性灵集略注》卷下）

（9）《时务策》云：西鹣东鲽文。（《性灵集闻书》册八）

（10）《时务策》云：虞舜致化，德在八元。周武兴邦，功由十乱云云。（《性灵集闻书》册一）

（11）《时务策》云：黛风远扇明德馨云云。（《性灵集闻书》册四）

（12）《时务策》云：万国来朝，百蛮入贡云云。（《性灵集闻书》册五）

（13）鼓箧者，京鸾愿学，负笈历七州云事也。蹑履者，邴原云者，蹑履涉千里云事也；京鸾、邴原两人，事《魏徵策》见。（《性灵集闻书》册五）

（14）《时务策》注云：羽翼之属三百六名，凤为之长。（《白氏新乐府略意》卷上）

（15）《时务策》云：周得白狼瑞，刻玉于高岭。汉得黄龙瑞，雕石于太山。（《和汉朗咏集注》卷三，秋部鹿）

（16）《时务策》云：陶潜字渊明，隐彭泽，门下植五株柳，会饮于其下。时人号曰五柳先生。（《和汉朗咏集私注》卷一，春部梅）

(17)《时务策》注云：嵇康，字叔夜，家植五株柳，又时人曰五柳先生。(《和汉朗咏集私注》卷一，春部柳)

除此之外，《三教指归》最早的注释本，即敦光《三教勘注抄》等文献中也引用有《时务策》的佚文，摘录如下：

①《时务策》曰：清若冰霜，令宋人而退玉；贪如溪壑，谒郑伯而求环。(藤原敦光《三教勘注抄》卷第一)[1]

②《时务策》：扁鹊换心，华佗洗胃。(藤原敦光《三教勘注抄》卷第二)[2]

③《时务策》云：邴原，字根矩，北海朱虚人也。寻师，蹑履涉于千里。〔作者未详《三教指归注》(承久本)卷中〕[3]

④《魏徵策》曰：贫人既偷徭役，小屋饥寒，蔬食少于二旬云云。〔作者未详《三教指归注》(承久本)卷下〕[4]

⑤《魏徵策》曰：扁鹊换心。〔作者未详《三教指归注抄》(延应本)卷上〕[5]

其中，《三教勘注抄》为藤原敦光(1063—1144)的著作，《三教指归注》《和汉朗咏集私注》《白氏新乐府略意》为僧侣觉明(？—1241)的著作，《和汉朗咏集注》由僧侣永济(镰仓时代人？)编纂，《性灵集略注》由僧侣真辩(？—1261)编纂。因此可以推测，魏徵

---

1 《真言宗全书》第四十，真言宗全书刊行会1935年版，第20页。
2 《真言宗全书》第四十，真言宗全书刊行会1935年版，第31页。
3 《真言宗全书》第四十，真言宗全书刊行会1935年版，第74页。
4 《真言宗全书》第四十，真言宗全书刊行会1935年版，第84页。
5 《真言宗全书》第四十，真言宗全书刊行会1935年版，第124页。

《时务策》是镰仓时代文人的好读之物。

藤原敦光为儒学者藤原明衡之子，通过官吏录用考试后，历任大内记、文章博士、大学头、式部大辅等官职，汉文能力超群，曾担任堀河天皇、鸟羽天皇、崇德天皇的侍读，是平安时代后期有名的文人和儒学者。觉明也是藤原一族出身，曾在劝学院学习儒学，被称作"进士"（即文章生），后出家，担任源义仲的"右笔"（书记官）。

（1）和①、（2）和②是同样的内容。觉明《三教指归》有可能参考了藤原敦光《三教勘注抄》。但遗憾的是，《三教勘注抄》现仅存卷一和卷二，故无法确认。

另一方面，据《野峰名德传》（《大日本佛教全书》卷一〇六）记载，真辩为高野山八杰之一，曾被任命为高野山的检校，"编著之书，学者往往照焉"，文学才能甚高。《性灵集闻书》的著者虽不详，但可以认为其参考了真辩的《性灵集略注》。然而，上述（10）（11）（12）（13）等收录于《性灵集闻书》的佚文却未见于《性灵集略注》，因此其可能是直接引用了魏徵《时务策》。关于魏徵《时务策》在日本存留至何时，至今还无法断定，但由《性灵集闻书》于正平十六年（1361）成书来看[1]，至少存留至室町时代初期。

在《令集解》中也可以看到魏徵《时务策》的佚文。首先，卷二十二《考课令》"进士"条所引《古记》载：

> 案魏徵《时务策》，问："乡邑何因无孝子、顺孙、义夫、节妇？"答："九族之说，著在《虞书》；六顺之言，显于鲁册。故义夫彰于郗缺，节妇美于恭姜。孝子则曾参之徒，顺孙则伯禽之辈。

---

1 ［日］山本真吾：《慶応義塾図書館蔵〈性霊集略注〉出典攷——〈類聚名義抄〉からの引用を中心として》，《鎌倉時代語研究》第14号，1991年。

自兹已降，往往间出。石奋父子慈孝著名，姜肱兄弟恩义显誉。当今天地合德，日月齐明，万国会同，八表清谧。然上之化下，下之必从，若影逐标，如水随器。但能导之以德，齐之以礼，教之以义，怀之以仁。则孝子、顺孙，同间如市；义夫、节妇，连袂成帷。荡荡之化可期，巍巍之风斯在。"[1]

其中引用了魏徵《时务策》中关于孝子、顺孙、义夫、节妇的内容。

此外，在同书卷十三《赋役令》"孝子顺孙"条所引《古记》中也可以看到：

> 桑案：魏徵《时务策》云："义夫彰于郗缺，节妇美于恭姜。孝子则曾参之徒，顺孙则伯禽之辈。"[2]

《古记》为《大宝令》的注释本，于天平十年（738）前后成书。[3]据此可知，至少在天平初年，魏徵《时务策》已传入日本。

《经国集》卷二十所收录的"对策文"中载有如下内容：

> 窃以启蛰而效，明之鲁策；立春迎气，著在《周篇》。（天平三年，船沙弥麻吕对策）[4]

---

1 《新訂增補 令集解》，吉川弘文馆1996年版，第646—647页。

2 《新訂增補 令集解》，吉川弘文馆1996年版，第411页。

3 ［日］池田昌广：《〈古記〉所引〈漢書〉颜師古注について》，《京都産業大学論集·人文科学系列》第47号，2014年。

4 《經国集》（日本古典全集本），日本古典全集刊行会1925年版，第195页。

清靖之风斯在，邑熙之化可期。（天平三年，藏伎美麻吕对策）[1]

这两篇对策文，与以下《古记》中所收录的魏徵《时务策》佚文相类似：

九族之说，著在《虞书》；六顺之言，显于鲁册。……荡荡之化可期，巍巍之风斯在。

其中的"明"和"显"、"册"和"策"意思相同，《虞书》和《周篇》均为上古典籍。如东野治之所言，船沙弥麻吕和藏伎美麻吕可能直接参考了魏徵《时务策》。[2]

此外，船沙弥麻吕和藏伎美麻吕的对策文作于天平三年（731），故此时魏徵《时务策》已传入日本，很可能由养老年间或庆云年间归国的遣唐使带回。因此，魏徵《时务策》被成书于天平年间的《古记》引用，并出现在奈良时代中后期的木简中，合乎情理。

三
古代日本对魏徵《时务策》的受容与变容

上述《古记》中所引用的内容与作为科举考试内容的时务策有关。关于科举考试，《唐六典》卷四"尚书礼部"条载：

1　《經国集》（日本古典全集本），日本古典全集刊行会1925年版，第194页。
2　东野治之上述论文《大宰府出土木简に见える〈魏徵時務策〉考》。

（1）凡明经先帖经，然后口试并答策。〔……开元二十五敕：……并答时务策三道〕

（2）凡进士先帖经，然后试杂文及策。〔……然后试杂文两道、时务策五条〕

可知，时务策为进士科考生的必答题，给出五条策问，让考生陈述相对应的政见。开元二十五年（737）以后，明经科的考生也需要考三道（条）时务策。

关于时务策在古代日本的使用，《养老选叙令》"进士"条载：

进士取明闲时务，并读《文选》《尔雅》者。

另外，在《养老考课令》"进士"条中还有以下记载：

凡进士，试时务策二条。帖所读，《文选》上帙七帖，《尔雅》三帖。其策文词顺序，义理慷当。

由此可知，古代日本同唐朝一样，将时务策作为科举考试的内容。因此，魏徵《时务策》在日本的大学中被当作教科书来使用是很正常的。可能是由于唐朝参加科举考试的学生都学习《时务策》，遣唐留学生耳闻目睹，故带回日本并将其作为大学的教科书来传写诵读。

藤原敦光曾通过了官吏录用考试，因此其应该学习过类似于魏徵《时务策》的对策文集。觉明也是藤原一族出身，曾在劝学院学习。劝学院是专为藤原一族的学生创建的宿舍，之后被公认为大学别苑。其学生与大学的学生同样拥有上课、参加考试的资格，因此劝学院收藏魏徵《时务策》等典籍也在情理之中。

《经国集》卷二十所收录的"对策文"载：

> 与山川而齐峙。（天平三年，白猪广成对策）[1]
> 不可以一致寻。（天平三年，藏伎美麻吕对策）[2]

这些对策文的语句与魏徵《时务策》木简一同出土的以下木简文字类同：

> 与山川而同 险 。
> 非可以一理推。

如上所述，藏伎美麻吕的对策文中有引自魏徵《时务策》的条文，因此这些木简上所书写的文字可以看作是魏徵《时务策》的一部分。[3]除船沙弥麻吕和藏伎美麻吕之外，作为考生的白猪广成也熟读魏徵《时务策》。

与魏徵《时务策》木简一同出土的习书木简上写有"书生""书生鸭牧麻"等文字，因此这些木简应是由大宰府所属的下级官人、书生所写。从这些人的身边都有魏徵《时务策》来看，魏徵《时务策》等汉籍已渗透到了大宰府的文书行政中。[4]换言之，不仅中央官司的人，连地方的下级官吏都使用魏徵《时务策》等汉籍。

《经国集》卷二十所收录的"对策文"中，道守宫继书写的有两篇。其中一篇论述"五行调和"，文中所载"然则巍巍之化，举目应

---

1 《經國集》（日本古典全集本），日本古典全集刊行会1925年版，第192页。
2 《經國集》（日本古典全集本），日本古典全集刊行会1925年版，第194页。
3 东野治之上述论文《大宰府出土木簡に見える〈魏徵時務策〉考》。
4 东野治之上述论文《大宰府出土木簡に見える〈魏徵時務策〉考》。

瞻；荡荡之风，企足可待"，与前面所提及的魏徵《时务策》的佚文"荡荡之化可期，巍巍之风斯在"相类似。另一篇论述"治平民富"，文中所载"故上行下化，类水如泥，故紫变齐风，缨迁郑俗"，与魏徵《时务策》佚文"然上之化下，下之必从，若影逐标，如水随器"有异曲同工之妙。[1]

这两篇对策文是由文章生道守宫继于延历二十年（801）回答大学少允菅原清公的策问而撰写的。虽然结论部分的字句、论法极为相似，但从船沙弥麻吕和藏伎美麻吕的对策文明显仅替换几个语句的水平来看，道守宫继的对策文则是在咀嚼消化了魏徵《时务策》的基础上完成的。

另外，空海的《三教指归》（820年成书）、《性灵集》（830年成书）等著作中也引用了魏徵《时务策》[2]，如下表（表3-1）：

表3-1　《性灵集》《三教指归》对《时务策》的引用

《性灵集》	魏徵《时务策》	《三教指归》	魏徵《时务策》
虞舜禹汤与桀纣，八元十乱将五臣（卷一《入山兴》）	虞舜致化，德在八元；周武兴邦，功由十乱	水镜冰霜之行尽灭，溪壑贪婪之情竞炽（卷上）	清若冰霜，令宋人而退玉；贪如溪壑，遏郑伯而求环
岂图燕石鱼目，谬当天简（卷四《敕赐世说屏风书了献表》）	燕石之疑荆宝，鱼目之乱随珠	曾无邺原千里之寻（卷中）	邺原寻师，蹑履涉于千里

比较这两部著作与魏徵《时务策》，可以看出空海著作对魏徵《时务策》的运用，比船沙弥麻吕和藏伎美麻吕的对策文更胜一筹。

换言之，魏徵《时务策》在传入日本约一百年后，空海对其的利用已从简单模仿跃入自由创作的阶段。平安时代初期对魏徵《时务策》等

1　东野治之上述论文《大宰府出土木简に见える〈魏徵時務策〉考》。

2　日本古典文学大系本《三教指归　性灵集》所收《引用·相关文献目录》中未见魏徵《时务策》。[日]渡边照宏、宫坂宥胜校注：《三教指帰　性霊集》，岩波书店1965年版，第550—551、586—588页。

中国典籍的受容，是探讨从模仿到创新、讴歌唐风时代到来的典型范例。

如上所述，网罗收录丰富故事出典的魏徵《时务策》还兼有类书的性质，成为空海等人的写作范本。[1]

但是，《令集解》卷二十二《考课令》"进士"条载："《释》云，时务谓治国要道耳……《古记》云，时务谓当时可行时务是非也。"南朝梁刘勰《文心雕龙》卷五"议对"条载："对策者，应诏而陈政也。"[2]可知魏徵《时务策》的"时务"是对策文的一种，目的是治国理政。因此，魏徵《时务策》本来是以提供政治参考为目的汇编而成的杂家书，但是后来逐渐成为科举考试的参考书。[3]不过，在中国却未发现其作为创作诗文的类书所应具备的功能和特点。

与此相对，在日本，魏徵《时务策》最初是在科举考试中作为教科书来使用的，但藤原道长、藤原师通等人也将其作为政治参考书来使用，同时空海、藤原敦光等人则将其作为写作范本而发挥其类书的功能。如此，魏徵《时务策》由原本的性质（政治参考书）转变为了教科书（科举考试参考书），又从教科书转变为了类书（工具书），从中可窥探出当时日本获取知识的实相。

（原文刊于《日本汉文学研究》第12号，2017年3月）

---

1 东野治之上述论文《大宰府出土木简に见える〈魏徵時務策〉考》。

2 《新訂増補 令集解》，吉川弘文館1996年版，第646页。

3 大渊贵之指出，魏徵《时务策》本来是以提供政治参考为目的汇编而成的杂家书，其作为类书中创作诗文的工具书所具备的功能和特点则为次要作用。［日］大渊贵之：《唐創業期の〈類書〉概念——〈芸文類聚〉と〈群書治要〉を手がかりとして——》，《中国文学論集》第35号，2006年。

第四章
东传日本的《魏文贞故事》

据藤原佐世（847—898）《日本国见在书目录》记载，收录唐代魏徵谏言及其与太宗问答的《贞观政要》《魏文贞故事》于9世纪之前已传入日本。[1]

其中，吴兢（670—749）所著《贞观政要》原本大体保存完好，日本学者原田种成已进行过详细研究，[2]在此不再赘述。但是，《魏文贞故事》早已散佚，除杨志玖等早年撰文阐释之外，鲜有学者对其进行深入探讨。近年，日本学者会田大辅等人对《魏文贞故事》佚文与现存《魏郑公谏录》进行了比较研究，孙猛也对《日本国见在书目录》的记载进行了详细考察，[3]但关于《魏文贞故事》的书名、佚文等，仍留下诸多未解之谜。

此外，《明文抄》所引汉籍中除《魏文贞故事》之外，还有《魏文

1　魏徵编撰的《群书治要》（《群书理要》）最为著名，然宋代已佚。但是，此书9世纪以前传到日本，镰仓时代《群书治要》抄本现藏于日本宫内厅书陵部，不过，第四卷、第十三卷、第二十卷缺失。参见《群书治要》（宫内厅书陵部藏本影印，汲古书院1989年版）收录的尾崎康、小林芳规解题。

2　见[日]原田种成：《貞観政要の研究》，吉川弘文馆1965年版。

3　[日]会田大辅：《〈魏鄭公諫録〉の成立について——〈明文抄〉所引〈魏文贞故事〉との比較を通じて》，《汲古》第58号，2010年。孙猛：《日本国见在书目录详考》，上海古籍出版社2015年版。

贞政书》。[1]然《魏文贞政书》究竟为何人所撰，至今尚未有人探究。

基于此，本章通过考察魏徵言行录的书籍名称、编者，梳理《魏文贞故事》的佚文，探讨《魏文贞故事》与《魏文贞政书》的关系及其在日本的流播情况。

一

魏徵的言行录与编者

魏徵的言行录大致分为两类，即由魏徵本人所著、魏徵逝世后由他人所编。

首先，关于魏徵本人所著书籍，《旧唐书》卷七十一《魏徵传》载："徵又自录前后谏诤言辞往复，以示史官起居郎褚遂良。"可知，魏徵本人记录了与太宗的多次谏言并将之展示给同僚褚遂良。同书卷四十七《经籍志》中有"《谏事》五卷（魏徵撰）"，可知《谏事》五卷为魏徵本人所撰。除此之外，《新唐书》卷五十九《艺文志》记载，魏徵所著书籍中，有《谏事》五卷、《时务策》五卷、《魏徵集》二十卷等。遗憾的是，此三种书籍皆部分佚失。最新研究表明，《时务策》于8世纪传入日本，至镰仓时代已广为流传。[2]

1　［日］远藤光正：《明文抄の研究並びに語彙索引》，现代文化社1974年版，第777页。此外，山内洋一郎编著《本邦類書玉函祕抄・明文抄・管蠹抄の研究》（汲古书院2012年版）第592页载"魏文帝政书"。根据远藤光正《類書の伝来と明文抄の研究》（浅间书房1984年版）第570页的影印资料（神宫文库抄本），可知原文为"魏文贞政书"。

2　［日］东野治之：《大宰府出土木簡に見える〈魏徵時務策〉考》，《正倉院文書と木簡の研究》，塙书房1977年版；葛继勇：《古代日本における〈魏徵時務策〉の受容と変容》，《日本漢文学研究》第13号，2017年。参见本书第三章。

清王灏（？—1888）所辑《畿辅丛书》收录有《魏郑公文集》三卷的内容。[1]魏徵被封为郑国公，故《魏郑公文集》为魏徵文集。《魏郑公文集》卷一收录了《谏太宗十思疏》等谏疏；卷二收录了《明堂议》等朝议；卷三收录了《群书治要序》等序言。《魏郑公文集》三卷分别摘自《全唐书》卷一三九、一四〇、一四一，当为《魏徵集》二十卷的一部分。

其次，关于魏徵逝世后他人所编书籍，《新唐书》卷五十八《艺文志》"故事类"载有敬播（？—663）《文贞公传事》四卷、刘祎之（631—687）《文贞公故事》六卷、张大业（出生年月不详，高宗武后时代之人）《魏文贞故事》八卷、王方庆（？—702）《文贞公事录》一卷等。此外，同卷"杂传记类"著录有王方庆"《魏文贞故书》十卷"。[2]

其中，王方庆《文贞公事录》《魏文贞故书》出现在《新唐书》同一卷中，故两书为不同书籍。而且，因"书（書）"与"事"字体近似，故王方庆的《魏文贞故书》原名当为《魏文贞故事》。[3]遗憾的是，上述诸著作均已散佚，难以详究其内容。

关于王方庆所撰《文贞公事录》，庆历元年（1041）成书的《崇文总目》卷二"传记类"中可见"《文正公事录》一卷"。此外，绍兴十五年（1145）成书的《秘书省续编到四库阙书》卷一"史类故事"中，

1　《畿辅丛书》另收录了《魏郑公诗集》一卷。其中有《五郊乐章》《享太庙乐章》《赋西汉》《暮秋言怀》《抒怀》《奉和正日临朝应诏》等诗，皆从《全唐诗》卷三十一中抄录而来。

2　《新唐书》（中华书局点校本），中华书局1975年版，第1475、1484页。此记载亦收录于《通志》卷六十五《艺文略》。

3　杨志玖：《〈魏文贞公故事〉与〈魏郑公谏录〉辨》，《文献》1993年第1期。

载有王庆方（"方庆"之误）的《魏徵传》一卷[1]，《宋史》卷二〇三《艺文志》载有"王方庆《魏玄成传》一卷"。因"玄成"为魏徵的字号，因此推测王方庆的《魏徵传》一卷、《魏玄成传》一卷与王方庆的《文贞公事录》一卷为同一作品。另外，宋司马光（1019—1086）所撰《资治通鉴考异》卷十贞观六年（632）正月"魏徵谏封禅"条载有"王方庆《文贞公传录》"，故《文贞公事录》应为王方庆《文贞公传录》的别称。

此外，关于刘祎之《文贞公故事》，先于《新唐书》成书的《崇文总目》卷二"传记类"中著录有"刘祎之《文正公故事》三卷"。[2]"魏文正公"即魏徵，因避宋仁宗"赵祯"讳而改"贞"为"正"。

另一方面，宋陈振孙（1183—1261）所撰《直斋书录解题》卷五载："《魏郑公谏录》五卷，唐尚书吏部郎中琅邪王綝撰……所录魏公进谏、奏对之语。"《宋史》卷二〇三《艺文志》中有"王琳《魏郑公谏录》五卷"。王方庆名綝，字方庆，故"琳"为"綝"之误，《魏郑公谏录》五卷为王方庆所撰。

此外，宋王应麟《玉海》卷六十一《艺文志》"唐魏徵《谏事》《谏录》《时务策》"条载：

> 《中兴书目》：唐《魏郑公谏录》五卷，吏部郎中王綝撰，集征谏太宗一百三十事。

1　所附的注释中有"（叶德）辉案：《崇文总目》作《文正公事录》一卷。'正'当作'贞'。避仁宗讳改。《宋史》作'王方庆《魏玄成传》一卷'"。据此可知，叶德辉认为《文正公事录》与《魏玄成传》为同一书籍。见中华书局编辑部编辑：《宋元明清书目题跋丛刊（一）》，中华书局2006年版，第276页。

2　陈汉章《崇文总目辑释补正》卷二"传记类上"〔中华书局编辑部编《宋元明清书目题跋丛刊（一）》所收〕。另外，四库全书本《崇文总目》卷四中有"《文正公事录》一卷、《文正公故事》三卷"，但未记载撰者姓名。

可知，《魏郑公谏录》五卷为时任吏部郎中的王綝所写，由魏徵的谏言一百三十事组成。其中的"《中兴书目》"为淳熙五年（1178）陈騤（1128—1203）所编《中兴馆阁书目》。虽然此书早已散佚，但在《玉海》等书中仍可见其佚文。

据《四库全书提要·魏郑公谏录》记载，元翟思忠撰有《魏郑公谏续录》二卷、明彭年撰有《魏郑公谏录补》一卷。《魏郑公谏录》五卷与《魏郑公谏续录》二卷现存，被收于《四库全书》。

最近有学者指出，《魏郑公谏录》五卷为刘祎之《文贞公故事》与王方庆《文贞公事录》合编而成。[1]然而，若摘自刘祎之与王方庆二人所撰书籍，仅冠王方庆一人之名，则令人费解。也有人指出王方庆的一卷本《文贞公事录》扩大至二卷后，又于南宋时代被补增，成为《魏郑公谏录》五卷[2]，但明显难以说通。正如会田大辅所言，《魏郑公谏录》五卷本于唐高宗时所作，后由王方庆辑录成书。[3]

综上，可以明确的是《文贞公事录》应为王方庆《文贞公传录》的别称，与《魏郑公谏录》为不同书籍。

二

《魏文贞公故事》与《魏郑公谏录》

《旧唐书》卷七十一《魏徵传》"史臣曰"载："臣尝阅《魏公故

---

1 赵国亮、姜振月：《〈魏郑公谏录〉与其他魏徵传记史料书籍关系初探》，《长春工业大学学报(社会科学版)》2009年第5期。

2 郎洁：《〈魏郑公谏录〉成书刊印释疑》，《中国典籍与文化》2013年第2期。

3 会田大辅上述论文《〈魏鄭公諫録〉の成立について——〈明文抄〉所引〈魏文貞故事〉との比較を通じて》。

事》。(魏徵)与文皇讨论政术,往复应对,凡数十万言。"可知,魏徵和唐太宗讨论治国之道的言论被编辑成为《魏公故事》,但编者与卷数不详。宋司马光《资治通鉴考异》卷十贞观元年(627)十二月"以孙伏伽为谏议大夫"条所载的《魏徵故事》,或与《魏公故事》为同一书籍。

此外,宋司马光《资治通鉴考异》卷十贞观元年(627)十月"遣李公掩慰谕冯盎"条载:"《魏文贞公故事》作李公淹。"此处出现的《魏文贞公故事》应该就是上述"贞观元年十二月"条所载的《魏徵故事》的全称。另同卷贞观六年正月"魏徵谏封禅"条载:

> 《实录》《唐书·志》及《唐统纪》皆以为太宗自不欲封禅,而《魏文贞公故事》及王方庆《文贞公传录》以为太宗欲封太山,徵谏而止。意颇不同,今两存之。

文中出现了"《魏文贞公故事》"和"王方庆《文贞公传录》"。《魏文贞公故事》在宋司马光《资治通鉴考异》卷十中出现四次,但均未记载编者和卷数。

张煦侯指出,《魏文贞公故事》为张大业所著《魏文贞故事》[1],而赵吕甫则认为是刘祎之所著《文贞公故事》[2]。但以上说法皆未详细论述。杨志玖、会田大辅和郎洁对《魏文贞公故事》和《魏郑公谏录》的关系展开了讨论,然尚未得出令人信服的结论。[3]

1　张煦侯:《通鉴学》,安徽人民出版社1981年版,第57页。

2　赵吕甫:《魏文贞公故事》,《中国历史大辞典》(史学史),上海辞书出版社1983年版,第508页。

3　杨志玖上述论文《〈魏文贞公故事〉与〈魏郑公谏录〉辨》、会田大辅上述论文《〈魏郑公谏録〉の成立について》、郎洁上述论文《〈魏郑公谏录〉成书刊印释疑》。

前述《资治通鉴考异》卷十中未提及《魏文贞公故事》的编者，但记载了《文贞公传录》的编者是王方庆。杨志玖注意到这一点，指出《魏文贞公故事》并非王方庆所著。[1]但是，不仅《资治通鉴考异》，《旧唐书》卷七十一《魏徵传》中亦未记载《魏公故事》（即《魏文贞公故事》）的编者。或许因《魏公故事》的编者已广为人知，无须标示。因此，不能仅据此就认定编者非王方庆。

宋陈振孙《直斋书录解题》卷五载：

> 《魏郑公谏录》五卷，唐尚书吏部郎中琅邪王綝撰……又名《魏文贞公故事》。

文中认为，《魏文贞公故事》是王方庆（王綝）所著《魏郑公谏录》的别名。[2]另外，从《资治通鉴考异》卷十引用的《魏文贞公故事》佚文与现存《魏郑公谏录》的相关内容一致来看[3]，《魏文贞公故事》是王方庆所著，与《魏郑公谏录》是同一书籍。

从《旧唐书》卷七十一《魏徵传》"史臣曰"中的"凡数十万言"，以及《新唐书》卷九十七《魏徵传》中的"徵之谏，累数十余万言"可知，《魏文贞公故事》（《魏公故事》）应该有五卷以上的分量，恐怕为

1　杨志玖上述论文《〈魏文贞公故事〉与〈魏郑公谏录〉辨》。此后，会田大辅与郎洁都赞成此观点。见会田大辅上述论文《〈魏鄭公諫録〉の成立について》、郎洁上述论文《〈魏郑公谏录〉成书刊印释疑》。

2　亦见于马端临《文献通考》卷二四七《经籍考》。清卢文弨在《直斋书录解题》注释曰："末八字，疑《通考》所益。《唐志》自有王方庆《文贞公事录》，在故事门。"《唐志》即《新唐书》卷五十八《艺文志》"故事类"著录"王方庆《文贞公事录》一卷"，故王方庆《文贞公事录》与《魏郑公谏录》非同一书籍。宋陈振孙撰《直斋书录解题》与《文献通考》都认为，《魏文贞公故事》为王方庆《魏郑公谏录》五卷的别名。

3　杨志玖上述论文《〈魏文贞公故事〉与〈魏郑公谏录〉辨》。

《新唐书》卷五十八《艺文志》"杂传记类"中记载的王方庆编《魏文贞故书（事）》十卷。

此处存有疑问，即《魏郑公谏录》（五卷）与《魏文贞故书（事）》（十卷）在卷数上不符。《魏郑公谏录》首次出现是在宋淳熙五年（1178）成书的《中兴书目》中。据说绍兴年间迁都临安不久的南宋王朝为了丰富政府书库，大量收集民间藏书，并藏于朝廷馆阁。[1]之后成书的《中兴馆阁书目》，是基于此民间藏书编辑而成。[2]或许，王方庆编《魏文贞故书（事）》十卷当时完本不存，从绍兴年间至淳熙五年把留存下来的五卷冠名为《魏郑公谏录》。

关于《魏郑公谏录》，清嘉庆二十五年（1820）成书的《爱日精庐藏书志》卷十三《史部》收录南宋李彦颖（1118—1199）的跋文如下：

> 《魏郑公谏录》五卷，唐《艺文志》以为《魏徵谏事》。司马文正《通鉴》《书目》以为《魏元成故事》，盖一书也……陈叔进舍人得本，以属予客马叔度校正，凡谬误一百四十五字，刊于斋。淳熙己亥十月上浣吴兴（下缺）杜启重刊后序。正德二年。[3]

跋文中的"予"为李彦颖。李彦颖将《魏郑公谏录》与《魏徵谏事》（《新唐书·艺文志》所载）、《魏元成故事》（《通鉴》与《书目》

---

1 《宋史》卷二〇二《艺文志》载："迨夫靖康之难，而宣和馆阁之储，荡然靡遗。高宗移跸临安，乃建秘书省于国史院之右，搜访遗阙，屡优献书之赏。于是四方之藏，稍稍复出。而馆阁编辑，日益以富矣。"

2 郎洁上述论文《〈魏郑公谏录〉成书刊印释疑》。

3 张金吾：《爱日精庐藏书志》，《中国文史哲资料丛刊》第十九册，文史哲出版社1982年版，第2页。郎洁据"司马文正《通鉴》《书目》以为《魏元成故事》"，误认为《通鉴》与《书目》二书均为司马光所作。

所载）视为同一书籍。[1]

除此之外，《四库全书总目提要》载：

> 谨案《魏郑公谏録》五卷，唐王方庆撰。方庆名綝，以字行……
> 此乃所录魏徵事迹，《唐书》艺文志以为《魏徵谏事》，司马光《通
> 鉴》《书目》以为《魏元成故事》，标题互异。惟洪迈《容斋随笔》
> 作《魏郑公谏录》，与此相合。[2]

此处抄录了前述跋文，只添加了"惟洪迈《容斋随笔》作《魏郑公
谏录》，与此相合"一句。洪迈《容斋随笔》卷七"魏郑公谏语"条
载："魏郑公谏止唐太宗封禅……此语见于《谏录》及《旧唐书》。"据
此可知，书名确为《谏录》（《魏郑公谏录》）。

但是，如前所述，《新唐书·艺文志》记载《谏事》五卷为魏徵所
著。《旧唐书》卷四十七《经籍志》之中也记载着其为魏徵所撰，故李
彦颖把"《魏郑公谏录》五卷"与"唐《艺文志》以为《魏徵谏事》"
视为同一书籍的观点并不妥当[3]，恐怕是将"谏录"误为"谏事"所致。

不过，宋司马光《资治通鉴》《资治通鉴考异》中不见《魏元
（玄）成故事》。《资治通鉴考异》卷十中《魏文贞公故事》出现四处，
《魏徵故事》出现一处。因此，上述《魏元（玄）成故事》或为《魏徵
故事》（《魏文贞公故事》）的别称。[4]

上述的《书目》即为《中兴书目》（《中兴馆阁书目》）。据前述王

1　郎洁上述论文《〈魏郑公谏录〉成书刊印释疑》。

2　《四库全书总目提要》（万有文库本）第十二册，商务印书馆1931年版，第72页。

3　杨志玖上述论文《〈魏文贞公故事〉与〈魏郑公谏录〉辨》，赵国亮、姜振月上述
　　论文《〈魏郑公谏录〉与其他魏徵传记史料书籍关系初探》。

4　郎洁上述论文《〈魏郑公谏录〉成书印释疑》。

应麟《玉海》卷六十一《艺文志》"唐魏徵《谏事》《谏录》《时务策》"条可知，《中兴书目》所载的书名不是《魏元（玄）成故事》，而是《魏郑公谏录》。《魏元（玄）成故事》为《魏文贞公故事》（《魏徵故事》）的别称，故其与《魏郑公谏录》为同一书籍，均为王方庆所作。

成书于清光绪年间的《铁琴铜剑楼藏书目》卷十《史部》"传记类"载：

> 《魏郑公谏录》五卷，抄本，唐王方庆集……淳熙己亥，吴兴李某得本于陈叔进舍人，属其客马万顷叔度校正谬误，刻于郡斋。正德二年，吴中刻本有马、李跋。[1]

此处的"吴兴李某"为南宋湖州德清人李彦颖、"陈叔进舍人"为《中兴书目》（《中兴馆阁书目》）的编者陈骙。由此可知，《魏郑公谏录》的刊行，与陈骙、马万顷、李彦颖三人有密切关系。

综上可知，《魏文贞公故事》与《魏公故事》《魏徵故事》为同一书籍，原为十卷，南宋时经陈骙、马万顷、李彦颖之手，被再编为《魏郑公谏录》五卷。

三

东传日本的《魏文贞故事》及其佚文

上述《日本国见在书目录》"旧事家"载有"《魏文贞故事》六

1　瞿镛等编：《铁琴铜剑楼藏书目》，上海古籍出版社2000年版，第254页。

卷"[1]，但未记载《魏文贞故事》六卷的作者。

藤原通宪（1106—1160）所撰《通宪入道藏书目录》第二十三柜中记载"《魏文贞故事》（见六卷）"。由此可见，当时通宪入道的藏书《魏文贞故事》仅可见六卷，故本来的卷数应该是六卷以上。[2]若如此，该书应是张大业《魏文贞故事》八卷或王方庆《魏文贞故书（事）》十卷的其中之一。

遗憾的是，东传日本的《魏文贞故事》早已散佚。但幸运的是，藤原孝范（1158—1233）编撰的《明文抄》卷一《帝道部上》、卷四《人事部下》、卷五《武事部》引用了《魏文贞故事》的佚文：

（1）太宗命公围棋赌，公再拜曰："臣无可赐之物，不敢烦劳圣。"太宗曰："朕知君有物，不须致辞。"公固言无物堪供进者。太宗曰："朕知君大有忠正，君若胜，朕与物；君若不如，莫亏今日。"遂与棋。才下数十子，太宗曰："君已胜矣。"赐尚乘马一匹，并金装鞍，仍赐绢千匹。^{《魏文贞故事》}（《明文抄》卷一《帝道部上》）

（2）太宗曰："三人谋，从二人之言。"^{《魏文贞故事》}（《明文抄》卷四《人事部下》）

（3）千石弩，不为鼷鼠发机；大国之帅，岂为蛮夷动众。胜之不武，不胜为笑。^{《魏文贞故事》}（《明文抄》卷五《武事部》）

会田大辅将上述内容与现存王方庆所撰的《魏郑公谏录》进行比较

1　[日]矢岛玄亮：《日本国见在书目录——集证と研究——》，汲古书店1987年版，第96页。
2　会田大辅上述论文《〈魏郑公谏录〉の成立について》注释（8）。

后指出，虽然错字漏字很多，但是两者的内容一致。[1]

也就是说，（1）与《魏郑公谏录》卷五《文德后载诞侍宴》一致，（2）与《魏郑公谏录》卷二《谏处张君快等死》一致，（3）与《魏郑公谏录》卷一《谏讨击冯盎》一致。而且，（3）在上述《资治通鉴考异》所引的《魏文贞公故事》中也出现过。也就是说，（3）引用了王方庆所撰的《魏郑公谏录》（《魏文贞公故事》）。由此可见，《明文抄》所引的《魏文贞故事》可能与王方庆所撰的《魏郑公谏录》是同一书籍。

值得注意的是，神宫文库藏本《明文抄》卷二《帝道部下》中还收录有《魏文贞政书》佚文：

（4）秦穆饮盗马之酒，楚庄赦绝缨之客。^{《魏文贞政书》}（《明文抄》卷二《帝道部下》）

然而会田大辅并未提及上述佚文。不过，《魏郑公谏录》卷二"谏内出高昌妇女与薛万均对事"条载：

或告大将军薛万均平高昌日，与高昌妇女有私。敕大理卿孙伏伽推鞫，万均不服。内出高昌妇女对问。公谏曰："万均兄弟诚款夙著，奸私之事，虚实难明。若罪状显然，录付伏伽自了。若事无指的，万均必是有辞。遣大将军与破亡妇女对辨奸秽辞，既不伏听者必疑。臣闻君使臣以礼，臣事君以忠。实则所得者轻，虚则所失者重。故秦穆公饮盗马之酒，楚庄王赦绝缨之客。且楚庄、秦穆并夷狄之诸侯，列名五伯，垂芳千祀。况陛下以万乘之主，道高尧舜，作之不法，何以示远。"太宗纳其言而罢焉。

1　会田大辅上述论文《〈魏鄭公諫録〉の成立について》。

可以发现，上述佚文（4）与《魏郑公谏录》卷二的画线部分基本同文。故可以认为，（4）很可能源自《魏郑公谏录》卷二"谏内出高昌妇女与薛万均对事"。

如前所述，《新唐书》卷五十八《艺文志》"杂传记类"载"王方庆《魏文贞故书》十卷"。"政"和"故"的字形易混淆，故《明文抄》卷二记载的《魏文贞政书》很可能是王方庆的《魏文贞故书》。而且，"书（書）"和"事"二字也易混淆。[1]故《魏文贞政书》原本书写的文字应该是《魏文贞故事》。[2]也就是说，（1）（2）（3）（4）均源自王方庆《魏文贞故事》。

综上可知，东传日本的《魏文贞故事》与王方庆撰《魏郑公谏录》是同一书籍，原本应是《新唐书》卷五十八《艺文志》"杂传记类"中记载的王方庆《魏文贞故书（事）》十卷。通过藤原佐世《日本国见在书目录》"旧家事"载"《魏文贞故事》六卷"、《通宪入道藏书目录》第二十三柜中载"《魏文贞故事》（见六卷）"，可知《魏文贞故事》仅有六卷东传日本。

《明文抄》成书于贞永年间（1232—1233）。编者藤原孝范是藤原南家藤原永范（1102—1180）的养子，历任文章博士、大学头、宫内

1　根据各种抄本《明文抄·帝道部下》进行校订的远藤光正、对《明文抄》进行复原的山内洋一郎均未指出"政书"应为"故事"。但是，现存抄本中书写上的错字，特别是字形类似而出现的错字很多。见远藤光正著《明文抄の研究並びに語彙索引》第50页、山内洋一郎编著《本邦類書玉函祕抄·明文抄·管蠡抄の研究》第261页。

2　《明文抄》卷二《帝道部下》的现存抄本有尊经阁文库藏前田家本、神宫文库藏本、东京大学史料编纂所藏本（神宫文库藏本的摹本）、彰考馆文库藏本（与神宫文库藏本内容体裁相同）、宫内厅书陵部藏《续群书类从》原本等5个写本。见远藤光正著《明文抄の研究並びに語彙索引》，第11—37页。笔者调查了尊经阁文库藏前田家本、宫内厅书陵部藏《续群书类从》原本两个写本，但两写本卷二《帝道部下》以下的内容散佚，故无法据此确认是否为字体混淆所致。

卿，继承了文章博士藤原永范的学统。[1]藤原永范作为当时一流的儒者，由同样为南家的藤原通宪举荐，成为后白河天皇的侍读；在藤原通宪失势后，仍然成为二条天皇、高仓天皇的侍读。[2]

宫内厅书陵部藏的藤原南家本（建治本）《贞观政要》卷一中有以下后记：

> 安元三年二月五日，奉授
> 主上既讫。
>
> 　　正三位行宫内卿兼式部大卿权播磨守藤原朝臣永范
> 永久二年仲春廿五日，点讫
> 　　　　　良兼。
> 合证本等又加自点毕，
> 　　　　秘本也。永范
> 建久第五年九月廿一日，诣三品李部
> 　大卿书阁读合毕，有秘说等。
> 　匠作员外少尹藤孝范[3]

由此可见，藤原永范于安元三年（1177）二月五日，为高仓天皇侍讲《贞观政要》，对"秘本"的《贞观政要》进行了点校。之后，其子藤孝范即藤原孝范于建久五年（1194）九月二十一日，在三品李部大卿的书阁内阅读《贞观政要》。三品李部大卿是正三位式部大卿藤原永范。不仅是《贞观政要》，藤原永范的书阁内也应留存有《魏文贞故

1　[日]远藤光正：《明文抄の研究並びに語彙索引》，现代文化社1974年版，第10—11页。
2　[日]仁木夏实：《藤原永範考》，《大谷大学研究年报》第57号，2005年。
3　[日]原田种成：《貞観政要の研究》，吉川弘文馆1965年版，第114—115页。

事》。或许，藤原孝范同时也阅读《魏文贞故事》并进行抄写，与《贞观政要》中记载的"明文"（名言佳句）一起收录入《明文抄》中。

因此，《通宪入道藏书目录》第二十三柜中记载"《魏文贞故事》（见六卷）"，或许就是《日本国见在书目录》"旧家事"所载的皇家藏书"《魏文贞故事》六卷"的原本或其抄本。藤原通宪和藤原永范、孝范都是藤原南家出身，故藤原孝范利用的《魏文贞故事》可能是藤原通宪的藏书或其抄本。

综上所述，本章的结论主要有如下几点：

（1）记录魏徵言行录的书籍中，王方庆《文贞公事录》与《文贞公传录》是同一作品，而王方庆《魏文贞故书（事）》与《魏公故事》《魏徵故事》《魏文贞公故事》是同一书籍。

（2）《资治通鉴考异》所引的《魏文贞公故事》和《魏郑公谏录》内容一致，两书当是同一书籍。至南宋，王方庆《魏文贞故书（事）》（《魏文贞公故事》）十卷被再编为《魏郑公谏录》五卷。

（3）《明文抄》中引用的《魏文贞故事》共有三条，与现存王方庆《魏郑公谏录》的相关内容一致。传入日本的《魏文贞故事》六卷或为王方庆《魏文贞故书（事）》（《魏文贞公故事》）十卷中的一部分。

（4）《明文抄》卷二《帝道部下》所见的《魏文贞政书》应是王方庆《魏文贞故书（事）》，与卷一《帝道部上》等三处所引的《魏文贞故事》是同一作品。《通宪入道藏书目录》和《明文抄》中出现的《魏文贞故事》，或为《日本国见在书目录》"旧家事"所载"《魏文贞故事》六卷"的抄本。

今后，有必要仔细查找《明文抄》等其他日本古籍中的《魏文贞故事》佚文，深入探讨《魏文贞故事》在日本的流播与影响。

第五章
《兔园策府》的成书、内容及东传日本

　　《兔园策府》诞生于唐代，是一部辞藻优美、文辞骈俪的书籍，内叙社会名物、人文仪礼、政事论争等，自设问（提问）答（解答），引经史为训注。该书编纂后不久东传日本，然南宋后散佚，中日国内皆不见踪影。20世纪初，敦煌古抄本得以发现，虽不完整，但可见其形。

　　《兔园策府》的作者及成书年代、卷数，历来为后人所论争。[1]然诸位先贤在撰文时均未提及《徐州刺史杜嗣先墓志》（以下略为《杜嗣先墓志》）。近来，学者叶国良和王璐在深入研究《杜嗣先墓志》的基础上，对《兔园策府》的成书年代提出新说，然难称至善，有关《兔园策府》东传日本及其受容情况仍有探讨的空间。[2]

　　本章以《杜嗣先墓志》为中心，参照敦煌文书及相关文献，对《兔园策府》的成书年代及东传日本等问题进行梳理，试以探究唐宋时代中

1　罗振玉：《兔园册府残卷提要》，《鸣沙石室佚书初编》，东方学会影印本，1925年版；王国维：《唐写本兔园册府残卷跋》，《王国维学术经典集》，江西人民出版社1997年版；郭长城：《敦煌写本兔园策府叙录》，台湾"中国文化大学"《敦煌学》第八辑，1984年；周丕显：《敦煌古钞〈兔园策府〉考析》，《敦煌文献研究》，甘肃文化出版社1995年版；屈直敏：《敦煌本〈兔园策府〉考辨》，《敦煌研究》2001年第3期；［日］那波利贞：《唐钞本雜抄考》，《唐代社会文化史研究》，东京创文社1974年版。

2　叶国良：《唐代墓志考释八则》，《石学续探》，大安出版社1999年版；王璐：《敦煌写本类书〈兔园策府〉探究》，西北师范大学硕士论文，2006年。

日两国对《兔园策府》的利用情况。

一
《杜嗣先墓志》的相关记载

据叶国良《唐代墓志考释八则》载，其曾于1992年在台北一家名为"寒舍"的古玩店偶见《杜嗣先墓志》原石实物，誊写铭文如下：

1 公讳嗣先，京兆人也。高祖魏龙骧将军、豫州刺史、惠公，讳遇，字庆期，晋镇

2 南大将军当阳侯预之六代孙。预生新平太守跻。跻生南阳太守胄。胄生

3 燕都太守嶷。嶷生中书侍郎、新丰侯铨。铨生中书博士振。振生遇，有赐田

4 于洛邑，子孙因家于河南之偃师焉，凡四代矣。曾祖周新城太守琳，祖随

5 朝散大夫、行昌安县令歆，考　皇朝滑州长史业。公少好经史，兼属文

6 笔。心无伪饰，口不二言。由是乡间重之，知友亲之。年十八，本州察孝廉。明

7 庆三年，释褐蒋王府典签。麟德元年，河南道大使、左相窦公旌节星移，州

8 郡风靡，出辕辕之路，入许颍之郊，官僚之中，特加礼接。时即表荐，驰驿就

9 征。遂于合璧宫引见，　制试《乾元殿颂》。即降　恩旨，

授昭文馆直学

10 士。借马荆人，仍令于洛城门待　制。寻授太子左率府仓曹参军。又除

11 国子监主簿。 □入芳林门内，与学士高若思、孟利贞、刘祎之、郭正一等供

12 奉。咸亨元年，　銮舆顺动，避暑幽岐。沛王以　天人之姿，留守监国，

13 遂降　敕曰：驾幸九成宫。 □令学士刘祎之、杜嗣先于沛王贤处参侍

14 言论。寻授雍王记室参军，与侍读刘讷言、功曹韦承庆等参注《后汉》。上元

15 二年，藩邸升储，元良贞国，又迁太子文学，兼摄太子舍人。永崇元年，以宫

16 僚故事，出为郓州巨野县令。又除幽州蓟县令。还私后，除汝州司马。又除

17 苏州吴县令，寻加朝散大夫、简州长史。入计，又除太子洗马、昭文馆学士。

18 又迁给事中、礼部侍郎。以前数官，咸带学士。其所撰《兔园策府》及杂文笔

19 合廿卷，见行于时。每至朝仪有事，礼申大祀，或郊丘展报，或　陵庙肃诚，

20 上帝宗于明堂，法驾移于京邑。元正献寿，南至履长。朝日迎于青郊，神州

21 奠于黑座。公凡一摄太尉，三摄司寇，重主司空，再入门下。或献替于常侍，

22 或警卫于参军，典礼经于太常，修图书于大象矣。又属

75

皇明远被，日

23 本来庭，有 敕令公与李怀远、豆卢钦望、祝钦明等宾于
蕃使，共其语

24 话。至神龙元年，又除徐州刺史，预陪祔 庙，恩及追
尊，赠公皇考滑州

25 长史。公于是从心自逸，式就悬车，立身扬名，其德备
矣。藏舟变壑，归居奄

26 及，粤以先天元年九月六日，薨于列祖旧墟偃师之别第。
春秋七十有九。

27 以二年二月二日，与夫人郑氏祔葬于洛都故城东北首阳原
当阳侯茔

28 下。礼也。孤子贝州司兵维骥失其孝养，痛贯骨髓，伏念
遗训，实录志云。

该墓志28行，每行28字。第15行所载"永崇元年"当为永隆元年
（680）。先天元年（712）八月，唐玄宗李隆基已即帝位，故为避玄宗
之讳而改"隆"为"崇"。此外，"明庆三年"当为显庆三年（658），改
"显"为"明"，避中宗（李显）之讳。且遇"皇""制""恩""敕"等
字则挪抬一字或二字。

第18行第20字至第28字为"其所撰《兔园策府》及杂文笔"，第
19行第1字至第7字为"合廿卷，见行于时"。可知，杜嗣先撰有《兔
园策府》及杂文共20卷，并"见行于时"。

近年来，《杜嗣先墓志》因入唐日本人井真成墓志的发现、"日本"
国号成立问题的再度提起，备受学界瞩目。该墓志第22行第20字至第
24行第1字为"又属皇明远被，日本来庭。有敕令公与李怀远、豆卢钦
望、祝钦明等宾于蕃使，共其语话"。可知"日本来庭"之时，杜嗣先

曾参与接待。笔者曾指出,《杜嗣先墓志》所载"日本来庭"即日本遣唐使赴唐朝贡之事,与中日两国文献记载一致。[1]

据墓志文可知,杜嗣先为唐高宗朝至武则天朝人,乃著名文人杜预裔孙。墓志所载其世次(宗族)谱系为:杜预—跻—胄—崧—铨—振—遇—琳—歆—业—嗣先—维骥,与史实较为符合。[2]作为当时的文雅之士,杜嗣先也曾为他人撰写墓志文,如《朝议郎行刑州钜鹿县丞王义墓志》题有"朝散大夫苏州吴县令杜嗣先撰"。据《杜嗣先墓志》可知,杜嗣先任苏州吴县令的时间为永崇(隆)元年(680)至神龙元年(705),而撰写《王义墓志》为长寿二年(693),故两者所载内容相符。

此外,《杜嗣先墓志》第14行第17字至第21字为"功曹韦承庆"。《韦承庆墓志》载:"廿四,随牒授雍王府参军,累迁王府功曹参军。"卒于神龙二年(706)的韦承庆(时年67岁),从龙朔三年(663)起被任命为"王府功曹参军"。因此,《杜嗣先墓志》与《韦承庆墓志》记载一致。[3]

换言之,《杜嗣先墓志》的记载与古代文献史籍、金石文书可相互

1　金子修一:《则天武后と杜嗣先墓誌——粟田真人の遣唐使と関連して》,《国史学》第197号,2009年;葛继勇:《日本国号东亚登场时间考——对中国实物资料及中日文献的比较》,《郑州大学学报(哲学社会科学版)》第6期,2011年。

2　叶国良上述论文《唐代墓志考释八则》;[日]伊藤宏明:《徐州刺史杜嗣先墓誌雑感》,《人文学科論集:鹿児島大学法文学部紀要》第63号,2006年。

3　伊藤宏明将《杜嗣先墓志》第14行的"雍王记室参军"的记事理解为韦承庆的任官,指出《韦承庆墓志》的记事与李贤雍王在位时间咸亨三年(672)至上元二年(675)不一致。该观点恐误。第14行"雍王记室参军"为杜嗣先所任官职。另外,《韦承庆墓志》所载"王府功曹参军"为龙朔三年以后,即《杜嗣先墓志》中的"咸亨元年"至"上元二年"间所任官职,因此并非不一致。见伊藤宏明上述论文《徐州刺史杜嗣先墓誌雑感》。《韦承庆墓志》收录于周绍良、赵超主编:《唐代墓志汇编续集》,上海古籍出版社2001年版。

佐证。因此，虽尚无《杜嗣先墓志》的照片和拓本，亦不明实物下落，但其所载内容真实可信。

表5-1　墓志中所见唐官僚的官职

（此表参照伊藤宏明《徐州刺史杜嗣先墓志杂感》中附表制作）

行数	人名	年月	任官	出典
第7行	窦公（德玄）	麟德元年(664)	河南道大使、左相	《杜嗣先墓志》
		龙朔元年(661)	持节大使	《旧唐书·高宗本纪》
		麟德元年	左相	
第11行	高若思	麟德元年以降	学士	《杜嗣先墓志》
		龙朔二年	弘文馆学士	《旧唐书·方伎传》僧玄奘条
第11行	孟利贞	麟德元年以降	学士	《杜嗣先墓志》
		龙朔二年	弘文馆学士	《旧唐书·文苑传》上
第11行 第13行	刘祎之	麟德元年以后	学士	《杜嗣先墓志》
			弘文馆学士	《旧唐书·刘祎之传》
第11行	郭正一	麟德元年以后	学士	《杜嗣先墓志》
			弘文馆学士	《旧唐书·文苑传》中
第14行	刘讷言	咸亨元年(670)	侍读	《杜嗣先墓志》
		仪凤元年(676)	太子洗马兼侍读	《旧唐书·儒学传》上、《高宗诸子李贤传》
第14行	韦承庆	咸亨元年	功曹	《杜嗣先墓志》
			王府功曹参军	《韦承庆墓志》

二

《兔园策府》的成书年代

南宋以后已散佚的《兔园策府》，因20世纪初敦煌文书中发现其残卷，再度引起世人关注。《兔园策府》的残卷共有四份，先后为英国斯坦因和法国伯希和所得，编号分别为S.614、S.1086、S.1722和P.2573。

将抄本 P.2573 与 S.1722 两卷缀合，从"兔园策府卷第一并序，杜嗣先奉教撰"至"鸡犬闻于郊境。谨对"的内容可知，此为完整无缺的《兔园策府》卷一（存书名、次第、作者、序文）。S.1722 抄本末尾处为"兔园策府卷第二"，当是该书第二卷之始。从其后载"周南关雎诂训传第一，毛诗国风"至"周南之国有一篇，凡三千九百六十三字"的内容可知，S.1722 抄本未抄录《兔园策府》第二卷之内容。S.614 抄本起"精则桂林之响发"，迄"鸡犬闻于郊境。兔园策第一"，即起序文之第四句，至第一卷完。

S.1086 抄本起"推寻而罕就"，迄"圣上以飞天御历，括地开家"，即起该书第一卷第二章《正历数》第三句之末尾，至第四章《征东夷》三分之二处。周丕显指出，此卷系作者自加双行小注，更能反映《兔园策府》创作之宗旨，就理解其内容而言，此卷最具价值。[1]

S.614 抄本卷末所载"兔园策卷第一"之后，另有"巳年四月六日，学生索广翼写写了。高门出贵子，好木不良才。易见不学问"29字。此29字的笔迹拙劣无章，显然与上述《兔园策府》正文不同，可见《兔园策府》的抄写者非"学生索广翼"。目前，尚不明确"巳年"具体为何年，但多认为是9世纪前半期。[2]

S.614 抄本的纸背写有"都芦八卷大士直（缺字不明），索翼通"等文字。索广翼和索翼通大概为同族。据 P.3369 写本中"孝经一卷……咸通十五年五月八日，沙州学郎索什德"可知，沙洲（即敦煌）有学徒索什德其人。[3]若学生索广翼与索什德、索翼通生活年代相同，则 S.614 写

<hr>

1 周丕显上述论文《敦煌古钞〈兔园策府〉考析》。

2 ［日］池田温：《中国古代写本識語集録》，大藏出版社1990年版，第403页。王璐认为是789年—837年间的写本。见王璐上述论文《敦煌写本类书〈兔园策府〉探究》。

3 池田温上述著作《中国古代写本識語集録》，第429—430页。

本完成于9世纪后半期。

此外，S.1722抄本后续所抄《毛诗周南关雎诂训传第一》，故可知其非正规的抄本。P.2573抄本的纸背写有"四月三日，内亲使、都头、银青光禄大夫、检校国子祭酒、御史中丞高延德"。另据《新唐书》卷五十《兵志》记载可知，"都头"为军职名，是唐后期"都将"的别称。因此，P.2573抄本的抄写时间在唐朝后期，王国维推断其"犹贞观年间写本"[1]，则明显有误。

屈直敏在对避讳用字及先行研究进行细致梳理时，推定《兔园策府》撰写于"高宗李治立为太子之前"，即贞观十七年（643）四月以前。[2]但是，卒于先天元年（712）九月的杜嗣先享年七十九岁，贞观十七年时年仅十岁，不可能撰写出《兔园策府》。因此，在无法判断抄本的抄录年代时，不能仅依据缺笔或避讳来推断《兔园策府》的成书年代。

那么，《兔园策府》究竟成书于何时？兔园又名梁园、修竹园，为汉梁孝王（前184—前144）在梁州（今河南省商丘市以东）修筑的庭园。当时的名士司马相如、枚乘等曾为兔园常客，枚乘和南朝梁江淹皆吟咏过《梁王兔园赋》。[3]唐代以来，兔园（梁园）名声大噪。《唐代墓志汇编续集》永昌○○三收录的《韦綝墓志》〔永昌元年（689）制作〕载"奉笔梁园，声高枚马"。其中"枚马"即指枚乘、司马相如二人。

兔园（梁园）后成为蒋王李恽（太宗之子）任梁州刺史时的园林。《新唐书》卷八十《太宗诸子传》李恽条载：

1　王国维上述论文《唐写本兔园册府残卷跋》。

2　屈直敏上述论文《敦煌本〈兔园策府〉考辨》。

3　《艺文类聚》卷六十五《产业部》"园条"中收录有汉枚乘与南朝梁江淹的《梁王兔园赋》。

蒋王恽，始王郊。又徙王蒋，拜安州都督，赐实封千户。永徽三年徙梁州……上元中，迁箕州刺史。

由此可知，李恽于永徽三年（652）调往梁州，上元年间（674—676）转任箕州刺史。因此，李恽应在永徽三年至上元年间居于梁州。据郁贤皓考证，李恽任遂州刺史的时间为乾封年间（666—668）。[1]可知，李恽在梁州的时间不晚于乾封年间。

宋王应麟撰《困学纪闻》卷十四载："《兔园策府》三十卷，唐蒋王恽令僚佐杜嗣先仿应科目策，自设问对，引经史为训。"可知，唐蒋王李恽命僚属杜嗣先编纂《兔园策府》。蒋王李恽于永徽三年（652）至乾封年间任梁州都督，故杜嗣先编纂《兔园策府》的时间当为永徽三年至乾封年间。

叶国良和伊藤宏明认为，《兔园策府》的成书时间为显庆三年（658）至麟德元年（664）之间。[2]但此推论不够精确。

王璐指出，《兔园策府》成书时间应为龙朔元年（661）至麟德元年（664）之间。[3]《兔园策府》序文载："忽垂恩赦，令修新策。今乃勒为十卷，名曰《兔园策府》。并引经史，为之训注。""新策"一词表明在《兔园策府》编纂前曾有"旧策"。《新唐书》卷五十九《艺文志》载"张大素《策府》五百八十二卷"，《旧唐书》卷六十八《张公谨传》载"（次子）大素，龙朔中，历位东台舍人，兼修国史。卒于怀州长史"。由此可知，此"旧策"指张大（太）素于龙朔年间（661—663）任东台舍人时编纂的《策府》。那么，依据王璐的推论，可判断《兔园

1 郁贤皓：《唐刺史考》，江苏古籍出版社1987年版，第2660页。

2 叶国良上述论文《唐代墓志考释八则》、伊藤宏明上述论文《徐州刺史杜嗣先墓誌杂感》。

3 王璐上述论文《敦煌写本类书〈兔园策府〉探究》。

策府》的成书年代上限为龙朔元年。然其年代下限未必为麟德元年。《杜嗣先墓志》载：

> 明（显）庆三年，释褐蒋王府典签。麟德元年，河南道大使、左相窦公旌节星移，州郡风靡，出辕辕之路，入许颍之郊，官僚之中，特加礼接。时即表荐，驰驿就征。遂于合璧宫引见，制试《乾元殿颂》。即降恩旨，授昭文馆直学士。借马荆人，仍令于洛城门待制。寻授太子左率府仓曹参军。又除国子监主簿……咸亨元年，銮舆顺动，避暑幽岐。沛王以天人之姿，留守监国……永崇（隆）元年，以官僚故事，出为郓州巨野县令。

据此可知，麟德元年（664）杜嗣先被河南道大使、左相窦德玄举荐，后于东都合璧宫吟诵《乾元殿颂》。《旧唐书》卷四《高宗本纪上》载"（麟德二年三月）辛未，东都造乾元殿成"，即乾元殿于麟德二年（665）三月建成。《册府元龟》卷二六〇"储宫部·礼士"条载："乾封初，诣阙，上表《游东岳颂》。时东都初造乾元殿，（王）勃又上《乾元殿颂》。"可知，王勃吟诵《乾元殿颂》大约在乾封初年（666）。此外，据《资治通鉴》卷二〇一"高宗乾封元年"条载："（二月）丁丑，至东都，留六日。甲申，幸合璧宫。夏四月甲辰，至京师谒太庙。"可知，高宗从泰山封禅返还东都后临幸合璧宫为乾封元年二月。[1]因此，杜嗣先与王勃应同于乾封元年二月吟咏《乾元殿颂》，杜嗣先仕于蒋王的时间为显庆三年（658）至乾封元年。

综上，蒋王李恽于永徽二年（651）至乾封年间出任梁州都督，杜

1　《旧唐书》卷五《高宗本纪下》载："（乾封元年）二月己未，次亳州。……夏四月甲辰，车驾至自泰山。先谒太庙而后入。"

嗣先于显庆三年（658）至乾封元年（666）为蒋王僚属。故《兔园策府》成书时间当为龙朔元年（661）至乾封元年间。此时杜嗣先为二十八到三十三岁。

此外，龙朔元年（661），皇太子李弘让中书令兼太子宾客许敬宗、太子中舍人杨思俭等编集《瑶山玉彩》五百卷，于龙朔三年撰成。另龙朔元年，许敬宗等人撰成类书《累璧》六百三十卷、《东殿新书》二百卷等。[1]因此，龙朔元年至乾封元年（666）正处于类书编纂的最盛期，此时蒋王李恽命杜嗣先编纂《兔园策府》也在情理之中。

三

《兔园策府》的内容与传承衍变

目前，关于《兔园策府》的卷数、书名等众说纷纭，尚无定论。《杜嗣先墓志》的记载为《兔园策府》，敦煌抄本《杂抄》和藤原佐世《日本国见在书目录》记载为《兔园策》。关于《兔园策府》的卷数、书名，各文献记载如下：

表5-2　《兔园策府》的卷数、名称一览表

书名	著者名	卷数	出典	备考
《兔园策府》	杜嗣先	与杂文笔共二十卷	《杜嗣先墓志》	
《兔园策》		十卷	S.614所载《兔园策府》序文	但S.614卷末中有"兔园策卷第一"
《兔园策府》	杜嗣先	十卷	S.1722	

1　《旧唐书》卷八十六《高宗诸子传》"李弘"条、《唐会要》卷三十六"修撰"条。

书名	著者名	卷数	出典	备考
《兔园策》	杜嗣先		敦煌写本《杂抄》	
《兔园策》		九卷	《本朝见在书目录》	
《兔园册府》	杜嗣先	三十卷	宋王应麟《困学纪闻》卷十四	
《兔园册府》			宋尤袤《遂初堂书目》	
《兔园册》			《新五代史》卷五十五《刘岳传》	
《兔园册》			唐白居易撰、宋孔传续撰《白孔六帖》卷二十四	注中有《新五代史·刘岳传》引文
《兔园册》			宋谢维新《古今合璧事类备要前集》卷五十二	注中有《新五代史·刘岳传》引文
《兔园策府》	杜嗣先	三十卷	《旧五代史》卷一二六《冯道传》	注中有《困学纪闻》引文
《兔园策》	虞世南	十卷	《郡斋读书志》卷三	为四十八门，皆偶俪之语
《兔园策》	杜嗣先	十卷	《宋史》卷二〇八《艺文志》七	
《兔园策府》	杜嗣先	三十卷	《宋史》卷二〇九《艺文志》八	
《兔园策》	虞世南	十卷	《文献通考》卷二二八《经籍考》	

据此可知，成书时或名为《兔园策府》，共十卷。其后，在正文中添加"训注"，最终形成三十卷本。S.614抄本所载《兔园策府》的序文中记为"兔园策府"，而最后的跋文中记为"兔园策"，"府"字是否为遗漏或省略之故尚不明确。也许当时略称《兔园策》并流传于世。

另外，S.1086抄本上有双行小注，而S.614、S.1722、P.2573三卷上却未有加注，即S.1086与S.614、S.1722、P.2573三卷存在根本性的差异，后三卷全部省略了原有的双行注释。屈直敏指出，S.1086抄本"大致可以看出作者的学识和该书原本的状况"。[1]

《兔园策府》序文载：

---

1 屈直敏上述论文《敦煌本〈兔园策府〉考辨》。

并引经史，为之训注。虽则谬言斐论，无取贵于油缃；而野识刍词，理难同于翰墨。传之君子，有惭安国之言；悬之市人，深乖吕韦之旨。所定篇目，题之如左。

前述《困学纪闻》卷十四载"仿应科目策，自设问对，引经史为训"，可知《兔园策府》是为当时政治论争提供参考而正式编纂的时务策集，其中"问"即对科举出题的设问，"对"即为规范示例的对答。

其实，初唐时已出现为适应科举考试而诞生的学问或教科书，即"策学"。罗列科举题目并给予解答示例而编纂的《兔园策府》，当是受其影响。因此，由问（提问）和对（解答）构成骈俪体正文，并引经据典以为注的《兔园策府》，是作为考试参考书籍经士人传播进而流入民间的。[1]

有唐一代，以时务策和作诗论文作为主要科目的进士科是贡举的核心。《兔园策府》应势而生，作为实用参考书籍而流布于世。[2]《唐大诏令集》卷一〇六《贡举》"条流明经进士诏"〔永隆二年（681）八月〕载：

如闻，明经、射策不读正经，抄撮义条，才有所解。进士不寻史传，惟读旧策，共相模拟，本无实才。

可知，永隆二年（681）八月，对只读旧策的进士通过贡举考试之事进行抨击。此"旧策"应含杜嗣先所撰《兔园策府》。

1　[日]永田知之：《〈文场秀句〉小考》，《敦煌写本研究年报》第2号，2008年。

2　[日]东野治之：《大宰府出土木简に见える〈魏徵时务策〉考》，《正仓院文书と木简の研究》，塙书房1977年版。有关进士科考试中时务策的使用，参见《新唐书》卷四十四《选举志》。

敦煌写本《杂抄》所收录的"经史何人撰修制注"一节中有如下记载（括号内原为双行小字）：

《史记》（司马迁修）、《三国志》（陈寿修）、《春秋》（孔子修、杜预注）、《老子》（河上注）、《三礼》（孔子修、郑玄注）、《周礼》（王弼注）、《离骚经》（屈原注）、《流子》（刘叶注）、《尔雅》（郭璞注）、《文场秀句》（孟宪子作）、《庄子》（郭象注）、《切韵》（刘法言作）、《毛诗》《孝经》《论语》（孔子作、郑玄注）、《急救章》（史獒撰）、《文选》（昭明太子召天下才子相共撰，谓之《文选》）、《汉书》（班固撰修）、《典言》（李德林撰之）、《尚书》（孔安国注）、《尚书》几家书（虞、夏、商、周作）、《兔园策》（杜嗣先撰之）、《开蒙要训》（马仁寿撰之）、《千字文》（钟繇撰、李暹注）、《周兴嗣切韵》。[1]

敦煌写本《杂抄》又名《珠玉抄》，与成书于晚唐时期的《易智文》《随身宝》一样，是面向平民的通俗读物。据上述记载可知，当时《兔园策府》与《开蒙要训》《文场秀句》《千字文》等启蒙书相提并论，是平民教育的教科书。周一良指出，《兔园策》与《开蒙要训》在当时流行于世，被用于"训蒙"和"獭祭"。[2]换言之，至唐朝后期，《兔园策府》作为入仕考试的参考书，被中下层士人和民间初学者广泛阅读。[3]

1　黄永武主编：《敦煌宝藏》第123册，新文丰出版公司1985年版，第479页。另敦煌写本《杂抄》（S. 5685）载："《兔园策》（杜嗣先撰之）。"见黄永武主编，《敦煌宝藏》第44册，新文丰出版公司1982年版，第188—189页。

2　周一良著，钱文忠译：《唐代密宗》，上海远东出版社1996年版，第219页。

3　［日］砺波护：《馮道：乱世の宰相》，中公文库2003年版，第117页。

然而，至五代，《新五代史》卷五十五《刘岳传》载：

> 宰相冯道，世本田家，状貌质野，朝士多笑其陋。道旦入朝，兵部侍郎任赞与岳在其后。道行，数反顾。（任）赞问（刘）岳："道反顾，何为？"岳曰："遗下《兔园册》尔。"《兔园册》者，乡俚儒教田夫牧子之所诵也，故岳举以诮道。

可知，《兔园策府》作为当时平民教育的教材为"乡校"所使用，以至于"田夫牧子"也能随口诵读。[1]

及至宋代，陈造撰《江湖长翁集》卷十一《次韵杨宰次郎裴》载"笑挟《兔园策》，问收鱼澳租"，方岳撰《秋崖集》卷四《独立》载"村夫子挟《兔园册》，教得黄鹂解读书"，可知《兔园册》即《兔园策府》当时已被当作初级的乡村儿童蒙书。

《旧五代史·冯道传》载："（冯道）召赞谓曰：'《兔园策》皆名儒所集，道能讽之。中朝士子止看《文场秀句》，便为举业。皆窃取公卿，何浅狭之甚耶？'"可知，冯道认为《兔园策府》较当时广为流传的《文场秀句》更为上乘。永田知之指出，批评冯道使用《兔园策》的贵族士绅，反被冯道驳斥其只读过《文场秀句》。[2]《文场秀句》只

1　唐白居易撰、宋孔传续撰《白孔六帖》卷二十四"兔园册"条载："《刘岳传》：宰相冯道，世本田家，状貌质野，朝士多笑其陋。道旦入朝，兵部侍郎任赞与岳在其后。道行，数反顾。赞问：'何为？'岳曰：'遗下乃《兔园册》尔！'《兔园册》者，乡校里儒教田夫牧子之所诵，故岳举以诮道也。"《刘岳传》指《新五代史·刘岳传》。

2　《旧五代史·冯道传》载："有工部侍郎任赞，因班退，与同列，戏道于后曰：'若急行，必遗下《兔园策》。'道知之，召赞谓曰：'《兔园策》皆名儒所集，道能讽之。中朝士子止看《文场秀句》，便为举业。皆窃取公卿，何浅狭之甚耶？'赞大愧焉。"永田知之指出，冯道所述虽有待商榷，但由此可见贵族们的古典修养低下，或已丧失文化地位。见永田知之上述论文《〈文场秀句〉小考》。

是作文参考书、幼稚的蒙书，故难与《兔园策府》相提并论。

有关于此，宋人孙光宪《北梦琐言》卷十九载：

> 北中村墅多以《兔园册》教童蒙，以是讥之。然《兔园册》乃徐、庾文体，非鄙朴之谈。但家藏一本，人多贱之也。

可知，《兔园册》即《兔园策府》仿南朝徐陵、庾信文章之华丽精美，非"鄙朴之谈"。但是，《兔园策府》在当时已演变为儿童教育的教材，用于乡学与私塾之中，甚至达到了"家藏一本"的普及程度。

在五代宋时期，原本不是俗书的《兔园策府》被删去注解后，作为类书或儒学入门书的特性逐渐淡化，而作为蒙书的特征更加显著。

四
《兔园策府》东传日本及其受容

《本朝见在书目录》卷四十"总集类"中可见《兔园策府》（括号内原为双行小字）：

> 《文心雕龙》十（刘勰，在杂家）、《兔园策》九、《注策林》廿、《文选》卅（昭明太子撰）、《文选》六十（李善注）、《文选钞》六十九（公孙罗撰）、《文选钞》卅、《文选音义》十（李善撰）、《文选音决》十（公孙罗撰）、《文选音义》十（释道淹撰）、《文选音义》十三（曹宪撰）、《文选抄韵》一、《小文选》九、《文馆词林千金轮万载集》五十一（一卷目录）……《秀句集》一、

《杂文集》一。[1]

其中，《兔园策》与《文心雕龙》和《文选》等作为"总集类"的一部分而被收录。

日本贞观十七年（875），冷然院因失火损失了大量藏书。翌年，担任大学头的藤原佐世查点剩余书卷，并沿袭《隋书·经籍志》编纂了《本朝见在书目录》。该书著录的汉籍有1568部，共计17202卷。严绍璗对该目录进行了详细考察，并指出：

> 这一被著录的典籍数字，如果与它稍前的中国大陆的《隋书·经籍志》作比较，则为《隋志》全部著录的50%（《隋志》著录为3127种）；如果与它稍后的《唐书·经籍志》作比较，则为《唐志》全部著录的51.2%（《唐志》著录为3060种）。这一组数字表明，在9世纪后期，中国文献典籍的50%已经东传日本。[2]

《本朝见在书目录》是经历大火之后所存书籍的目录，未遭火灾之前的书目无疑远超此数量。唐代的初学入门书在日本被作为大学、地方国学以及缙绅贵族家私学的入学书而备受重视。因此，自推古天皇至六条天皇时代，这些书籍被入唐留学生陆续舶载至日，其后作为私学的教科书被广泛传抄。[3]那么，《兔园策府》是何时被舶载至日本，又是如何被使用的呢？

《兔园策府》成书于龙朔元年（661）至乾封元年（666）之间，东

1　[日]藤原佐世：《日本国见在书目录》，名著刊行会1996年版，第91页。

2　严绍璗：《〈本朝见在书目录〉的学术价值与问题的思考》，王勇主编：《中日关系史料与研究》第1辑，北京图书馆出版社2002年版。

3　那波利贞上述论文《唐钞本杂抄考》。

传日本必是其后之事。《本朝见在书目录》成书于876年至886年之间，此亦为《兔园策府》舶载至日的下限。在此期间，日本共派遣遣唐使十一次。其中，由庆云年间或天平年间回国的遣唐使团将其带回日本的可能性极高。

庆云年间归国的遣唐使分为两批，即庆云元年（704，长安四年）七月和庆云四年三月。此次遣唐使于大宝元年（701）正月受命，翌年六月出发入唐。据《杜嗣先墓志》载，杜嗣先本人受武则天之命，与李怀远、豆卢钦望、祝钦明等重臣宴请遣唐使并与其交谈。故很有可能杜嗣先把自己的著作馈赠给了日本遣唐使。

在唐的日本遣唐使特别是留学生对唐朝科举制度十分感兴趣，因此有可能购买了当时流行于世的《兔园策府》。关于日本遣唐使在唐购求书籍之事，《旧唐书·日本国传》载："所得锡赉，尽市文籍，泛海而还……（朝）衡留京师五十年，好书籍。"《日本书纪》卷二十五白雉五年（654）七月条亦载："是月，褒美西海使等奉对唐国天子多得文书、宝物。"可见，阿倍仲麻吕（朝衡）等遣唐使酷好中国典籍，也肩负着购买唐朝书籍的使命。[1]因此，《兔园策府》有可能亦由遣唐使购求并带回日本。

天平年间归国的遣唐使也分为两批，即天平六年（734，开元二十二年）十一月和天平八年八月。其中，遣唐大使多治比广成第一船于天平六年十一月至多祢岛，翌年三月至京师。同行归国的留学生和留学僧有下道真备（即吉备真备）、僧玄昉、秦大麻吕、羽栗翼父子等人。副使中臣名代第二船于天平八年八月抵日，同行归国留学生有大伴首名等人。在这些留学生中，《兔园策府》由吉备真备携至日本的可能性较大。

1　有关遣唐使购入书籍的使命，参见王勇等著《中日"书籍之路"》（北京图书馆出版社2003年版）、王勇《書物の中日交流史》（国际文化工房2005年版）。

关于吉备真备带回日本的书籍，《扶桑略记》卷六《圣武纪》天平七年（735）四月条载：

> 辛亥，入唐留学生、从八位下下道朝臣真备献《唐礼》一百卅卷……并种种书迹、要物等，不能具载。留学之间，历十九年。凡所传学三史、五经、名刑、算术、阴阳、历道、天文、漏克、汉音、书道、秘术、杂占一十三道。夫所受业，涉穷众艺。

可知，吉备真备博涉众艺，把与礼仪和日历等相关的书籍带回了日本，其中"三史"（《史记》《汉书》《后汉书》）、"五经"等大学教科书在列。另外，《续日本记》卷三十三宝龟六年（775）十月壬戌条《朝臣真备薨传》载：

> 灵龟二年，年廿二，从使入唐，留学受业。研览经史，该涉众艺。我朝学生播名唐国者，唯大臣及朝衡二人而已。天平七年，归朝。授正六位下，拜大学助。高野天皇师之，受《礼记》及《汉书》。

可知，在唐留学十九年的吉备真备"研览经史，该涉众艺"，归国后，成为高野天皇的家庭教师，讲授《礼记》和《后汉书》。后担任大学助的吉备真备有可能把《兔园策府》与"三史""五经"等教科书一同用于日本的官僚培养机关——大学寮的教学中。

如前所述，《兔园策府》与《文选》《文选钞》《文选音义》等书名均见于《本朝见在书目录》卷四十"总集类"中。关于古代日本对《文选》的学习，《养老选叙令》"秀才进士"条载：

> 凡秀才，取博学、高才者。明经取学通二经以上者。进士取明

闲时务，并读《文选》《尔雅》者。明法取通达律令者。皆须方正、清循，名行相副。

另《养老考课令》"进士"条载：

凡进士，试时务策二条。帖所读，《文选》上帙七帖、《尔雅》三帖。其策文词顺序，义理惬当，并帖过者，为通。事义有滞，词句不伦，及帖不过者，为不。

据此可知，《文选》是日本最高教育机构——大学寮的教材。与《文选》《文心雕龙》同受重视的《兔园策府》，在日本也被用作教科书。那波利贞曾指出，这些入门书在当时的唐朝十分普及并被广泛学习，故在唐的日本留学生也对其极为熟悉，在归国之际带回并用作私学的教科书进行传抄诵读。[1]

因此，与敦煌抄本《杂抄》中收录的《文场秀句》《开蒙要训》等属于"小学家"的启蒙书物不同，《兔园策府》被收录于《本朝见在书目录》卷四十"总集类"中。故在当时的日本，《兔园策府》尚未转变为启蒙书物，依旧被用于大学寮的教科书或考试的问题集。

综上，《兔园策府》若是被遣唐留学生们携带归国，应是作为日本大学寮的教科书而广泛流播。[2]

---

1 那波利贞上述论文《唐钞本雑抄考》。

2 当然，8世纪初传入日本的《兔园策府》并非个例。现在，被视为日本国宝的"《王勃集》卷第廿九、第三十"（东京国立博物馆藏）最迟抄写于日本庆云四年。据说东京国立博物馆藏本为遣唐使所带回原本的抄本。见［日］藏中进：《则天文字の研究》，翰林书房1995年版，第67—69页。与杜嗣先一同于乾封年间吟咏《乾元殿颂》的王勃的文集也被8世纪初入唐的日本遣唐使携带至日。

但是，传到日本的《兔园策府》后在日本散佚。成书于15世纪后半期的《善邻国宝记》卷中收录的《日本国王源义政上表文》载：

> 日本国王源义政上表大明皇帝陛下：……弊邑所须物为急。谨录奏上，伏望俞容。书目列于左方：《佛祖统记（纪）》全部、《三宝感应录》全部、《教乘法数》全部、《法苑珠林》全部、《宾退录》全部、《兔园策》全部、《遁斋闲览》全部、《类说》全部、《百川学海》全部、《北堂书钞》全部、《石湖集》全部、《老学庵笔记》全部。右咨礼部。日本国王（印），成化十一年八月廿八日。

此外，《善邻国宝记》卷下收录的《天顺八年遣明表》载：

> 书籍铜钱，仰之上国，其来久矣。今求二物，伏希奏达，以满所欲。书目见于左方：……《教乘法数》全部、《三宝感应录》全部、《宾退录》全部、《北堂书钞》全部、《兔园策》全部、《史韵》全部、……《老学庵笔记》全部。右咨礼部。天顺八年八月十三日。

从日本请求明朝皇帝赐予《兔园策》全卷等来看，此时日本所存《兔园策府》已全部散佚。然而，此时中国所藏亦散佚至尽，恐未能赏赐日本。[1]

综上可知，《兔园策府》成书于龙朔元年（661）至乾封元年

1　王璐推测《兔园策府》明代尚未散佚。见王璐上述论文《敦煌写本类书〈兔园策府〉探究》。

（666）之间，是为政治及科举考试提供参考而编纂的教科书式范本。作者杜嗣先曾受武则天敕命，参与宴请遣唐使团。因此，《兔园策府》极有可能为8世纪前半期日本来华遣唐使所知，并被携带至日。之后，东传日本的《兔园策府》作为大学寮的教科书以及考试的问题集被广泛传播。

但是在中国，唐末以后，《兔园策府》演变成儿童的教育读物，被乡学和私塾等使用。由此可见，原为政治论争提供参考、为科举出题提供解答范例而编纂的《兔园策府》，从社会最上层转向平民阶层，脱离原本的编纂目的，转变为通俗化的儿童蒙书。但是，传到日本的《兔园策府》却依旧遵循原本的目的，继续用作大学寮的教科书及考试的问题集、类书。

通过各种各样的"变容"现象可以发现，只有不拘泥于考试参考书、类书、蒙书这些后世之人为求便利而设置的分类，方可窥见当时中日两国获取知识的实相。[1]

---

1 永田知之认为，《文场秀句》最早在初唐，最晚在中唐以前就已初具原型，后经改编渗透至上层阶级。对此进行重新审视，可以明确唐五代知识演变的样态以及诗文创作的背景。见永田知之上述论文《〈文场秀句〉小考》。在历史研究领域，探讨唐五代的政治权力移动、统治阶层大变动时，也可以通过文学、知识的流动来探讨由其引发的社会变革。

法 Pel.chin.2573　　《兔园策府》卷第一并序

英国斯坦因文书 S.614《兔园册府》序文文末

英国斯坦因文书S.614《兔园册府》卷第一文末

英国斯坦因文书S.1722《兔园册府》卷第二文末

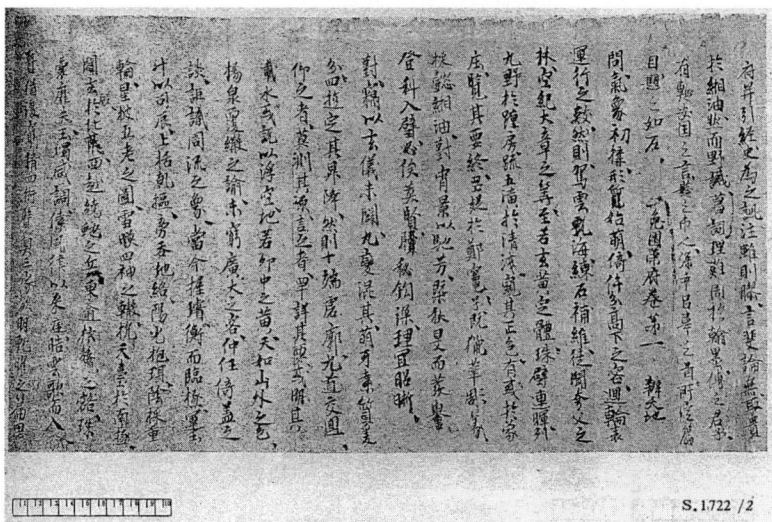

英国斯坦因文书S.1722《兔园册府》序文及卷一文首

以上图片出自《敦煌宝藏》（黄永武主编，新文丰出版公司1981—1986年版）

（原文刊于《日本汉文学研究》第10号，2015年3月）

第六章
《白氏文集》的成书经过与寺院奉纳

白居易的诗文集《白氏文集》在其在世期间就已东传日本，对日本文学与文化产生了极其深远的影响。迄今为止，有关《白氏文集》的研究，中日学界已刊发了大量论著，取得了丰硕成果。

传入日本的《白氏文集》古抄本有六十七卷本及七十卷本，也有流传于国内的六十五卷本与七十五卷本。有关诸本编纂过程的研究众说纷纭，莫衷一是。[1]另外，《白氏文集》有多个编纂阶段，在此过程中不断被分藏在寺院及白居易的侄子、外孙家中。但这些分藏抄本的卷数以及去向，尚未有学者具体论及。[2]近年来，日本各古抄本所收录的《会昌四年惠萼识语》等文献资料以及《江州德化东林寺白氏文集记》等石刻

1　岑仲勉：《论〈白氏长庆集〉源流并评东洋本〈白集〉》，《岑仲勉史学论文集》，中华书局1990年版；[日]花房英树：《白氏文集的成立》，《白氏文集の批判的研究》，朋友书店1974年版；[日]下定雅弘：《白居易作品一览》，《白氏文集を読む》，勉诚出版1996年版；[日]埋田重夫：《香山寺と白氏文集》，《白居易研究》，汲古书院2006年版等。近年来，曹之、曹新哲《白居易与图书编撰》（《出版科学》2003年第4期）对白居易的文集编纂进行了详细梳理，不过其中对七十卷的考察有很多遗漏之处。

2　近年，陈翀对庐山东林寺收藏的《白氏文集》进行了详细探讨，但对洛阳圣善寺、香山寺的奉纳本及家藏书的去向几乎没有涉及。见陈翀：《〈白氏文集〉の成立と廬山——匡白〈江州德化王東林寺白氏文集記〉を中心に》，《白居易の文学と白氏文集の成立》，勉诚出版2011年版。

资料受到重视，但围绕这些资料所展开的批判性探讨并不充分。[1]

本章将基于以上问题，梳理这些新出资料，对《白氏文集》的成书经过、分藏情况及其去向，尤其对寺院奉纳情况进行深入探讨。

一

白居易的文集编纂与寺院奉纳

中唐时期，元稹、刘禹锡等著名文人在世期间皆编纂个人的诗文集，此风气盛极一时，白居易亦不例外。朱金城《白居易集笺校》卷一所收白居易《读张籍古乐府》载："恐君百岁后，灭没人不闻。愿藏中秘书，百代不淹沦。"表达了白居易欲将诗文流传后世的强烈愿望（下文在引用白居易诗文时，若无特别说明，皆引自朱金城《白居易集笺校》）。

白居易最早编纂文集是在元和十年（815），比二十卷本的《元稹诗集》成书晚三年。[2]白居易《编集拙诗成一十五卷因题卷末戏赠元九李二十》（卷十六）载："世间富贵应无分，身后文章合有名。莫怪气粗言语大，新排十五卷诗成。"表达了其将诗文十五卷留名后世的愿望。白

1　《白居易家谱》（白书斋续谱，顾学颉注释编纂，中国旅游出版社1983年版）出版后，关于白居易的出身以及子孙的问题大体上得到了解答。见寒长春：《中国における八十年来の白居易研究略说》，《白居易研究讲座第五卷　白诗受容を繞る诸问题》，勉诚出版1994年版。不过，诸位学者抄录《白邦彦墓志》铭文时，错讹之处较多。另外，《江州德化东林寺白氏文集记》的碑文未引起足够重视。

2　据白居易《与陈给事书》载，白居易曾向陈给事献上"杂文二十首、诗一百首"，花房英树及埋田重夫皆认为其是第一次编集的作品。见花房英树上述论文《白氏文集の成立》、埋田重夫上述论文《香山寺と白氏文集》。但是，由于卷数及之后的去向（再利用）不明，故难以确定其为第一次编集的作品。

居易《与元九书》（卷四十五）中记录了其当时创作诗文的动机与经过，亦载有其于元和十年左迁江州后编纂十五卷本诗集之事。

之后这些诗文集被元稹（字微之）再次编纂。据元稹《白氏长庆集序》载，编纂于长庆四年（824）的诗文集被命名为《白氏长庆集》，是一部卷数多达50卷、收录诗2191首的诗文集。[1]据上述《与元九书》中有"异时相见，当尽致于执事微之"一句，可知白居易于元和十年（815）编纂了十五卷本诗集，计划赠予元稹。由于沿袭了第一次编纂分类的做法，因此《白氏长庆集》五十卷中收录的诗文应包含此前十五卷本诗集的内容。

日本现存古抄本从卷一至卷五十，书名皆为《白氏文集》（或《文集》），从卷五十一开始名为《白氏后集》（或《后集》）。由此可见，五十卷本《白氏长庆集》被称作《白氏文集》（或《文集》），此后的文集皆在此五十卷本的基础上添加续编而成。

《白氏长庆集》五十卷于长庆四年（824）十二月十日在越州编纂而成，到达在京的白居易手中应在翌年即宝历元年（825）。白居易于宝历元年三月四日调任苏州刺史，二十九日离开洛阳前往苏州。因此，白居易赴任苏州刺史时应持有这本《白氏长庆集》。

明代王鏊《姑苏志》卷二十九"南禅禅寺"条载："居易在郡尝书《白氏长庆集》，留千佛堂。"[2]可知，白居易在苏州任刺史期间〔至宝历二年（826）九月〕书写了《白氏长庆集》并将其放于南禅院（寺）千佛堂。据白居易《苏州南禅院千佛堂转轮经藏石记》（卷七十）所载，南禅院（寺）千佛堂是白居易在任苏州刺史时发愿所建，开成元年（836）建成。白居易与庐山、杭州的僧侣往来密切，在任苏州刺史期间

1　《旧唐书·白居易传》载"二千二百五十一首"。

2　明代钱毅《吴都文粹续集》卷三十载有相同记事。

时常造访苏州诸寺院，或因此复写其手中的《白氏长庆集》并纳于南禅院（寺）。苏州南禅院（寺）或为白居易首次奉纳自己文集（五十卷本《白氏长庆集》）的寺院。

第三次编纂是在大和二年（828）。白居易《白氏长庆集·后序》（卷五十一）载："迩来复有格诗、律诗、碑志、序、记、表、赞，以类相附，合为卷轴。又从五十一以降，卷而第之。是时大和二年秋……因附前集报微之，故复序于卷首云尔。"《前集》即《白氏长庆集》五十卷，《后集》从五十一卷开始编纂，由诗、文两部分组成，诗的部分含格诗及律诗两种。

《后序》虽未载卷数，但《白氏文集要文抄》（东大寺藏）中有"合为五轴"的记载。[1]此五轴（五卷）附于《前集》即五十卷本的《白氏长庆集》中，一并送给了元稹。现存最早的写本是日本金泽文库旧藏本（前集后集本），卷第五十二中记载着"白氏后集卷第五十二　刑部侍郎白居易"，卷第五十四中载"白氏后集卷第五十四　苏州刺史白居易"。由此可知，这些卷中收录的诗文是白居易任苏州刺史期间〔宝历元年（825）五月至宝历二年九月〕以及任刑部侍郎期间〔大和二年（828）二月至大和三年三月〕所作。

《因继集》三卷与上述《后集》同时被编纂。[2]据白居易《因继集重序》（卷六十九）所载，大和二年（828）十月元稹将其与白居易的唱和集命名为《因继集》，编为三卷，收录白居易诗157首，其中有100首

1　［日］花房英树：《諸本の本文》，《白氏文集の批判的研究》，朋友书店1974年版，第142页。

2　白居易《祭弟文》（卷六十九）载："维大和二年岁次戊申十二月壬子朔三十日辛巳，二十二哥居易以清酌庶羞之节，致祭于郎中二十三郎。……尔前后所著文章，吾自检寻编次，勒成二十卷，题为《白郎中集》。"可知，白居易还编纂了其弟白行简《白郎中集》。

未收录于《白氏长庆集》。此100首白居易诗应该是长庆四年（824）之后与元稹唱和所作。

另据白居易《刘白唱和集解》（卷六十九）载："至大和三年春已前纸墨所存者，凡一百三十八首。其余乘兴扶醉率然口号者，不在此数。因命小侄龟儿编录，勒成两卷……己酉岁三月五日，乐天解。"可知，大和三年（829）三月，白居易将其与刘禹锡唱和的诗文编为《刘白唱和集》两卷。另外，据白居易作于大和六年的《与刘苏州书》（卷六十八）载，上述《刘白唱和集》二卷被续编，于大和六年命名为《刘白吴洛寄和卷》三卷。

大和八年（834），《洛诗集》成书。据白居易《序洛诗》（卷七十）载，大和三年至八年的五年间所吟咏的432首诗，于大和八年七月被编为《洛诗集》，但未明载其卷数。

前述大和二年（828）编撰的《后集》五卷，大和九年续编为十卷。此与五十卷本《白氏长庆集》合并，诞生了六十卷本的《白氏文集》。白居易《东林寺白氏文集记》（卷七十）载：

　　昔余为江州司马时，常与庐山长老于东林寺经藏中披阅远大师与诸文士唱和集卷。时诸长老请余文集，亦置经藏。唯然心许，他日致之。迨兹余二十年矣。今余前后所著文大小合二千九百六十四首，勒成六十卷，编次既毕，纳于藏中……大和九年夏，太子宾客、晋阳县开国男太原白居易乐天记。

据此可知，应东林寺长老要求，白居易于大和九年（835）夏编纂了《白氏文集》六十卷，置于东林寺经藏。此六十卷本应是在上述《后集》五卷（据《白氏文集要文抄》）之基础上又增补五卷，附于五十卷本《白氏长庆集》后而成。

日本国立历史民俗博物馆藏金泽文库旧藏本卷第五十九中有"白氏后集卷第五十九　中大夫守尚书刑部侍郎赐紫金鱼袋白居易"。白居易在任"中大夫守尚书刑部侍郎赐紫金鱼袋"期间为大和二年（828）二月至大和四年闰十二月，然而，此卷所收诗文中有写于大和六年的《修香山寺记》与《与刘苏州书》等文，因此"中大夫守尚书刑部侍郎赐紫金鱼袋"可能是白居易大和四年闰十二月至大和七年四月所任"中大夫守河南尹赐紫金鱼袋"之误。

开成元年（836）五月，《白氏文集》六十五卷编纂而成。白居易《圣善寺白氏文集记》（卷七十）载：

> 乐天曰：吾老矣，将寻前好，且结后缘，故以斯文置于是院。其集七帙六十五卷，凡三千二百五十五首（元相公先作集序并目录一卷在外），题为《白氏文集》，纳于律疏库楼……开成元年闰五月十三日，乐天记。

可知，《白氏文集》六十五卷成书后，收藏于东都圣善寺钵塔院律疏库楼中。李绅《题白乐天文集》（《全唐诗》卷四八三）的注中记载："乐天藏书东都圣善寺，号《白氏文集》，绅作诗以美之。"由此可见，《白氏文集》六十五卷本曾收藏于东都圣善寺中。

现存金泽文库旧藏本卷第六十二载"太子宾客分司东都白居易"，卷第六十三和卷第六十五载"太子宾客晋阳县开国男赐紫金鱼袋白居易"，由此可以推断，这些卷中收录的诗文是白居易就任太子宾客〔大和七年（833）四月至大和九年十月〕之时咏唱的。

六十五卷本应该是在六十卷本的基础上追加的。从"迨兹余二十年矣"一句中可看出，从大和九年（835）开始追溯二十年的话是元和十一年（816）。白居易于元和十二年四月书写的《与微之书》（卷四十五）记载："仆去年秋始游庐山，到东西二林间香炉峰下，见云水泉石，胜绝第一。爱不能舍，因置草堂。"由此可见，元和十一年秋，白居易就任江州司马，初次探访庐山，搭建草堂。而且，从元和十一年白居易吟咏的《宿西林寺》来看，他经常拜访东西林寺。上述《东林寺白氏文集记》中出现的"庐山长老"应于元和十一年请求白居易奉纳文集。

刘禹锡《刘宾客文集·外集》卷九所收录的《汝洛集引》载："大和八年，予自姑苏转临汝，乐天罢三川守，复以宾客分司东都。未几，有诏领冯翊，辞不拜职，授太子少傅分务以遂其高。时予代居左冯。明年予罢郡以宾客入洛，日以章句交欢，因而编之，命为《汝洛集》。"开成元年，白居易和刘禹锡的唱和集《汝洛集》编纂而成。这部《汝洛集》中所收录的白居易诗文是其在大和八年至开成元年期间吟咏的。

之后，《白氏文集》又被续编为六十七卷。据白居易《苏州南禅院白氏文集记》（卷七十）载：

> 唐冯翊县开国侯太原白居易，字乐天，有文集七帙，合六十七卷，凡三千四百八十七首……故其集家藏之外，别录三本：一本置于东都圣善寺钵塔院律库中，一本置于庐山东林寺经藏中，一本置于苏州南禅院千佛堂内……开成四年二月二日，乐天记。

可知，开成四年（839）二月，加上新咏的二卷诗文，编纂出了六十七卷本《白氏文集》。此外，《山西通志》卷一七五《经籍》载："《白氏长庆集》七十五卷，又《后集》十七卷，《别集补遗》二卷。"若该记载属实，则开成四年二月成书的《后集》十七卷应该是分开编撰的。也就是说，白居易在任苏州刺史期间抄写了《白氏长庆集》五十卷藏于南禅院（寺），之后再次将继续编纂的《后集》十七卷送往南禅院（寺）。

白居易在开成二年（837）二月，为新建南禅院（寺）千佛堂转轮经藏，撰写《苏州南禅院千佛堂转轮藏石记》（卷七十）。当时，白居易计划与东都圣善寺、庐山东林寺相同，将自己的文集收藏于南禅院（寺）千佛堂转轮经藏之中。因此，六十七卷的《白氏文集》应该是为藏于南禅院（寺）千佛堂内而编纂的。"其集家藏之外，别录三本：一本置于东都圣善寺钵塔院律库中，一本置于庐山东林寺经藏中，一本置于苏州南禅院千佛堂内"所述的是此六十七卷本分藏于东都圣善寺、庐山东林寺以及苏州南禅院（寺）之事。

开成三年（838）十一月，白居易又编纂了《白氏洛中集》，藏于洛阳香山寺经藏堂。白居易《香山寺白氏洛中集记》（卷七十一）载：

> 《白氏洛中集》者，乐天在洛所著书也。大和三年春，乐天始以太子宾客分司东都，及兹十有二年矣。其间赋格律诗凡八百首，合为十卷，今纳于龙门香山寺经藏堂……垂老之年，绝笔于此，有知我者，亦无隐焉。大唐开成五年十一月二日，中大夫、守太子少傅、冯翊县开国侯、上柱国、赐紫金鱼袋白居易乐天记。

《白氏洛中集》有作品800首，共十卷，可能是在大和八年（834）七月编纂而成的432首《洛诗集》的基础上进行增补的。从"垂老之年，绝笔于此"可推测出，白居易在当时萌生了封笔的想法。

但是，正如《寄题庐山旧草堂兼呈二林寺道侣》（卷三十五）所记载的"犹残口业未抛诗"一句所述，开成三年（838）后白居易并没有封笔。会昌五年（845）五月，最后的七十五卷本《白氏文集》编纂完成。白居易《白氏长庆集·后序》（外集卷下）中有此记载：

白氏前著《长庆集》五十卷，元微之为序。《后集》二十卷，自为序。今又《续后集》五卷，自为记。前后七十五卷，诗笔大小凡三千八百四十首。集有五本，一本在庐山东林寺经藏院，一本在苏州南禅寺经藏内，一本在东都圣善寺钵塔院律库楼，一本付侄龟郎，一本付外孙谈阁童，各藏于家，传于后。其日本、新罗诸国及两京人家传写者，不在此记。又有《元白唱和因继集》共十七卷，《刘白唱和集》五卷，《洛下游赏宴集》十卷，其文尽在大集内录出，别行于时。若集内无而假名流传者，皆谬为耳。会昌五年夏五月一日，乐天重记。

　　此时，白居易文集的作品多达3840首，共七十五卷，比开成四年（839）二月编纂的六十七卷本增加了353首。此353首诗文应该是白居易于开成四年二月至会昌五年（845）五月吟咏的。（参考1：白居易文集编纂一览）

　　《旧唐书·白居易传》中记载"有文集七十五卷"，《新唐书·艺文志》中记载"《白氏长庆集》七十五卷"，李商隐《刑部尚书致仕赠尚书右仆射太原白公墓碑铭并序》（《唐文粹》卷五十八所收）中记载"集七十五卷"。从上述记载中可知，七十五卷本《白氏文集》的存在毋庸置疑。遗憾的是，宋晁公武《郡斋读书志》卷十八"别集类"的《白居易长庆集》七十一卷条载："《前集》五十卷，有元稹序。《后集》二十卷，自为序记。又有《续后集》五卷，今亡三卷矣。"由此可知，当时已遗失三卷。

　　从"《元白唱和因继集》共十七卷"可推断，白居易与元稹的唱和集即《因继集》三卷于大和二年（828）十月编纂而成，此后被续编至十七卷。白居易从大和二年至大和三年期间吟咏的《和微之诗二十三首并序》（卷二十二）载："况曩者唱酬，近来因继，已十六卷，凡千余首矣。"由此可知，当时《元白唱和因继集》已经达到了十六卷。《元白唱和因继集》十七卷可能在此后不久编纂而成。从"《刘白唱和集》五卷"这一记载可推断，大和八年七月以前编纂的《刘白吴洛寄和卷》三卷（包含《刘白唱和集》二卷）加上上述《汝洛集》中所收录的诗文，于会昌五年（845）五月编纂成《刘白唱和集》五卷。《洛下游赏宴集》十卷应该是上述《白氏洛中集》十卷。

"其文尽在大集录出"的"大集"是指七十五卷《白氏文集》。会昌五年（845）五月之时，《元白唱和因继集》十七卷、《刘白唱和集》五卷、《洛下游赏宴集》十卷等与七十五卷本《白氏文集》并行于世，这些文集中收录的白居易的诗文全部收藏在"大集"也就是七十五卷本中。

陈翀认为，白居易本想分藏五处的会昌五年（845）所编七十五卷本，最终未被公开，也未分藏于寺院。[1]但是，除上述《旧唐书·白居易传》以及《新唐书·艺文志》之外，元辛文房《唐才子传·白居易传》载："有《白氏长庆集》七十五卷，及所撰古今事实，为六帖。及述作诗格法，欲自除其病，名《白氏金针集》三卷，并行于世。"由此可知，七十五卷本常为后世提及。自会昌三年至会昌五年吟咏的诗文被收录于文集之中，七十五卷本最终公开并流传于世。清梁章钜《退庵随笔》卷二十一载："香山自记所撰诗文，分写五本。一送庐山东林寺经藏堂，一送苏州南禅寺经藏内，一送在东都圣善寺钵塔院律库楼，一本付侄龟郎，一本付外孙谈阁童。"由此可知，《白氏文集》分藏于三所寺院及侄、外孙等五处，被后世反复提及。以新纂七十五卷本为契机，白居易才重新撰写《白氏长庆集·后序》。

1　陈翀上述论文《〈白氏文集〉の成立と廬山——匡白〈江州德化王東林寺白氏文集記〉を中心に》。

《白香山诗集》（《四库全书》本）中收录的《白氏文集自记》"若集内无而假名流传者"的注释文载："此指七十五卷之外而言。"这表明，白居易的诗文已被编成七十五卷本《白氏文集》，并分藏于东都圣善寺、庐山东林寺以及苏州南禅院（寺）。七十五卷本中未收录的诗文皆为借用白居易之名流传的伪作。

时值会昌废佛之风最盛期，将文集收藏于寺院可能较困难，但是大和九年（835）夏，包含处置僧尼条目的《条流僧尼敕》（《唐大诏令集》卷一一三）颁布后，白居易仍将六十卷本藏于东林寺，又于开成元年（836）五月将六十五卷本藏于东都圣善寺。

入唐僧圆仁《入唐求法巡礼行记》卷四"会昌五年（845）五月条"载："缘准敕行故，从四月一日起首，年卅已下僧尼还俗，递归本贯。每日三百僧还俗。十五日，年卅已下僧尼方尽。从十六日起首，五十以下僧尼还俗，直到五月十日方尽也。十一日起首，五十已上无祠部牒者还俗。前年已来条流僧尼，即简麁行不依本教者还俗，递归本贯。今年不简高行粗行，不论验僧大德内供奉也，但到次第，便令还俗。"据此可知，会昌废佛从会昌五年四月开始进入最严峻的时期。但在废佛高峰期的会昌五年五月一日，白居易仍撰写《白氏长庆集·后序》，记录文集的寺院奉纳情况。从《白氏长庆集·后序》写于会昌五年五月一日来看，会昌五年四月前，七十五卷本《白氏文集》已分藏于三所寺院。

二

《白氏文集》七十卷本的编纂

据上述《白氏长庆集·后序》可知，七十五卷本《白氏文集》是在《白氏长庆集》五十卷的基础上增补了《后集》二十卷、《续后集》五卷。也就是说，《后集》的编纂从大和二年（828）秋开始，分为五卷、十卷、十五卷、十七卷、二十卷五个阶段。但是，《后集》二十卷的《序》散佚，因此有必要探讨七十卷本《白氏文集》的成书情况。

目前宫内厅所收藏那波本《白氏文集》，虽然是较好地保留了原本状况的前集后集本，但第一卷前的序文是元稹的《白氏长庆集序》，从第五十一卷开始是《后集》部分，第五十五卷、第六十卷、第六十五卷、第六十七卷、第七十卷之后没有附跋文，[1]因此难以知晓白居易再次修缮的痕迹。不过，从现存的金泽文库旧藏本（前集后集本）由五十卷以前的"文集卷第X"和五十卷以后的"白氏后集卷第X"两部分组成来看，《白氏长庆集》五十卷成书后，白居易通过追加新作，稍微进行了增补和编纂。因此，开成四年（839）二月至会昌五年（845）五月期间，在《白氏长庆集》五十卷的基础上增补了《后集》二十卷，最终成为七十卷本《白氏文集》。

五代吴大和六年（934）八月，由僧匡白所作《江州德化东林寺白氏文集记》的碑文（《全唐文》卷九一九所收）可佐证《白氏文集》七十卷的存在。其内容如下：

> ……皇唐白傅之有文动钩私，乃惟曰："此必补之，盖不销吾之力也。"及旋旆于府，即命翰墨者缮之，不期月操染毕，函而藏之于辨觉大师堂之座左。诚其掌执者严以锁钥开闭，准白侯文集，无令出寺，勿借外人。又图白侯真于其壁，使人敬惮之，不敢苟违也。仍传教令，下属幽愚，令纪徽猷，用刊琬玉。匡集七十卷，一置东都圣善，一置苏州南禅，一置庐山东林。其间，表笺、制诰、

---

1 ［日］下定雅弘、神鹰德治编：《那波本白氏文集：宫内厅所藏》（第一册至第五册），勉诚出版2012年版。

文赋、歌诗、赞颂、碑铭、议论、箴诫，无不以讽谏为旨、黜陟为事，使谗谀奸诡，所不能隐匿矣。而流于搢绅，莫不滋味之，以为药石也。……

对此碑文进行详细探讨的岑仲勉指出，该碑文是断简残碑，难以按照上文的顺序解读。[1]

然而，陈翀反驳岑仲勉的观点，按照上述碑文进行解读，并指出："在庐山，一共创作了三本，分藏于洛阳圣善寺、苏州南禅院以及东林寺。也就是说，白居易奉纳给各寺院的三本文集全部是东林寺的僧侣转写的，每本均为七十卷。庐山的僧侣在《白氏文集》的成书和传播中发挥了极其重要的作用。"[2]

但是，若据陈翀的见解，"匡集七十卷，一置东都圣善，一置苏州南禅，一置庐山东林"意味着匡山（庐山）的《白氏文集》再次由东林寺僧侣抄写，放置在了"庐山东林"。并且，若按原文"皇唐白傅之有文动钩私，乃惟曰：'此必补之，盖不销吾之力也。'及旋旆于府，即命翰墨者缮之，不期月操染毕，函而藏之"来理解，"府"即指"江州司马府"，则可知白居易在任江州司马时请人缮写并将文集收藏于东林寺。这显然与事实不符。因此，《江州德化东林寺白氏文集记》应遵照岑仲勉的解读，原文应该如下：（参考2：匡白《江州德化东林寺白氏文集记》碑文的复原）

皇唐白傅之有文集七十卷，一置东都圣善，一置苏州南禅，一置庐山东林。其间，表笺、制诰、文赋、歌诗、赞颂、碑铭、议

---

1 岑仲勉上述论文《论〈白氏长庆集〉源流并评东洋本〈白集〉》。
2 陈翀上述论文《〈白氏文集〉の成立と盧山——匡白〈江州德化王東林寺白氏文集记〉を中心に》。

论、箴诔，无不以讽谏为旨、黜陟为事，使谗谀奸诡，所不能隐匿矣。而流于搢绅，莫不滋味之，以为药石也。洎唐之季世，兵火四起，向来之美，殆为煨烬余，则固知东林者其已坠焉。有吴之天下也，武以定乱，文以延英，繇是业儒者莪莪然，源流渊凌，庆稔宗亲。德化令公大王处青宫日，虽以宴游，参侍宸扆，而友爱棣华之美，靡间于君臣。其或欢洽之余，经纶之际，何尝不以笔砚简编，致其左右。至若良宵静昼，辍膳蹰寝，或以风月为俦侣，骚雅为仇雠，虽姬旦之多才多艺，不足以同年语也。常于白集，是所留情。俄膺天命，秉旄钺出抚江城。江之民足蹈手舞忻忻然，乃曰："天从人善愿，降父母之君于是藩，信矣哉。"王为理清净，视事之暇，闲采图经，蹶然而悟，且曰："白傅尝谪为是邦典午，及访之遗迹又洗然，忆东林等有其集焉。"又询诸老僧，咸曰："执事者不勤，剪无遗矣。"王咨嗟良久，顾谓诸辈："何疏慢之若是，亡斯宝耶。"然于胜事颇□动钩私，乃惟曰："此必补之，盖不销吾之力也。"及旋旆于府，即命翰墨者缮之，不期月操染毕，函而藏之于辨觉大师堂之座左。诫其掌执者严以锁钥开闭，准白侯文集，无令出寺，勿借外人。又图白侯真于其壁，使人敬惮之，不敢苟违也。仍传教令，下属幽愚，令纪徽猷，用刊琬玉。匡白也，冥蒙释子，述作非能。仰认奖录之深，讵可辄为陈让。含毫襞纸，愧惧煎恪，股栗流汗，不能已矣。时太和六年岁次甲午八月己巳朔十二日庚辰，管内僧正讲论大德赐紫沙门匡白记。

《江州德化东林寺白氏文集记》中所载《白氏文集》的卷数"七十卷"很值得关注。宋王辟之《渑水燕谈录》卷六载："有天佑中僧《修睦记》云：（庐山）寺有莲花藏，藏有《白集》七十卷。传云居易自写，同远大师文集不许出寺。"[1]由此可知，庐山东林寺中的确藏有《白氏文集》七十卷。遗憾的是，此七十卷《白氏文集》的编纂时间没有记载。

根据上述《东林寺白氏文集记》可知，白居易在大和九年（835）夏编写了《白氏文集》六十卷，藏于东林寺经藏中。宋陈舜俞《庐山记》卷二《叙山北篇第二》载："昔公之游东林也，睹经藏中有远公诸文士倡和集，时诸长老亦请公文集同藏之。至大和九年为太子宾客，始以文集六十卷归之。"由此可知，白居易应东林寺长老请求，于大和九年寄赠了文集六十卷。

白居易《送后集往庐山东林寺兼寄云皋上人》（卷三十六）载："后集寄将何处去，故山迢递在匡庐。"由此可见，白居易确实将《后集》送往东林寺。上述《庐山记》卷二《叙山北篇第二》载："会昌中致仕，复送《后集》十卷及香山居士之像。"可知，白居易于会昌年间致仕后，再次将《后集》十卷送往东林寺，东林寺经藏中的《白氏文集》变为七十卷。因此，《江州德化东林寺白氏文集记》中的"七十卷"是可信的。

七十卷本的存在从白居易的诗文中也可得到证实。《题文集柜》（卷三十）载："破柏作书柜，柜牢柏复坚。收贮谁家集，题云白乐天。我生业文字，自幼及老年。前后七十卷，小大三千篇。"由此可知，白居易特意制作了收藏文集七十卷的书柜。

值得注意的是，据上述《庐山记》记载，会昌年间，白居易送往东林寺的是《后集》十卷。大和九年（835）夏收于东林寺经藏中的是《白氏文集》六十卷，故加上会昌二年（842）被送来的十卷正好是七十卷。此外，里面亦有"香山居士像"被送出的内容，此记载应该可信。

1　吕友仁点校：《渑水燕谈录》，中华书局1981年版，第70页。

由于当时只有写本，没有版本或者刊本，所以奉纳寺院之际，应该仅送出了寺院没有的最新编纂的卷本。《旧唐书·白居易传》载："居易尝写其文集，送江州东西二林寺，洛城香山、圣善等寺，如佛书、杂传例流行之。"由此可知，像"佛书""杂传"一样流行的《白氏文集》是白居易自己书写的。分藏在东都圣善寺和苏州南禅院（寺）的《白氏文集》并不是东林寺僧侣抄写的，而是白居易本人直接抄写奉送之物。

现存金泽文库旧藏本卷第六十八载"中大夫守太子少傅分司东都冯翊县开国侯上柱国赐紫金鱼袋白居易"，白居易《香山居士写真诗并序》（卷三十六）中也有"会昌二年，罢太子少傅，为白衣居士"一句，由此可知，第六十八卷所收的诗文是白居易在大和九年（835）十月至会昌元年（841）于洛阳吟咏的。现存的前集后集本卷第六十九所收诗文中，有白居易在会昌二年吟咏的部分。上述白居易《送后集往庐山东林寺兼寄云皋上人》和《题文集柜》为白居易在会昌二年吟咏。[1]因此，《后集》二十卷也就是《白氏文集》七十卷本是在会昌二年编纂而成。

"七十"这一数字对白居易来说是非常重要的，其诗文中频繁出现七十（岁）这一数字。例如，白居易《自诲》（卷三十九）载："人生百岁七十稀，设使与汝七十期。汝今年已四十四，却后二十六年能几时。"《闲行》（卷二十五）载："傥年七十犹强健，尚得闲行十五春。"由此可知，白居易在四十四岁、五十五岁时，考虑到了七十岁的事情。如前所述，开成五年（840）即白居易六十九岁时，产生了封笔的想法。

会昌二年（842），七十一岁的白居易卸任太子少傅，成为白衣居

---

1 朱金城、花房英树认为，《题文集柜》作于大和九年至开成元年（836）之间。但是，比起"小大三千篇"，"前后七十卷"的语句更值得重视。另外，从"留与外孙传"这个词语来看，《题文集柜》应为外孙谈玉童（阁童？）开成五年出生后的作品。

士，将《后集》收藏于东林寺。文集达到七十卷时，他为七十卷本制作了"文集柜"，并且让女儿和侄子分别收藏，应该是考虑到自己的人生快要接近尾声了。据宋陶谷《龙门重修白乐天影堂记》（《全唐文》卷八六三）载："著策数十篇，尽王佐之才。有文七十卷，导平生之志。"可知，白居易将自己全部作品收录于此七十卷《白氏文集》中。[1]

平安初期的汉学者都良香（834—879）《白乐天赞》（《群书类从》本《都氏文集》卷三）载："（白居易）集七十卷，尽是黄金。"醍醐天皇（885—930）《见右丞相献家集》原注（《菅家后草》卷十三）载："平生所爱，《白氏文集》七十卷是也。"由此可知，七十卷《白氏文集》传入日本并被文人所通读、喜爱。

现存金泽文库旧藏本中，收藏有超越六十七卷的"卷第六十八"《白氏文集》。现存《白氏文集》卷第十一卷末的"识语"（那波道圆本）载："大唐吴郡苏州南禅院，日本国裹头僧惠萼自写文集。时会昌四年三月十四日，日本承和十一年也。"可知，入唐僧惠萼于会昌四年（844）三月十四日在苏州书写了《白氏文集》。若金泽文库收藏本为会昌四年惠萼书写本的重抄本，从七十五卷本的编纂时期来看，惠萼依据的原本可能是会昌二年编纂而成的七十卷本。[2]因此，会昌二年编纂而成的七十卷本在会昌四年三月十四日以前就收藏在了苏州南禅院（寺）中。

---

1 白居易《醉吟先生墓志铭并序》（卷七十一）载："前后著文集七十卷，合三千七百二十首，传于家……凡平生所慕、所感、所得、所丧、所经、所遇、所通，一事一物已上，布在文集中，开卷而尽可知也。"

2 最近，田中史生指出了这种可能性。[日]田中史生：《入唐僧惠萼の书写した蘇州南禅院本〈白氏文集〉》，《日本歷史》第781号，2013年。但是，9世纪末成书的《日本国见在书目录》中载有"《白氏文集》七十，《元氏长庆庆（'隼'之讹）》廿五，《白氏长庆集》廿九卷"，由于二十五卷本的《元氏长庆集》与二十九卷本的《白氏长庆集》并不存在，故《白氏长庆集》二十九卷恐绝非完本。若如此，"《白氏文集》七十卷"也非完本，或是七十五卷本的残缺本。

《宋史·日本传》载："雍熙元年，日本国僧奝然与其徒五六人，浮海而至……问其风土，但书以对云，国中有五经书及佛经、《白居易集》七十卷，并得自中国。"由此可见，在华的日僧奝然炫耀《白居易集》七十卷存于日本。为何奝然要向宋朝廷提及白居易文集呢？

上述陈舜俞《庐山记》卷二《叙山北篇第二》载："今所藏，实景德四年诏史馆书校而赐者。"可知，当时东林寺内收藏的《白氏文集》是宋真宗在景德四年（1007）令崇文院于史馆内书写、校正之后送入东林寺的版本。宋陆游《入蜀记》卷四载："白公尝以文集留草堂，后屡亡逸。真宗皇帝尝令崇文院写校，包以斑竹帙送寺。建炎中又坏于兵。今独有姑苏版本一帙，备故事耳。"[1]由此可知，"景德四年诏史馆书校"的版本是崇文院的藏本。宋王尧臣《崇文总目》卷五载："《白氏文集》七十卷，白居易撰。"[2]由此可知，崇文院的藏本即《文苑英华》收录的是七十卷本《白氏文集》。

《文苑英华》的编纂始于宋太宗太平兴国七年（982）九月，至雍熙三年（986）完成。雍熙元年，日本僧奝然至宋都开封时，是《文苑英华》编纂的最盛期。《文苑英华》编纂白居易文集时，《白氏文集》应该被放置在崇文院内。《宋史·太宗本纪》载："（太平兴国三年）二月丙辰，……以三馆新修书院为崇文院。"由此可见，太平兴国七年，史馆、昭文馆、集贤院三馆已被合并为崇文院。[3]

因此，滞留于开封的日僧奝然获得白居易文集被收录于《文苑英

---

1 陈新译注：《宋人长江游记》，春风文艺出版社1987年版，第96页。

2 钱侗：《崇文总目辑释》，广文书局1968年版，第731页。另外，岑仲勉抄录《崇文总目》引文中有"白氏文集八十卷"，恐为抄误。见岑仲勉上述论文《论〈白氏长庆集〉源流并评东洋本〈白集〉》。

3 宋敏求《春明退朝录》卷中载："唐两京皆有三馆，而各为之所，故逐馆命修文字。本朝三馆合为一，并在崇文院中。"见宋敏求等撰：《春明退朝录（外四种）》，上海古籍出版社2012年版，第21页。

华》的信息，故将日本存有《白氏文集》七十卷之事告知宋人。

但是，现存的《白氏文集》是七十一卷本。《宋史》卷二〇八《艺文志》和《文献通考》卷二三三《经籍考》也记载"《白居易长庆集》七十一卷"。上述晁公武《郡斋读书志》卷四"别集类"的"《白居易长庆集》七十一卷"条载：

> 前集五十卷，有元稹序。后集二十卷，自为序记。又有续后集
> 五卷，今亡三卷矣。

可知，七十五卷本《白氏文集》至少在12世纪前期已遗失三卷。此外，宋陈振孙《直斋书录解题》卷十六"别集类"的"《白氏长庆集》七十一卷，《年谱》一卷，又《新谱》一卷"条载："今七十一卷，苏本、蜀本编次亦不同，蜀本又有《外集》一卷。往往皆非乐天自记之旧矣。"[1]由此可见，至13世纪前期，存在"苏本"七十一卷、"蜀本"七十二卷等不同版本。[2]

三
寺院奉纳本的去向

（一）寺院奉纳的保存意识

白居易《东林寺白氏文集记》载：

1　陈振孙：《直斋书录解题》，广文书局1968年版，第993页。
2　关于宋代诸本的系谱，参见［日］户崎哲彦：《〈白氏文集〉宋代诸本の系谱》，《岛大言语文化：岛根大学法文学部纪要》第24号，2008年。

且欲与二林结他生之缘，复曩岁之志也……仍请本寺长老及主藏僧依远公文集例，不借外客，不出寺门，幸甚。

　　可见，白居易应庐山东林寺僧之邀，欲"结他生之缘"，"复曩岁之志"，故而纳其文集于东林寺经藏堂。另外，白居易《苏州南禅院白氏文集记》载：

　　其间根源五常，枝派六义，恢王教而弘佛道者多矣。然寓兴、放言、缘情、绮语者，亦往往有之。乐天，佛弟子也，备闻圣教，深信因果，惧结来业，悟知前非。

　　可知，开成四年（839）二月，白居易将其新编的《白氏文集》奉纳于苏州南禅院（寺），是因为其深信佛教因果，"悟知前非"。

　　此外，白居易《圣善寺白氏文集记》载："乐天曰：'吾老矣，将寻前好，且结后缘。'故以斯文，置于是院……仍请不出院门，不借官客。有好事者，任就观之。"与庐山东林寺相同，白居易为结"后缘"而将文集奉纳于圣善寺。

　　那么，何谓"他生缘""后缘"呢？白居易《香山寺白氏洛中集记》载：

　　夫以狂简斐然之文而归依支提法宝藏者，于意云何。我有本愿，愿以今生世俗文字之业，狂言绮语之过，转为将来世世赞佛乘之因，转法轮之缘也。十方三世诸佛应知。噫，经堂未灭，记石未泯之间，乘此愿力，安知我他生不复游是寺，复睹斯文，得宿命通，省今日事，如智大师记灵山于前会，羊叔子识金环于后身者欤！于戏，垂老之年，绝笔于此，有知我者，亦无隐焉。

由此可见，白居易以"狂简斐然"之文、"世俗文字"之业、"狂言绮语"之过，归依"支提法宝藏"，乃成"赞佛乘"之因、"转法轮"之缘。对渐趋沉迷于佛教的白居易来说，编辑文集，是为了供奉寺院，而且这一行为也符合他奉佛的初衷。正如陈翀所言，白居易将其文集纳于寺院，是因为其相信自己升天之后，必能转世，而以往所作文集以及碑刻文集是阐释其前世的证据。[1]

所谓"三世诸佛"，即过去佛（燃灯佛）、现在佛（释迦牟尼）、未来佛（弥勒佛）。白居易在《答客说》（卷三十六）云："吾学空门非学仙，恐君此说是虚传。海山不是我归处，归即应归兜率天。"此处的"兜率天"，白居易自注："予晚年结弥勒上生业，故云。"另外，大和八年（834），白居易《画弥勒上生帧赞并序》（卷七十）中载"有弥勒弟子乐天，同是愿，遇是缘"，《画弥勒上生帧记》（卷七十一）中载："由是命绘事，按经文，仰兜率天宫，想弥勒内众，以丹素金碧形容之，以香火花果供养之。"可见，白居易虔诚信仰未来佛即弥勒佛（住在兜率天的佛），结"他生缘""后缘"或许正是缘于弥勒信仰。

上述《东林寺白氏文集记》中载"不借外客，不出寺门"，《圣善寺白氏文集记》中亦载"不出院门，不借官客"。由此可见，白居易与寺院约定所藏《白氏文集》不可借于"外客"，亦不可带出"院门""寺门"。然而，藏于上述寺院中的《白氏文集》终究没能原封不动地保存下来。

（二）东林寺奉纳本的去向

首先看一下藏于东林寺的《白氏文集》。据上述《庐山记》卷二

1　陈翀上述论文《〈白氏文集〉の成立と廬山——匡白〈江州德化王東林寺白氏文集記〉を中心に》。

《叙山北篇第二》载："会昌之厄，僧道深窃藏之石室。后寺复而经出，然亡失者过半。"可知，《白氏文集》纳于东林寺后不久便惨遭会昌废佛的厄运而亡失过半。

齐己《白莲集》卷七《贺行军太傅得白氏东林集》载："乐天歌咏有遗编，留在东林伴白莲。百氏典坟随丧乱，一家风雅独完全。常闻荆渚通侯论，果遂吴都使者传。"可知，行军太傅从吴都使者传（疑为江西团练使钟传）处获取东林寺所藏的《白氏文集》。其中的"行军太傅"，岑仲勉认为其为高骈（821—887），陈翀认为其为高季兴。[1]但是，《白香山诗集》以及宋代《春明退朝录》《庐山记》《渑水燕谈录》中皆作高骈，当有所据，可以凭信。[2]

高骈夺取《白氏文集》后进行了补写。上述《江州德化东林寺白氏文集记》铭文载：

> 洎唐之季世，兵火四起，向来之美，殆为煨烬余，是固知东林者其已坠焉。有吴之天下也，武以定乱，文以延英，繇是业儒者莸莸然，源流渊凌，庆稔宗亲。德化令公大王处青宫日，……常于白集，是所留情。俄膺天命，秉旄钺出抚江城。……王为理清净，视事之暇，闲采图经，蹶然而悟，且曰："白傅尝谪为是邦典午，及访之遗迹又洗然，忆东林等有其集焉。"又询诸老僧，咸曰："执事者不勤，翦无遗矣。"王咨嗟良久，顾谓诸辈："何疏慢之若是，亡斯宝耶。"然于胜事颇□动钩私，乃惟曰："此必补之，盖不销吾之力也。"及旋旆于府，即命翰墨者缮之，不期月操染毕，函而藏之

1　陈翀：《唐末五代における〈白氏文集〉の伝承——詩僧齐已の活動を中心に》（陈翀上述著作《白居易の文学と白氏文集の成立》，初出2008年）。

2　冈村繁批驳陈翀的观点，认为将东林寺本《白氏文集》从庐山带出之人是高骈。见陈翀上述著作《白居易の文学と白氏文集の成立》，第8—10页。

于辨觉大师堂之座左。诚其掌执者严以锁钥开闭，准白侯文集，无令出寺，勿借外人。又图白侯真于其壁，使人敬惮之，不敢苟违也。仍传教令，下属幽愚，令纪徽猷，用刊琬玉。

据此可知，东林寺所藏《白氏文集》毁于战火。五代吴大和年间，德化王杨澈前往东林寺打探所藏《白氏文集》下落，得知《白氏文集》早已烧毁，无所遗留。因此，杨澈返回王府后，命人抄写，置于东林寺辨觉大师堂座左，并以锁钥锁之。为让世人尊而敬之，还将白居易像绘于此壁，以期妥善保存。

据《庐山记》卷二《叙山北篇第二》载："广明中，与远公《匡山集》并为淮南高骈所取（《四库全书》本作'毁'，此处据日本内阁文库藏宋本）。吴大和六年，德化王澈尝抄誊以补其缺，复亡失。今所藏，实景德四年诏史馆书校而赐者。"可知，广明（880—881）初年，《白氏文集》为高骈所夺。王辟之《渑水燕谈录》卷六载："广明初，高骈强取去以遗相。后四十余年，有王长史者遍求善本校正，录而藏之。旋又为长史易去，颇多舛谬。真宗诏取至都下，令侍臣以诸本参校缮写，付寺僧谨藏之。"[1]由此可知，庐山寺所藏《白氏文集》为高骈所夺四十年后，王长史再次抄写奉纳于东林寺，后又取走（王士祯《香祖笔记》卷十亦有相同记载）。吴大和六年（934），德化王杨澈补其缺失。唐末以后，东林寺分藏本真迹已失传。[2]

宋代宋敏求《春明退朝录》下卷载："高骈镇淮南，寄语江西廉

1 吕友仁点校：《渑水燕谈录》，中华书局1981年版，第70—71页。
2 岑仲勉指出："《白氏文集》寄存东林寺者，僖宗时高骈劫去，不知去向。洛、苏真本亦经乱散失。后唐李从荣在洛补写，不数年，德化王杨澈又重擬置东林。至宋真宗世，屡次亡逸，朝廷乃令崇文院写校送寺。所谓东林真迹，唐末早已失传。"岑仲勉上述著作《岑仲勉史学论文集》，第165页。

使，取东林集而有之。……后人亦补东林所藏，皆篇目次第非真，与今吴、蜀摹版无异。”文中的“后人亦补东林所藏”，当指大和六年（934）杨澈命人抄写《白氏文集》纳于东林寺一事。

此后，再次对《白氏文集》诸本进行校正、缮写，奉纳东林寺。据《续资治通鉴长编》卷六十五、七十二记载，宋真宗于景德四年（1007）二月、大中祥符二年（1009）十二月两次下诏修葺白居易墓地、影堂及旧宅。由此可见，真宗对白居易极其敬仰，令人校正、缮写《白氏文集》。

（三）圣善寺奉纳本的去向

接下来考察收藏《白氏文集》的另一寺院——东都圣善寺。宋曾慥《类说》卷三十二“银佛”载：“圣善寺有银佛，为贼截去一耳。白居易奉佛，用银三锭补之，犹不及旧。会昌拆寺，命中贵人毁像收送内库。人以白公所添比旧铸少数十两，遂诣居易取余银。”[1]据此可见，东都圣善寺毁于白居易生前的会昌灭佛之际（《唐语林》卷七亦有相同记载）。不难想象，白居易恐怕不只是卷入了争夺银两的风波，更因其虔诚的佛教信仰而遭受非难。[2]

《唐会要》卷四十八“议释教下”载：“圣善寺，章善坊。神龙元年二月立为中兴，二年中宗为武太后追福，改为圣善寺。寺内报慈阁，中宗为武后（《四库全书》本作‘韦后’）所立。景龙四（《四库全书》本作‘三’）年正月二十八日，制东都所造圣善寺，更开拓五十余步以

---

1 曾慥：《类说》，文学古籍出版社1955年版，第2120页。

2 从白居易《八渐偈并序》（卷三十九）、《如信大师功德幢记》（卷六十八）、《东都十律大德长圣善寺钵塔院主智如和尚茶毗幢记》（卷六十九）看来，白居易与圣善寺的北宗禅僧交情颇深，受北宗禅影响很大。见简宗修：《〈白居易集〉中的北宗文献与北宗禅师》，《佛学研究中心学报》第6期，2001年。

广僧房，计破百姓数十家。"[1]据此可知，圣善寺于神龙元年（705）九月建，景龙三年（709）扩建。另据《宋高僧传》卷二《唐洛京圣善寺善无畏传》载，深受玄宗崇敬的天竺僧人善无畏居住于圣善寺，并于开元二十八年（740）十月圆寂于此。

唐高彦休《唐阙史》下卷"东都焚寺"篇载："东都圣善寺缔构甲于天下，愚曾看修寺记云：'殿基掘地及泉，以蜃灰和香土错实之，所以备倾蛰也。'乾符初，常有估客沥愿寻除殿屋之表。……巢贼陷洛之前年，寺僧见东鸱吻上有青碧霏烟……粤二年，烬灭于贼燧。"《新唐书·五行志》载："乾符四年十月，东都圣善寺火。"由此可见，乾符四年（877）十月，圣善寺在黄巢之乱中被烧。可见，圣善寺并未于会昌废佛之际被破坏，在黄巢之乱前，被誉为天下名寺。

日本《三代实录》卷四十五元庆八年（884）三月廿六日丁亥条《宗叡卒传》载："回至洛阳，便入圣善寺善无畏三藏旧院。其门徒以三藏所持金刚杵并经论、梵夹、诸尊仪轨等授之。"可见，日本贞观四年（862）至八年，宗叡滞留圣善寺时，圣善寺仍藏有善无畏三藏所著与密教相关的经论、法具。[2]据此推断，圣善寺所藏《白氏文集》可能不是在会昌废佛之际佚失，而是在乾符四年（877）十月的大火中被毁。

(四) 南禅院（寺）奉纳本的去向

再来看苏州南禅院（寺）。宋范成大《吴郡志》卷三十一载："南禅寺，唐有之，今不知所在。"可知，至宋，南禅寺的所在地已不明。

明王鏊《姑苏志》卷二十九"南禅禅寺"条载："按今寺在郡学

1　王溥：《唐会要》，商务印书馆1935年版，第848页。
2　关于宗叡入唐以及带回的典籍，参照[日]川尻秋生：《入唐僧宗叡と請来典籍の行方》，《早稻田大学会津八一記念博物館研究紀要》第13号，2012年。

东，本名集云。洪武中名僧示应号宝云和尚，奏请为南禅集云寺。"[1]（明钱毅《吴都文粹续集》卷三十中也有相同记事）。《江南通志》卷四十五"南禅寺"条载："在府学东。宋崇宁中，张头陀卜药于此。……绍兴二十九年，赐名演教禅院，后改今额。为在城诸禅之冠，僧纲司治焉。"据此可知，在宋崇宁年间（1102—1106），南禅寺改名演教禅院。明时，改名"集云寺""南禅集云寺"。另外，明钱毅《吴都文粹续集》卷三十载："大云庵，一名结草庵，在南禅寺东，即别院也。元至正间僧善庆建。"元至正年间（1341—1368），在南禅寺东侧建立了大云庵，作为南禅寺别院。清宋荦《沧浪小志》所收《立秋后三日由沧浪亭过南禅寺即以立秋为韵》载："南禅不数武，寺门面林邱。僧寮剧荒寒，杂蒁媚新秋。忆昔香山老，曾此恣遨游。"可知，直至清代，南禅寺一直位于沧浪亭旁。[2]

此外，清宋荦《西陂类稿》卷十四所收《雨后由沧浪亭过南禅寺慨然有作》的注释中载："寺为白乐天旧游地，曾储文集寺中，刻碑纪事。"清赵执信《饴山诗集》卷十三《游沧浪亭六首其四》载："南禅台殿未全崩，剩遣游人感废兴。白傅藏诗无觅处，山门赢得卖茶僧。"可知，至清时，《白氏文集》奉纳南禅院（寺）一事仍广为人知。

现在，南禅院（寺）是否毁于会昌年间尚不明了，因此无法知晓奉纳于此的《白氏文集》的去向。幸运的是，苏州南禅院（寺）于会昌年

1　王鏊：《姑苏志》，学生书局1965年版，第378页。
2　关于南禅院的位置，明钱毅《吴都文粹续集》卷十四"韩淞王庙"条载："弘治中，知府史简以王旧宅在城内南禅寺之左，即其地祭之。嘉靖二年，知府胡缵宗始以妙隐庵撤去佛像，为王专祭祀，俾僧守之。"南宋名将韩世忠宅邸位于南禅寺左侧（东），后为妙隐庵（韩世忠庙）。另外，明张国维《吴中水利全书》卷七载："沧浪池西转南经韩襄毅公祠，绕南禅寺，过龙须桥，迤东南转西至卧龙桥。"可知，南禅院（寺）在沧浪池（沧浪亭）旁。笔者于2006年、2009年曾两度对南禅院（寺）遗址进行调查，不过现在该地已为民宅，无法确认寺院主体建筑位置。

间被破坏之前，奉纳于此的《白氏文集》被日本僧惠萼抄写，后被带至日本，扎根于日本文化并流传至今。对于希望永远将文集收藏在经藏中的白居易来说，这或许是一种安慰吧。

（五）香山寺奉纳本的去向

最后对香山寺进行探讨。《河南通志》卷五十"香山寺"条载："在府城西南二十五里龙山上，后魏时建。唐白居易与僧佛光结香火缘，尝写其文集留寺中。寺久废。"可知，香山寺于北魏熙平元年（516）建成。《旧唐书·中宗本纪》载："（神龙元年）冬十月癸亥，幸龙门香山寺。"《唐语林》卷五载："洛东龙门香山寺上方，则天时名望春宫。"可知，武则天及中宗时期，香山寺颇受重视。据《宋高僧传》卷二《唐洛阳香山寺鉴空传》记载，大和年间，一位法号为鉴空的僧侣曾居于此。齐己《白莲集》卷三《送僧游龙门香山寺》载："君到香山寺，探幽莫损神。且寻风雅主，细看乐天真。"白居易《香山居士写真诗并序》（卷三十六）载："会昌二年，罢太子少傅为白衣居士，又写真于香山寺藏经堂，时年七十一。"齐己眼前的"乐天真"，应该是白居易在会昌二年（842）奉纳于香山寺藏经堂的"真影"。目前，虽然还未确定会昌废佛之际香山寺是否遭到破坏，[1]但是据宋代宋敏求《春明退朝录》下卷所载"唐白文公自勒文集成五十卷，后集二十卷，皆写本，寄藏庐山东林寺。又藏龙门香山寺。高骈镇淮南，寄语江西廉使，取东林集而有之。香山集经乱，亦不复存"可知，奉纳于香山寺的七十卷《白氏文集》在唐末战乱期间散佚。

另外，宋代宋庠《元宪集》卷五所收《过普明禅院二首（唐太子少

---

1 陈翀指出，奉纳香山寺的《白氏文集》已于会昌废佛时散佚。陈翀上述论文《〈白氏文集〉の成立と廬山——匡白〈江州德化王東林寺白氏文集記〉を中心に》。但是，此观点属于臆测。

傅白公旧宅）》载："绘象成真侣（乐天旧影与蒲禅师偶立），家声入梵缘（又常自称香山居士）。一披龙藏集，无复叹亡篇（后唐明宗子秦王尹京日，特写公文集一本，置经中。至今集本最善）。"从其中的注释来看，白居易的履道里第旧宅后为普明禅院，长兴元年（930），秦王李从荣（？—933）在任河南尹期间，抄写白居易文集，并奉纳于普明禅院。[1]

后唐时期，李从荣抄写白居易文集并奉纳于普明禅院一事，不仅见于宋庠诗中注解，亦可见于《春明退朝录》下卷："其后，履道宅为普明僧院，后唐明宗子秦王从荣又写本置院之经藏，今本是也。后人亦补东林所藏，皆篇目次第非真，与今吴、蜀摹版无异。"正如泽崎久和所言，秦王李从荣热衷于文学，对白居易文集饶有兴趣，故抄写白居易文集并纳于其旧宅，也即普明禅院。[2]根据宋庠《元宪集》卷五"至今集本最善"注解，可知相较于东林寺藏本以及"吴、蜀摹版"的《白氏文集》，当时藏于普明僧院的"集本"，更接近原本。

此外，冈村繁推测，李从荣在缮写普明禅院本之际，还以洛阳为中心搜集《白氏文集》的残篇断简。[3]洛阳曾藏有东都圣善寺藏本以及其侄龟郎（白景受）藏本等写本，李从荣在缮写普明僧院本时所依据的原本或许也是从上述藏本中转抄而来的。[4]

清赵翼《瓯北诗话》卷四载：

---

1 关于宋庠诗《过普明禅院二首》的注释，参照［日］泽崎久和：《宋詩自注所引の白居易関係資料(一) 二 宋庠》，《白居易詩研究》，研文出版2013年版。
2 宋敏求等上述著作《春明退朝录（外四种）》，第32页。
3 ［日］冈村繁：《〈白氏文集〉の旧鈔本と旧刊本》，《東方学会創立五十周年記念 東方学論集》，東方学会1997年版。
4 关于《白氏文集》家藏本的去向，参见本书第七章。

才人未有不爱名，然莫有如香山之甚者。所撰诗文，曾写五本，一送庐山东林寺经藏堂，一送苏州南禅寺经藏内，一送东都圣寿寺钵塔院律库楼，一付侄龟郎，一付外孙谈阁童。此香山所自记也。……以香山诗笔之精，当处处有鬼神呵护，岂患其不传？乃及身计虑及此，一如杜元凯欲刻二碑，一置岘山之巅，一沉襄江之底。才人名心如此。今按李、杜集多有散落，所存不过十之二三，而香山诗独全部流传，至今不缺，未必非广为藏贮之力也。[1]

可知，通过寺院奉纳及家藏的方法，白居易的文集得以在大体上保存完整而传承至今，作为世界遗产为世人所享用。

白居易的宅第成为寺院以及《白氏文集》能够通过寺院奉纳及家藏的方式传世，皆因白居易倾心于佛教。最初奉纳五十卷《白氏长庆集》，或为丰富新建的苏州南禅院（寺）经藏的藏书。但是，大和九年（835）以后，不断向庐山东林寺、苏州南禅院（寺）、东都圣善寺、香山寺奉纳赠送续编的内容，明显是因为白居易想结"他生之缘""后缘"，成"赞佛乘"之因、"转法轮"之缘。不难想象，白居易的文集在这些寺院中是作为佛教内典流传至后世的。有关中唐时期文人、文学与佛教的关系，今后有必要再进行详细的探讨，还请诸贤指正。

1　赵翼：《瓯北诗话》，人民文学出版社1963年版，第55页。

参考1

白居易文集编纂一览

〔基于曹之、曹新哲《白居易与图书编撰》(《出版科学》2003年4期)改动制成〕

顺序	编纂时期	书名	卷数	诗文数	编者	年龄	收藏者及场所
1	元和十年(815)	不明	15	约800	白居易	44	
2	长庆四年(824)	白氏长庆集	50	2191 (2251)	元稹	53	苏州南禅院
3	大和二年(828)	后集	5	不明	白居易	57	
4	大和二年	因继集	3	314	元稹	57	元、白两家藏
5	大和三年	刘白唱和集	2	138	刘禹锡	58	刘、白两家藏
6	大和三年?	元白唱和因继集	16	不明	元稹?	不明	元、白两家藏?
7	大和五年七月以前	元白唱和因继集	17	不明	元稹?	不明	元、白两家藏?
8	大和六年	刘白吴洛寄和卷	3	不明	白居易	不明	刘、白两家藏?
9	大和八年	洛诗集	不明	432	白居易	63	
10	大和九年	白氏文集	60	2964	白居易	64	庐山东林寺
11	开成元年(836)	白氏文集	65	3255	白居易	65	东都圣善寺
12	开成元年	汝洛集	不明	不明	白居易	65	刘、白两家藏?
13	开成四年	白氏文集	67	3487	白居易	68	苏州南禅院、庐山东林寺、东都圣善寺
14	开成五年	白氏洛中集记	10	800	白居易	69	龙门香山寺
15	会昌二年(842)	白氏文集	70	3720	白居易	71	庐山东林寺 (苏州南禅院、东都圣善寺?)
16	会昌二年七月以前	刘白唱和集	5	不明	白居易?	不明	刘、白两家藏?
17	会昌五年五月以前	洛下游赏宴集	10	不明	白居易	不明	

顺序	编纂时期	书名	卷数	诗文数	编者	年龄	收藏者及场所
18	会昌五年	白氏文集	75	3840	白居易	74	庐山东林寺，苏州南禅院，东都圣善寺，侄龟郎、外孙谈阁童家

参考2

匡白《江州德化东林寺白氏文集记》碑文的复原

（据《全唐文》卷九一九所收释文复原）

　　文其规谏者，乃有国之龟镜也。其于哲后真事，未尝不讨论之，听纳之。将欲俾雄图令嗣，延百千世之奕叶，何止于万岁哉。苟无鉴裁，不偶其时，则秦之坑焚，卫之翦伐，何所存焉。皇唐白傅之有文集七十卷，一置东都圣善，一置苏州南禅，一置庐山东林。其间，表笺、制诰、文赋、歌诗、赞颂、碑铭、议论、箴诔，无不以讽谏为旨、黜陟为事，使谗谀奸诡，所不能隐匿矣。而流于搢绅，莫不滋味之，以为药石也。洎唐之季世，兵火四起，向来之美，殆为煨烬余，则固知东林者其已坠焉。有吴之天下也，武以定乱，文以延英，繇是业儒者犹犹然，源流渊凌，庆稔宗亲。德化令公大王处青宫日，虽以宴游，参侍宸宸，而友爱棣华之美，靡间于君臣。其或欢洽之余，经纶之际，何尝不以笔砚简编，致其左右。至若良宵静昼，辍膳蹋寝，或以风月为俦侣，骚雅为仇雠，虽姬旦之多才多艺，不足以同年语也。常于白集，是所留情。俄膺天命，秉旌钺出抚江城。江之民足蹈手舞忻忻然，乃曰："天从人善愿，降父母之君于是藩，信矣哉。"王为理清净，视事之暇，闲采图经，蹶然而悟，且曰："白傅尝谪为是邦典午，及访之遗迹又洗然，忆东林等有其集焉。"又询诸老僧，咸曰："执事者不勤，翦无遗矣。"王咨嗟良久，顾谓诸辈："何疏慢之若是，亡斯宝耶。"然于胜事颇□动钩私，乃惟曰："此必补之，盖不销吾之力也。"及旋旆于府，即命翰墨者缮之，不期月操染毕，函而藏之于辨觉大师堂之座左。诫其掌执者严以锁钥开闭，准白侯文集，无令出寺，勿借外人。又图白侯真于其壁，使人敬惮之，不敢苟违也。仍传教令，下属幽愚，令纪徽猷，用刊琬玉。匡白也，冥蒙释子，述作非能。仰认奖录之深，讵可辄为陈让。含毫襞纸，愧惧煎悁，股栗流汗，不能已矣。时太和六年岁次甲午八月己巳朔十二日庚辰，管内僧正讲论大德赐紫沙门匡白记。敢献颂曰：

缅彼乐天，其真古贤。才器天付，辞华世传。集有七帙，芳逾百年。言其婉丽，理且渊元。向雁骚扰，几至沈迁。非逢至鉴，亦类投泉。圣主求理，英王出藩。恩荣在上，典籍居前。省览余时，箴规是思。且吟且讽，乃歌乃诗。曾不释手，应亦忘疲。念彼东林，而尝有之。尸掌不专，逸漏堪悲。爰命传写，用补阙仪。秘之龛藏，勒彼神姿。品流所好，玩阅于兹。玉鱼密钥，彰严诫遗。无令外借，永作良规。龙天所卫，嘉猷肯移。俱期不朽，并吾大师。

（原文刊于日本《白居易研究年报》第14号，2013年12月）

第七章
白居易的子孙与《白氏文集》家藏本的去向

据白居易《白氏长庆集·后序》（朱金城《白居易集笺校》外集卷下收录。以下引用白居易诗文时，如无特别说明，则全部依据朱金城《白居易集笺校》）载：

> 集有五本，一本在庐山东林寺经藏院，一本在苏州南禅寺经藏内，一本在东都圣善寺钵塔院律库楼，一本付侄龟郎，一本付外孙谈阁童，各藏于家，传于后……会昌五年夏五月一日，乐天重记。

可知，会昌五年（845）五月，白居易将自己的文集——《白氏文集》分藏于庐山东林寺、苏州南禅院（寺）、东都圣善寺三座寺院以及侄龟郎、外孙谈阁童家中等五处，希望能够传于后世。[1]

关于这些寺院分藏本及其去向，最近陈翀对庐山东林寺的分藏本、笔者对苏州南禅院和东都圣善寺等寺院供奉本进行了探讨。[2]但是，由

1　白居易在会昌六年（846）所咏的《咏身》（卷三十七）中有"薄有文章传子弟"，据此可知，此时已把自己的文章传给子弟（侄龟郎与女儿）收藏。

2　陈翀：《唐末五代における〈白氏文集〉の伝承——詩僧齐己の活動を中心に》，《白居易の文学と白氏文集の成立》，勉诚出版2011年版；葛继勇：《〈白氏文集〉の成立と寺院奉納及びその行方》，《白居易研究年報》第14号，2013年。参见本书第六章。

于有关白居易子孙的资料较少，再加上可信度等问题，对其侄和外孙收藏的《白氏文集》即家藏本的研究较少。

有学者曾指出，有关白居易子嗣的史料记载存在龃龉。宋陈振孙《白文公年谱》和清汪立名《白香山年谱》不一致之处较多。后陈寅恪《白乐天之先祖及后嗣》、顾学颉《乐天后裔世系家族考》等进行了详细考证。[1]顾学颉指出，在洛阳发现的《白居易家谱》解开了关于白居易子嗣的千年之谜。[2]

但是近年来，随着有关白居易子孙的新资料《唐故太原白府君墓志铭并序》（下称《白邦彦墓志》）[3]、《皇甫氏（炜）夫人墓铭并序》（下称《白敏中女墓志》）[4]等墓志碑铭的出土，与《白居易家谱》内容不一致的史料不断被发现，引起多方关注，但批判性研究尚不多见。

本章将围绕这些新发现的资料展开研究，在此基础上考察白居易子孙（侄儿、外孙）的活动轨迹，探讨《白氏文集》家藏本的去向。

1 陈寅恪：《白乐天之先祖及后嗣》，《元白诗笺证稿》，上海古籍出版社1978年版；顾学颉：《乐天后裔世系家族考》，《文学评论丛刊》第13辑，中国社会出版社1982年版。

2 顾学颉：《白居易家谱后记》，《白居易家谱》，中国旅游出版社1983年版。据此家谱，蹇长春主张白居易的出身和子孙的问题已大体上明确。见蹇长春：《中国における八十年来の白居易研究略説》，《白居易研究講座第七卷 日本における白居易の研究》，勉诚出版1998年版。

3 胡可先、文艳蓉强调《白邦彦墓志》等新出石刻是白居易研究应该重视的资料，并指出《白居易家谱》的相关记载有误。参照胡可先、文艳蓉：《新出石刻与白居易研究》，《文献》2008年第2期；文艳蓉：《白居易子嗣考辨》，《重庆社会科学》2009年第2期；文艳蓉：《白居易一族婚姻考》，《白居易研究年报》第13号，2012年。

4 李献奇：《唐皇甫炜夫人白氏墓志考释》，《文物》1998年第12期；陶敏：《唐皇甫澈家族墓志研究》，《衡阳师范学院学报》2012年第5期。

第七章 白居易的子孙与《白氏文集》家藏本的去向

一

白居易的子女

白居易与当时的名门望族杨汝士、杨虞卿之妹结为夫妻。[1]《金銮子晬日》（卷九）载："行年欲四十，有女曰金銮。生来始周岁，学坐未能言。"婚后二年，即元和四年（809），长女金銮出生。

不幸的是，元和六年（811），年仅三岁的金銮便夭折了。白居易的诗文中有相关记载，如《病中哭金銮子（小女子名）》（卷十四）载："有女诚为累，无儿岂免怜。病来才十日，养得已三年。"此外，《念金銮子二首》（卷十）载"衰病四十身，娇痴三岁女。非男犹胜无，慰情时一抚"中的"非男犹胜无"一句可以看出白居易渴望有儿子的心情。

《自到浔阳生三女子因诠真理用遣妄怀》（卷十七）载："远谪四年徒已矣，晚生三女拟如何？"元和十年（815），白居易前往江州赴任后，三个女儿先后出生。其中一女名为罗子。元和十三年吟咏的《罗子》（卷十六）载："有女名罗子，生来才两春。"据此可知，罗子出生于元和十一年。另外，《吾雏》（卷八）载："吾雏字阿罗，阿罗才七龄。嗟吾不才子，怜尔无弟兄。"罗子（阿罗）七岁时，白居易的另外两个女儿夭折，故罗子成为其唯一的孩子。

好友元稹也是年迈无子。元稹《郡务稍简因得整比旧诗并连缀焚削封章繁委箧笥仅逾百轴偶成自叹因寄乐天》（元稹《元氏长庆集》卷二十二）载："天遣两家无嗣子，欲将文集与它谁。"白居易《酬微之》（卷二十三）载："吟玩独当明月夜，伤嗟同是白头时。由来才命相磨折，天遣无儿欲怨谁。"两人以和诗的方式慨叹无子。另外，《醉封诗筒

1　葛继勇：《白居易と楊氏兄弟との交友——新出石刻資料を中心に》，［日］田中史生编：《入唐僧惠萼と東アジア》，勉诚出版2014年版。本书第八章。

寄微之》（卷二十三）载："未死又怜沧海郡，无儿俱作白头翁。"以一种悲伤的心情来叙述无子的遗憾。

于是，白居易《余思未尽加为六韵重寄微之》（卷二十三）载："各有文姬才稚齿，俱无通子继余尘。琴书何必求王粲，与女犹胜与外人。"用文采斐然的蔡邕之女蔡琰（文姬）来勉励元稹。

大和三年（829），白居易五十八岁时，其子出生。同一时期，元稹之子也出生了。白居易在《予与微之老而无子发为咏叹著在诗篇今年冬各有一子戏作二什一以相贺一以自嘲》（卷二十八）中咏道："常忧到老都无子，何况新生又是儿。""五十八翁方有后，静思堪喜亦堪嗟。"表达了其对儿子阿崔（崔儿）出生的喜悦之情。《和微之道保生三日》（卷二十八）载："相看鬓似丝，始作弄璋诗。且有承家望，谁论得力时。莫兴三日叹，犹胜七年迟。我未能忘喜，君应不合悲。嘉名称道保，乞姓号崔儿。但恐持相并，蒹葭琼树枝。"白居易、元稹分别给自己的儿子起名崔儿、道保，望能够继承家业。[1]

明白自成《白氏重修谱系序》（《白居易年谱》收录）载："公五十八岁生子，讳阿雀，三岁亡。"将白居易的儿子记为"阿雀"。但是，白居易《哭崔儿》（卷二十八）、刘禹锡《刘禹锡集》（外集卷二）收录的《吟白君哭崔儿二篇怆然寄赠》中皆作"崔儿"。因此，白自成《白氏重

1　日本平安初期的汉学家岛田忠臣（828—891）《吟白舍人诗》（《群书类从》本《田氏家集》卷中）载："应是戊申年有子（唐太和戊申年，白舍人始有男子。甲子与余同），付于文集海东来。"从此注释来看，岛田忠臣强调其与白居易在相同年龄才有子，表明其对白居易的仰慕。但是，白居易之子阿崔生于戊申年的翌年，有一年之差。见［日］丸山キヨ子：《流入当初の状況においての考察》，《白居易研究講座第五卷 白詩受容を繞る諸問題》，勉诚出版1994年版。

修谱系序》的记载恐误。[1]

令人悲痛的是，白居易之子阿崔三岁时夭折。《哭崔儿》（卷二十八）载："掌珠一颗儿三岁，鬓雪千茎父六旬。岂料汝先为异物，常忧吾不见成人。悲肠自断非因剑，啼眼加昏不是尘。怀抱又空天默默，依前重作邓攸身。"此外，《初丧崔儿报微之晦叔》（卷二十八）载："文章十帙官三品，身后传谁庇荫谁。"表达了自己丧失儿子的悲痛心情。

李商隐《刑部尚书致仕赠尚书右仆射太原白公墓碑铭并序》中有如下记载：

> 子景受，大中三年自颍阳尉典治集贤御书，侍太夫人宏农郡君杨氏来京师，胖胖兢兢，奉公之遗，畏不克既，乃件右功世，以命其客，取文刻碑。

大中三年（849），白景受拜托李商隐撰写白居易的碑文。《新唐书·宰相世系表》载："景受，孟怀观察支使，以从子继。"景受是"从子"，即白居易兄弟的儿子。[2]

众所周知，白居易兄弟四人，四弟幼美在贞元八年（792）即九岁便夭折了。长兄幼文和二弟行简分别殁于元和十二年（817）、宝历二年（826）。因此，景受应为白幼文或白行简之子。

《白居易年谱》中收录的明白自成《白氏重修谱系序》载："会昌元

1　顾学颉指出，洛阳周边有将小名起作阿雀的风俗，白居易给其子取名为"阿崔"是有可能的（顾学颉上述《白居易家谱》，第5页）。但是，前述《和微之道保生三日》中有"乞姓号崔儿"，"崔"字可作姓，而"雀"字一般不作姓。

2　与上述"以从子继"的记载不同，《旧唐书·白居易传》载："无子，以其侄孙嗣。"《册府元龟》卷八六三《总录部》"为人后"条载："白景受，刑部尚书致仕居易之侄孙。居易卒无子，以景受为嗣。""侄孙"的"孙"字恐为衍字。

年，以兄幼文次子景受嗣。"清张汉《白氏世谱序》载："于会昌元年，取兄幼文次子景受为后。"据此推断，景受应为白居易兄长幼文之次子。但是，新出《白邦彦墓志》载："王父讳行简，皇任尚书膳部郎中。考讳景受，皇任监察御史。"若据此推断，景受则应是白居易弟行简之子。那么，景受究竟为何人之子？（参考1：《白邦彦墓志》释文）

二

白居易之侄

白居易《答户部崔侍郎书》（卷四十五）载："前月中，长兄从宿州来，又孤幼弟侄六七人，皆自远至。"《与微之书》（卷四十五）载："长兄去夏自徐州至，又有诸院孤小弟妹六七人提挈同来，顷所牵念者，今悉置在目前。"可知，任江州司马期间即元和十一年（816），长兄幼文与侄儿六七人来到江州。另外，《岁日家宴戏示弟侄等兼呈张侍御二十八丈殷判官二十三兄》（卷二十四）载："弟妹妻孥小侄甥，娇痴弄我助欢情。"可知，任苏州刺史期间，白居易确与侄甥同居。

白居易于大和二年（828）所作《祭弟文》（卷六十九）载：

合家除苏苏外，并是通健。龟儿颇有文性，吾每自教诗书，三二年间必堪应举。阿罗日渐成长，亦胜小时。吾竟无儿，穷独而已。茶郎、叔母以下并在郑滑，职事依前。蕲蕲、卿娘、卢八等同寄苏州，免至饥冻。遥怜在符离庄上，亦未取归。宅相得彭泽场官，各知平善。

文中提到了苏苏、龟儿、阿罗、茶郎、蕲蕲、卿娘、遥怜、宅相等人。阿罗为白居易之女，龟儿为白居易弟行简之子。《旧唐书·白敏中传》载："敏中少孤，为诸兄之所训厉。长庆初，登进士第，佐李听。历河东、郑滑、邠宁三府节度掌书记。"据此可知，茶郎应为任职于郑滑的白敏中小名，"叔母"应指白敏中之母敬氏。

《祭浮梁大兄文》（卷四十）载："宅相痴小，居易无男，抚视之间，过于犹子。其余情礼，非此能申。伏冀慈灵，俯鉴悲恳；哀缠痛结，言不成文。"可知，宅相是白居易长兄幼文之子。遥怜应为白居易的另一个侄儿。现存金泽文库旧藏写本《白氏文集》卷六十三中收录的《狂言示三侄》的注释载"谓宅相、遥怜、龟儿"。[1]因此，白居易确实有宅相、遥怜、龟儿三个侄儿。

上述白自成《白氏重修谱系序》载："幼文长子讳景回，淄州司兵参军。次子讳景受，字孟怀，观察使。三子讳景衍。"白居易兄长幼文共有三子。[2]但是，《祭浮梁大兄文》（卷四十）仅载"宅相"一人。因此，景回、景受、景衍三人是否皆为幼文之子，尚存疑问。[3]

《新唐书·宰相世系表》将白居易弟行简之嗣子记作"味道，成都少尹"。若如此，白行简之嗣子味道与白居易养子景受不能为同一人。白居易《醉吟先生墓志铭并序》（卷七十一）载："三侄：长曰味道，庐州巢县丞；次曰景回，淄州司兵参军；次曰晦之，举进士。"据此可

1　[日]川濑一马监修：《白氏文集：金沢文库本4》，大东急记念文库1984年版，第121页。谢思炜指出，金泽本注"谓宅相、匡帏、龟儿"中的"匡帏"恐为"遥怜"二字误读，见谢思炜校注：《白居易文集校注》第五册，中华书局2011年版，第2345页。

2　顾学颉指出，"字孟怀，观察使"恐为"孟怀观察支使"之误。见顾学颉上述著作《白居易家谱》，第5页。

3　《乐天后裔白氏家谱》（《白居易年谱》所收）载："二代祖，讳景受，字介福。"其中载景受字介福，但未见于其他史料。

知，白居易的侄儿有味道、景回、晦之三人。[1]这三人应该对应的是宅相、遥怜和龟儿。从起名习俗来看，因景受与景回一样，名中皆有"景"字，故景受与景回不是同一人，很可能与晦之是同一人。大概如文艳蓉所言，景受是名字，晦之是小名，龟儿是乳名。[2]

上述白自成《白氏重修谱系序》与张汉《白氏世谱序》载，会昌元年（841），白居易将兄幼文的次子景受纳为养子。但是，在现存的白居易诗文中没有出现此时将兄幼文之子纳为养子的记载，故无从确认。

另外，如上所述，白居易《白氏长庆集·后序》载"侄龟郎"，即白居易称呼龟郎为"侄"。假如白居易养子景受与龟儿是同一人，那么会昌五年（845）五月，景受即龟儿还未成为白居易的养子。上述李商隐《刑部尚书致仕赠尚书右仆射太原白公墓碑铭并序》中载有"子景受"，故景受应该是在会昌五年五月至大中三年（849）期间被白居易纳为养子的。

若如此，则可断定，景受（晦之）的小名是龟儿，味道、景回的小名分别为遥怜、宅相。[3]

《新唐书·宰相世系表》载，白居易的后嗣"（子）景受，孟怀观察支使，以从子继。（孙）邦翰，司封郎中"。邦翰为景受之子，即白居易之孙。[4]新出《白邦彦墓志》载："以咸通四年二月廿三日，辞世于履

---

1 岑仲勉主张《醉吟先生墓志铭》为伪文，指出景受与晦之可能是同一人。见岑仲勉：《〈白集·醉吟先生墓志铭〉存疑》，《岑仲勉史学论文集》，中华书局1990年版。另外，谢思炜指出，《醉吟先生墓志铭》虽被认为是伪作，但其记载亦有所根据。参照谢思炜上述著作《白居易文集校注》第五册，第2346页注释。

2 文艳蓉上述论文《白居易子嗣考辨》。

3 中尾健一郎指出景回小名叫匡韩，为幼文之子。见[日]中尾健一郎：《白居易と洛阳》，《古都洛阳と唐宋文人》，汲古书院2012年版。

4 若上述《醉吟先生墓志铭并序》记载的"乐天无子，以侄孙阿新为之后"可信，则侄孙阿新应指邦翰。

道里第，享年十八……兄邦翰……泣血志之。"可知，白邦翰为弟邦彦撰写了墓志。白邦彦殁于咸通四年（863），当时十八岁，故应出生于会昌六年（846），兄白邦翰生于会昌六年之前。白居易在会昌六年所作的《自咏老身示诸家属》载："书听孙子读，汤看侍儿煎。"此处的"孙子"指的应是白邦翰。

但是，白居易《闲吟赠皇甫郎中亲家翁（新与皇甫结姻）》（卷三十四）载："早为良友非交势，晚接嘉姻不失亲。"可知，白居易与皇甫郎中即皇甫曙结为"亲家翁"。[1]此外，《皇甫郎中亲家翁赴任绛州宴送出城赠别》（卷三十五）载："新妇不嫌贫活计，娇孙同慰老心情。"此为庆祝皇甫郎中之女生产所作的诗文。朱金城指出，行简之子龟郎和皇甫曙之女成婚，但未明示根据。[2]

据《白敏中墓志》可知，皇甫曙之子炜与白敏中的两个女儿成婚。近年，《皇甫炜墓志》和《白敏中女墓志》出土。[3]前者是皇甫曙之子皇甫炜墓志，后者是皇甫炜夫人、白敏中二女儿的墓志。值得一提的是，前者载"两娶太原白氏，并故中书令敏中之息女"，与《白敏中墓志》吻合。但是，《白敏中女墓志》载："大中二年，以长女归于炜……十年二月廿五日，又以夫人归于炜。"因此，在会昌六年（846）去世的白居易之诗所述"亲家翁"之事，并非因白敏中之女和皇甫曙之子的婚姻关

1　白居易诗《咏怀寄皇甫朗之》（卷三十四）、《岁暮呈思黯相公皇甫朗之及梦得尚书》（卷三十五）、《春晚咏怀赠皇甫朗之》（卷三十五）等皆涉及皇甫曙（字朗之）。此外，《醉吟先生传》（卷七十）载："与嵩山僧如满为空门友，平泉客韦楚为山水友，彭城刘梦得为诗友，安定皇甫朗之为酒友。每一相见，欣然忘归。"可知，皇甫曙与白居易是关系亲密的"酒友"。

2　朱金城笺注：《白居易集笺校》，上海古籍出版社1988年版，第2326页。

3　《白敏中墓志》收录于周绍良篇《唐代墓志汇编》（上海古籍出版社1992年版），《皇甫炜墓志》收录于吴钢主编《全唐文补遗》第4辑（三秦出版社1997年版），《白敏中女墓志》收录于吴钢主编《全唐文补遗》第7辑（三秦出版社2000年版）。

系，娶皇甫曙之女的白氏族人究竟是谁，目前尚难以确定。[1]

开成二年（837），白居易《狂言示诸侄》载："人老多忧累，我今婚嫁毕。"此外，《闲吟赠皇甫郎中亲家翁（新与皇甫结姻）》（卷三十四）载："最喜两家婚嫁毕，一时抽得尚平身。"可见，白居易于开成二年完成了侄儿与皇甫曙之女的婚姻大事。

新出《白邦彦墓志》载："考讳景受，皇任监察御史。先府君婚杨氏，即汉太尉震之后，门族不书可知也。外祖讳鲁士，皇任长安县令。"据此可知，白景受之妻是杨鲁士之女杨氏。由于白居易之妻是杨鲁士的堂妹，故白景受与杨鲁士之女成婚也就不足为奇。

《乐天后裔白氏家谱》（《白居易年谱》收录）载："二代祖，讳景受，字介福，配孔氏，生一子：邦翰。"可知，邦翰为景受和妻子孔氏所生之子。[2]若上述记录为实，那么白邦彦应是景受与妻子杨氏之子。因此，白景受在前妻孔氏去世后，可能与杨鲁士之女再婚。（参考2：白居易兄弟子孙系谱图）

三

侄龟郎及其收藏本的去向

由上文分析可知，景受和龟儿为同一人，即白行简之子。《旧唐书·白居易传》载："行简子龟儿多自教习，以至成名，当时友悌，无以比焉。"龟儿由白居易亲自教导，故其文采在"友悌"之中无人能及。

元和十三年（818），白居易《弄龟罗》（卷七）载："有侄始六岁，

1　文艳蓉：《白居易一族婚姻考》，《白居易研究年报》第13号，2012年。

2　白居易《哭孔戡》（卷一）、《赠樊著作》（卷一）、《与元九书》（卷四十五）等诗中皆出现白居易友人孔戡。遗憾的是，孔戡与景受妻孔氏关系不明。

字之为阿龟。有女生三年，其名曰罗儿。一始学笑语，一能诵歌诗。朝戏抱我足，夜眠枕我衣。"此外，《闻龟儿咏诗》（卷十七）载："怜渠已解咏诗章，摇膝支颐学二郎。莫学二郎吟太苦，才年四十鬓如霜。"据此可知，白居易怀着一颗慈爱之心培养侄龟儿。此处的龟儿即上述《白氏长庆集·后序》所载的"龟郎"。

《官舍闲题》（卷十六）载："饱餐晨晏起，余暇弄龟儿（龟儿即小侄名）。"《见小侄龟儿咏灯诗并腊娘制衣因寄行简》（卷二十四）载："已知腊子能裁服，复报龟儿解咏灯。巧妇才人常薄命，莫教男女苦多能。"类似上述提到龟儿的诗有很多。大概是白居易宠爱龟儿，教其作诗属文。

《路上寄银匙与阿龟》（卷二十）载："谪宦心都惯，辞乡去不难。缘留龟子住，涕泪一阑干。"白居易离开长安前往杭州之际，把龟儿留在京城。另《和晨兴因报问龟儿》（卷二十二）载："西院病孀妇，后床孤侄儿。"滞留杭州的白居易非常担心弟行简遗孀与侄龟儿。

上述《祭弟文》（卷六十九）载："孤苦零丁，又加衰疾，殆无生意，岂有宦情。所以偈偈至今，待终龟儿服制。"白居易在行简去世之前答应他照顾龟儿。后又道："龟儿颇有文性，吾每自教诗书，三二年间必堪应举……尔前后所著文章，吾自检寻编次，勒成二十卷，题为《白郎中集》……他日及吾文集，同付龟、罗收传。"可知，白居易对龟郎的文采给予高度赞扬，坚信龟郎两三年后必定能够在科举考试中金榜题名。此外，他还告慰亡弟，让侄龟郎与女儿阿罗能够传承弟行简的《白郎中集》和自己的文集。

《全唐诗》卷五四一收录的李商隐《送阿龟归华》载："草堂归意背烟萝，黄绶垂腰不奈何。因汝华阳求药物，碧松根下茯苓多。"岑仲勉、朱金城等认为，此应为白居易的诗文，而非李商隐所作。[1]也就是说，白居易让龟儿到华州下邽县（白居易的故乡）采药。作于大和九年（835）的《祭崔常侍文》（卷七十）载："居易方属疾恙，不遂执绋，遣侄阿龟往展情礼。"可知，白居易也让龟儿去参加朋友崔咸的葬礼。因此，龟儿应该是肩负着白居易一族的复兴重任和期待逐渐成长并活跃的。[2]

《旧唐书·刘禹锡传》载：

> （白居易）常与禹锡唱和往来，因集其诗而序之……太和三年春以前纸墨所存者，凡一百三十八首。其余乘兴仗醉率然口号者，不在此数。因命小侄龟儿编勒成两轴，仍写二本，一付龟儿，一授梦得小男仑郎，各令收藏，附两家文集。

此外，白居易《刘白唱和集解》（卷六十九）载：

> 至太和三年春以前纸墨所存者，凡一百三十八首。其余乘兴扶醉率然口号者，不在此数。因命小侄龟儿编录，勒成两卷，仍写二本，一付龟儿，一授梦得小儿仑郎，各令收藏，附两家集。

可知，将《白氏文集》交付给龟儿之前，即大和三年（829），还让龟儿编纂并收藏《刘白唱和集》。由此可见，龟儿年少之时便文采斐

---

1 岑仲勉：《补〈白集源流〉事证数则》，岑仲勉上述著作《岑仲勉史学论文集》，第169页；朱金城上述作品《白居易集笺校》，第389页。
2 近年发现名为《楚王白公胜之陵》（楚王白胜迁神碑）的石碑，其中有"遂遣敏中、景受奉公之灵至东都"，记载了白景受与白敏中一将楚王白胜的陵墓从武昌荆山迁至东都洛阳之事。见胡可先、文艳蓉上述论文《新出石刻与白居易研究》。但此石碑可信性存疑。

然，声名远扬，白居易将《白氏文集》送给他以传后世便不足为奇。

白景受（龟儿）进士及第后，曾先后担任过颍阳尉、集贤御书典、孟怀观察支使、监察御史等官职。值得关注的是，白景受曾任集贤御书典。"集贤御书典"指开元年间设立、供职于集贤殿书院的专职御书典（定员四人）。《旧唐书·职官志》"集贤殿书院"条载：

> 集贤学士之职，掌刊缉古今之经籍，以辨明邦国之大典。凡天下图书之遗逸、贤才之隐滞，则承旨而征求焉。其有筹策之可施于时，著述之可行于代者，较其才艺而考其学术，而申表之。凡承旨撰集文章、校理经籍，月终则进课于内，岁终则考最于外。

可知，集贤殿书院的重要职能是寻找遗失民间的书籍，收集著名文人的著作，并上报给皇帝。因此，白景受在任职集贤院时，一定看到过收藏在集贤院中的各种珍贵书籍。

白居易和集贤院有着十分密切的关系。元和二年（807），白居易作为集贤殿校理，撰写了《奉敕试制书诏批答诗等五首》（卷四十七）等。白居易的诗文《惜玉蕊花有怀集贤王校书》（卷十三）、《酬集贤刘郎中对月见寄兼怀元浙东》（卷二十二）、《病中辱张常侍题集贤院诗因以继和》（卷二十三）、《和集贤刘学士早朝作》（卷二十六）等皆为送给任职于集贤院的友人所作。《晚春重到集贤院》（卷十九）、《和刘郎中学士题集贤阁》（卷二十六）等皆叙说造访集贤院之事。另外，白居易在《香山居士写真诗并序》（卷三十六）中写道："元和五年，予为左拾遗、翰林学士，奉诏写真于集贤殿御书院。时年三十七。……昔作少学士，图形入集贤。"可知，元和五年，他还将自己的肖像画纳入集贤院。

据上述《和刘郎中学士题集贤阁》中的"万卷图书天禄上，一条风景月华西"与《病中辱张常侍题集贤院诗因以继和》中的"天禄阁门开，甘泉侍从回。图书皆帝籍，寮友尽仙才"的表述可知，白居易曾赞叹集贤院所收纳书籍之丰。因此，即使白居易未将《白氏文集》纳入集贤院，白景受在任职集贤院御书典期间，也会将家藏的《白氏文集》抄录后纳入集贤院。

宋陈舜俞《庐山记》卷二《叙山北篇第二》载："今所藏，实景德四年诏史馆书校而赐者。"当时藏于东林寺的《白氏文集》是宋真宗在景德四年（1007）命史馆书写、校正后送给东林寺的。另外，宋陆游《入蜀记》卷四载："白公尝以文集留草堂，后屡亡逸。真宗皇帝尝令崇文院写校，包以斑竹帙送寺。"可知，景德四年"史馆书校本"的原底本是崇文院的藏本。

宋王应麟《玉海》卷五十四《艺文》载："景德四年八月丁巳，诏三馆分校《文苑英华》。以前所编次未尽允惬，遂令文臣择前贤文章，重加编录，芟繁补缺换易之，卷数如旧。"成书于景德四年（1007）八月的《文苑英华》集当时所存白居易文章之大成，将白居易的文章收录其中。其在编纂、校正时所依据的《白氏文集》应是史馆、昭文馆或集贤院即崇文院的藏本。《宋史·太宗本纪》载："（太平兴国三年）二月丙辰，……以三馆新修书院为崇文院。"太平兴国三年（978），史馆、昭文馆和集贤院三馆书院合并，统称崇文院。因此，崇文院收藏的《白氏文集》可能是由白景受纳入集贤院的。[1]或由于此，《文苑英华》中收录的白居易诗文被认为是文字错讹较少的珍本。

1　宋王尧臣《崇文总目》卷五载："《白氏文集》七十卷，白居易撰。"故崇文院藏本即《文苑英华》所据本为七十卷本《白氏文集》。

四

外孙谈阁童及其收藏本的去向

接下来对白居易外孙谈阁童及其收藏本的去向进行探讨。如上所述，元和十一年（816）出生的罗子是白居易唯一存活的女儿，因此，外孙谈阁童应是罗子之子。白居易《吾雏》（卷八）载："抚养虽骄骏，性识颇聪明。学母画眉样，效吾咏诗声。"女儿罗子十分聪慧，会模仿父亲作汉诗。《戊申岁暮咏怀三首》（卷二十七）中的"婚嫁累轻何怕老，饥寒心惯不忧贫"表达出对罗子"婚嫁"的担忧。

白居易《咏怀》（卷三十二）载："尚平婚嫁了无累，冯翊符章封却还（时阿罗初嫁，及同州官吏放归）。"大和九年（835），女儿罗子同与白居易关系亲近的谈弘谟成婚。上述李商隐《刑部尚书致仕赠尚书右仆射太原白公墓碑铭并序》中提到"一女，妻谭氏"，即白居易的女儿与谭氏成婚。不过，"谭"字应为"谈"字误写。[1]外孙谈阁童应为谈弘谟之子。

但是，《关唱真珠一串歌》（卷三十三）载："开成二年三月三日，河南尹李待价以人和岁稔，将禊于洛滨，前一日启留守裴令公。令公明日召太子少傅白居易、太子宾客萧籍、李仍叔、刘禹锡、……四门博士谈弘谟等一十五人合宴于舟中。"与白居易一起参加曲水之宴的谈弘谟当时是四门博士。《和谈校书秋夜感怀呈朝中亲友》（卷十三）载："词赋擅名来已久，烟霄得路去何迟。汉庭卿相皆知己，不荐杨雄欲荐谁。"深得白居易的关照、擅长词赋的谈校书指的就是谈弘谟。因此，在女儿的婚姻问题上，白居易看重的是进士及第的读书人，而非名门

1　白居易《醉吟先生墓志铭并序》（卷七十一）载："一女，适监察御史谈弘谟。"可知与白居易女儿成婚之人为谈弘谟。

望族。

收录于《白香山诗集》卷三十五的《小岁日喜谈氏外孙女孩满月》载："今旦夫妻喜，他人岂得知。自嗟生女晚，敢讶见孙迟。……怀中有可抱，何必是男儿。"注为"因名引珠"。开成二年，谈氏的女儿出生时，白居易期待今后能再添一个外孙，故起名为"引珠"。

白居易《谈氏外孙生三日喜是男偶吟成篇兼戏呈梦得》（卷三十五）载："玉芽珠颗小男儿，罗荐兰汤欲罢时。茉莒春来盈女手，梧桐老去长孙枝。"注为"前年谈氏外孙女初生，梦得有贺诗云'从此引鸳雏'，今幸是男"。开成五年（840），外孙出生，白居易欣喜至极。他在会昌二年（842）所作的《谈氏小外孙玉童》（卷三十六）载："外翁七十孙三岁，笑指琴书欲遣传。……才与不才争料得，东床空后且娇怜（谈氏初逝）。"女婿谈弘谟在会昌二年去世，当时外孙谈玉童年仅三岁。此处的谈玉童与谈阁童当为同一人。[1]

《池上篇序》（卷六十九）载："虽有子弟，无书不能训也。乃作池北书库。"白居易为了教育一族子弟而设立书库，书库中应该收纳有《白氏文集》。另外，《题文集柜》（卷三十载）："诚知终散失，未忍遽弃捐。自开自锁闭，置在书帷前。身是邓伯道，世无王仲宣。只应分付女，留与外孙传。"为了不使自己的文集散佚，白居易将文集交付给女儿，并让其再传给外孙。[2]

现在几乎找不到关于谈阁童的史料，假如他继承了父亲四门博士谈弘谟和母亲罗子的文采，那么一定非常有才华。上述白居易《谈氏小外

---

1 朱金城指出，谈玉童与谈阁童是同一人。见朱金城：《白居易年谱》，上海古籍出版社1982年版，第300页。

2 朱金城、花房英树等学者认为，《题文集柜》是大和九年至开成元年间的作品。但罗子在大和九年与谈弘谟成婚，《白氏文集》七十卷成书于会昌二年，故《题文集柜》应作于会昌二年。

孙玉童》中，谈阁童被形容为"中郎余祚钟羊祜，子幼能文似马迁"。由此可以推测，其文采斐然。白居易对谈阁童充满期待，把《白氏文集》交给他，希望能传给后代子孙。

白居易在会昌二年（842）所作的《病中看经赠诸道侣》（卷三十六）的注释为"时适谈氏女子自太原初归"。女儿罗子与谈弘谟成婚后不久，便从太原返回洛阳。会昌二年女婿谈弘谟逝世后，外孙在洛阳居住过一段时间，并在白居易身边长大。

上述《白邦彦墓志》载："以咸通四年二月廿三日，辞世于履道里第，享年十八。"由此可知，白邦翰的弟弟邦彦是在履道里第去世的。倘若如此，那么白景受一族至少在白居易的履道里第住到咸通年间。[1]

会昌二年（842）以后，白居易所作诗文中没有提到过其女罗子及外孙谈阁童。白居易送给谈阁童并让其传给后代子孙的《白氏文集》七十五卷可能被带至了外孙的老家太原。

陈捷认为，无法断定北宋存有七十五卷本的《白氏文集》。[2]但《山西通志》卷一七五《经籍》载"《白氏长庆集》七十五卷，又《后集》十七卷，《别集补遗》二卷，《白行简集》二十卷"。《山西通志》编纂于清雍正十二年（1734）三月，当时存于山西地区的经籍中有《白氏长庆集》七十五卷等。

另外，上述《祭弟文》（卷六十九）载："尔前后所著文章，吾自检寻编次，勒成二十卷，题为《白郎中集》。……他日及吾文集，同付龟、罗收传。"白居易告慰亡弟，让侄龟郎与女儿罗子能够传承弟行简的《白郎中集》和自己的文集。《山西通志》卷一七五《经籍》中的

---

1 白居易及其弟行简曾共同居住于白居易的长安新昌里第。［日］中尾健一郎：《白居易と長安新昌里邸》，载中尾健一郎上述著作《古都洛陽と唐宋文人》。

2 陈捷：《白氏文集の宋版諸本について》，《白居易研究講座第六卷　白氏文集の本文》，勉诚出版1995年版。

《白氏长庆集》七十五卷和《白行简集》二十卷可能是由白居易女儿罗子和外孙谈阁童收藏的传抄本。（参考3：白居易略年谱）

五

履道里第的变迁及其家藏本的去向

如上所述，白居易送给外孙谈阁童和侄儿龟郎的是七十五卷本《白氏文集》。因此，龟郎收藏的七十五卷本《白氏文集》应该被放置在洛阳的履道里第。

《新唐书·白居易传》载："后履道里第卒为佛寺，东都、江州人为立祠焉。"据此可知，白居易的履道里第后变成了佛寺。另外，宋陈振孙《白香山诗集》中引用的《年谱旧本》载："其园，张氏得其半，为会隐园，水竹尚在。寺中有公石刻甚多，见宋敏求《河南志》、李格非《洛阳名园记》……公之居犹可识者，不独以名重，亦以有水竹，且为佛庐故也。"可见，白居易的履道里第为后人所熟知。宋李格非《洛阳名园记·大字寺园》载："唐白乐天旧园也……寺中乐天石刻存者尚多。"（《邵氏闻见后录》卷二十五中也有相同的记载）由此可知，至宋代，履道里第中尚留存有许多与白居易相关的石刻。

近年来，白居易履道里第的考古发掘工作陆续开展，出土了许多唐代遗物。[1]关于其中的"经幢"两片，温玉成指出，该两片"经幢"不是两个经幢，而是同一经幢的残片，铭文内容为："唐大和九年（下阙）开国男白居易造此佛顶尊胜大悲心陀罗尼（下阙）及见幢形、闻幢

1　赵孟林、冯承泽、王岩、李春林：《洛阳唐东都履道坊白居易故居发掘简报》，《考古》1994年第8期。

名者，不问胎卵湿化，水陆幽明（下阙）悉愿同发菩提，共成佛道。"[1]据此可知，该"经幢"由与僧侣往来甚密的白居易个人出资制作，[2]由此可以窥见白居易倾心于佛教。

宋代宋庠《元宪集》卷五《过普明禅院二首（唐太子少傅白公旧宅）》载："自昔仁为里，于今福作田。清风残竹地，宝色故池天。绘象成真侣（乐天旧影与蒲禅师偶立），家声入梵缘（又常自称香山居士）。一披龙藏集，无复叹亡篇（后唐明宗子秦王尹京日，特写公文集一本，置经中。至今集本最善）。"据文中注释可知，白居易的履道里第成为佛寺后，改名为普明禅院，仍留有白居易的"旧影"，秦王李从荣（？—933）担任河南尹期间抄录白居易文集并纳入普明禅院。[3]

另外，上述陈振孙《白香山诗集》中引用的《年谱旧本》载："至后唐为普明禅院，有秦王从荣所施大字经藏及写公集置藏中。洛人但曰大字寺。"可知，由于李从荣抄录了白居易的文集和大字经藏纳入普明禅院，故普明僧院亦称"大字寺"。宋梅尧臣《寒食前一日陪希深远游大字院》（《宛陵集》卷一）、《依韵和希深游大字院（白傅旧宅）》（《宛陵集》卷一）、《大字寺》（《宛陵集》卷五十八）以及宋欧阳修《游大字院记》（《文忠集》卷六十三）、宋李格非《洛阳名园记》等中都有关于"大字院（寺）"的记载。因此，该履道宅即普明禅院的经藏中确实藏有大字经藏和《白氏文集》。[4]

1　温玉成：《白居易故居出土的经幢》，《四川文物》2001年第3期。

2　[日]埋田重夫：《白居易における洛陽履道里第の意義》，《中国文学研究》第29期，2003年12月。

3　关于宋庠诗《过普明禅院二首》的注释，参见[日]泽崎久和：《宋詩自注所引の白居易関係資料(一)二　宋庠》，泽崎久和：《白居易詩研究》，研文出版2013年版。

4　宋楼钥《攻愧集》卷七十三《跋龙眠二马》载："余家藏《白氏长庆集》久矣，近又得吴门大字者，周彦范模欲得旧本，以所藏龙眠二马遗余。"可知，《白氏文集》存在有吴门大字本。遗憾的是，此吴门大字本《白氏文集》与普明僧院藏本间关系不明。

白居易的履道里第之所以会成为佛寺，大概是由于白居易的后裔也虔诚信仰佛教，故将旧宅施舍为寺院。上述宋庠《元宪集》中所谓"一披龙藏集，无复叹亡篇"，指白居易文集即收纳于白居易旧宅中的《白氏文集》散佚一事。

唐康骈《剧谈录》上卷"洛中大水"条载："咸通四年秋，洛中大水，苑囿庐舍靡不淹没。"据此可知，咸通四年（863），履道里第遭受"大水"之祸。此外，据唐代高彦休《唐阙史》下卷"东都焚寺"条载，乾符四年（877）十月黄巢之乱，圣善寺遭遇火灾。[1]因此，收纳于履道里第的白居易手定本《白氏文集》由于唐末水灾或战乱而散佚。

宋代宋敏求《春明退朝录》下卷载：[2]

> 唐白文公自勒文集成五十卷，后集二十卷，皆写本，寄藏庐山东林寺。又藏龙门香山寺。高骈镇淮南，寄语江西廉使，取东林集而有之。香山集经乱，亦不复存。其后，履道宅为普明僧院，后唐明宗子秦王从荣又写本置院之经藏，今本是也。后人亦补东林所藏，皆篇目次第非真，与今吴、蜀摹版无异。

李从荣纳入履道里第，也即普明禅院经藏中的"今本"在11世纪中期仍留存于世。

冈村繁指出，李从荣以洛阳为中心地收集《白氏文集》的断编残简时，意外发现了未收录的白居易晚年作品，于是把它添加到正编七十卷

1　关于圣善寺藏《白氏文集》的烧毁，参见葛继勇上述论文《〈白氏文集〉の成立と寺院奉納及びその行方》和本书第六章。

2　宋敏求等上述著作《春明退朝录（外四种）》，第32页。

后，是为"今本"。[1]其中的"正编七十卷"的祖本被认为是庐山东林寺本（即淮南节度使高骈夺取本）。但是"后人亦补东林所藏"之意，并非依据东林寺所藏本来补全普明僧院藏本。与"吴、蜀摹版"相同，当时东林寺的所藏本目录顺序等，皆非白居易珍藏于家中的原本模样。普明禅院经藏中的"今本"，比东林寺本和"吴、蜀摹版"的《白氏文集》更加接近原本。（参考4：《白氏文集》旧抄本谱系）

但是，正如泽崎久和所述，北宋以后藏于普明禅院的白居易文集再未被提及，白居易的旧宅普明禅院以及藏于此处的白居易文集逐渐从人们的记忆中消失，李从荣纳入普明禅院经藏中的"今本"在诗歌的世界里悄然淡化了。[2]

清汪立名《白香山文集》中收录的《白氏文集自记》载：

集有五本，一本在庐山东林寺经藏院，太和九年夏，勒成六十卷，合二千九百六十四首。有记。一本在苏州南禅寺经藏内，开成四年二月二日，为七帙合六十七卷，凡三千四百八十七首。有记。一本在东都圣善寺钵塔院律库楼，开成元年，为六十五卷，凡三千二百五十首。有记。一本付侄龟郎，一本付外孙谈阁童，各藏于家，传于后。此二本亡考。按：公自为墓志云，前后著文集七十卷，合三千七百二十首。墓志作于记前，故未及七十五卷。二本疑即指记中所云。

1　[日]冈村繁：《〈白氏文集〉の旧鈔本と旧刊本》，《東方学会創立五十周年記念東方学論集》，东方学会1997年版。

2　[日]泽崎久和：《洛陽履道里第における白居易旧宅と普明寺》，泽崎久和上述著作《白居易詩研究》。

据文中的夹注可知，庐山东林寺经藏院、苏州南禅院（寺）经藏、东都圣善寺钵塔院律库楼的奉纳本分别为六十卷本、六十七卷本和六十五卷本的《白氏文集》。[1]但是，会昌五年（845）夏五月一日，庐山东林寺经藏院的奉纳本已有七十卷。另外，关于白居易交付给侄儿龟郎和外孙谈阁童收藏以期流传后世的七十五卷本的去向，汪立名注释为"此二本亡考"，表明当时去向不明。大概由于侄儿龟郎和外孙谈阁童等白居易的子嗣以及洛阳履道里第的变迁所致，其中存在很多疑团。

综上所述，侄儿龟郎与白居易之弟行简的儿子景受是同一人，在白居易的指导下，文学素养不断提高，最终进士及第。宋真宗在景德四年（1007）命史馆抄录、校正后送至东林寺的《白氏文集》，原底本是白景受纳入集贤院的七十卷本《白氏文集》（或是其抄写本）。

女婿谈弘谟去世后，女儿罗子带着外孙谈阁童曾回到白居易的洛阳履道里第居住过一段时间。白居易送给罗子和外孙谈阁童、让他们收藏的七十五卷本《白氏文集》后来被带至谈氏老家太原。

作为白居易的养子，龟郎（景受）继承了白居易的旧宅，即洛阳履道里第、后来的普明禅院（普明僧院、大字寺）。龟郎家即洛阳履道里第曾经收藏的七十五卷本《白氏文集》后被纳入普明禅院的经藏中。此七十五卷本因唐末水灾或战乱佚失后，李从荣重新抄录了白居易的文集，并再次纳入普明禅院。普明禅院本《白氏文集》被认为比东林寺本和"吴、蜀摹版"《白氏文集》更接近原本。

但是，李从荣重新抄录《白氏文集》时所依据的版本源自何处，以及被认为最接近原本的普明禅院本《白氏文集》为何散佚，它与后来的

---

1 冈村繁指出，庐山东林寺经藏院的奉纳本为七十卷本，多于苏州南禅寺的六十七卷本、东都圣善寺的六十五卷本，即上述奉纳本是按照完成度自高向低列举的。见冈村繁上述论文《〈白氏文集〉的旧钞本と旧刊本》。但是，送给侄儿龟郎、外孙谈阁童的家藏本明显是七十五卷本，并不一定是按照完成度自高向低的顺序。

宋代诸本系谱有怎样的关联，尚存诸多疑问。[1]期待今后能围绕这些课题继续深入探讨。

参考1

《白邦彦墓志》释文

（因旧释文中存在误字，遂根据拓本照片对释文进行重录。/表示换行、□为缺字）

　　唐故太原白府君墓志并序　君讳邦彦，其先太原人也。远祖起，秦时有功业，封为武/安君。自汉魏已降，轩冕继袭，迄于唐朝，蓦然不/绝。曾祖讳季庚，皇任襄州别驾，赠大理少卿/。王父讳行简，皇任尚书膳部郎中。考讳景受，皇/任监察御史。先府君婚杨氏，即汉太尉/震之后，门族不书可知也。外祖讳鲁士，皇任长/安县令。太夫人淑德懿行，为闺门之□表/。□□婴孩丁先府君忧。□幼学之年，以孝事/亲，以敬奉□，礼无□者。白氏门阀业文，进身□/初，□□□□兢阳□欲俾，儒风不坠。七岁学诗，每赋/咏必问，□徙□于清□固，才慧天纵也。太夫人/以奇器重之□□以仁义称育，以慈和克大白□/之门。不幸天夺所愿，寝疾周年，以咸通四年二月廿三/日，辞世于履道里第，享年十八□卒月不便，未归祔/先府君堂，以其月廿七日权厝于洛阳县委粟乡□严/□□□□□德行可以齐颜子年天□同乎□于/□□□□□□□□□□

　　□兄邦翰迁迢□□□□君之文/□万木□□焉。泣血志之曰：/

　　阳春□□，□云□□。□虽长逝，名誉蔼然。□□□□，/□□者天。良玉毁兮□大□，□□□□□□□□。

1　关于宋代诸本的系谱，参照冈村繁上述论文《〈白氏文集〉の旧鈔本と旧刊本》、陈捷上述论文《白氏文集の宋版諸本について》、[日]户崎哲彦《〈白氏文集〉宋代诸本の系譜》（《島大言語文化：島根大学法文学部紀要》第24号，2008年）。

参考2

白居易兄弟子孙系谱图

（据中尾健一郎《白居易与洛阳》所绘图表而作成）

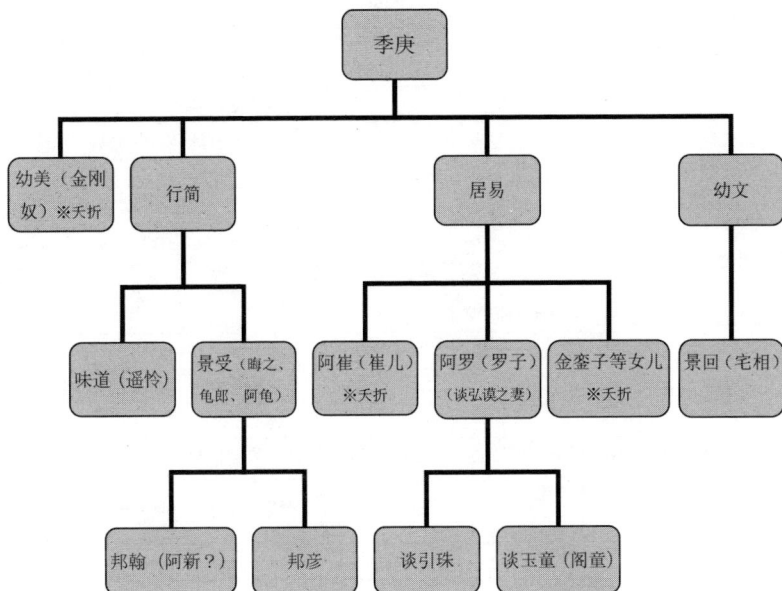

季庚
├─ 幼美（金刚奴）※夭折
├─ 行简
│　├─ 味道（遥怜）
│　└─ 景受（晦之、龟郎、阿龟）
│　　├─ 邦翰（阿新？）
│　　└─ 邦彦
├─ 居易
│　├─ 阿崔（崔儿）※夭折
│　├─ 阿罗（罗子）（谈弘谟之妻）
│　│　├─ 谈引珠
│　│　└─ 谈玉童（阁童）
│　└─ 金銮子等女儿 ※夭折
└─ 幼文
　　└─ 景回（宅相）

参考3

白居易略年谱

年代	年龄		出典
大历七年(772)	1	白居易出生	
贞元八年(792)	21	弟幼美(金刚奴)夭折(九岁)	《祭小弟文》(卷四十)、《唐太原白氏之殇墓志铭》(卷四十二)
元和三年(808)	37	与杨氏结婚	
元和四年	38	女儿金銮出生	《金銮子晬日》(卷九)
元和六年	40	女儿金銮夭折	《病中哭金銮子》(卷十四)
元和八年	42	侄子龟儿出生	《弄龟罗》(卷七)
元和十一年	45	女儿阿罗(罗子)出生	《罗子》(卷十六)
		兄幼文与侄等六七人至江州(江州司马在任中)	《答户部崔侍郎书》(卷四十五)

年代	年龄		出典
元和十二年	46	兄幼文去世	《祭浮梁大兄文》(卷四十)
元和十三年	47	侄子龟儿六岁,女儿阿罗三岁	《弄龟罗》(卷七)
长庆二年(822)	51	阿罗七岁。另外两个女儿至长庆二年均夭折	《自到浔阳生三女子因诠真理用遣妄怀》(卷十七)、《吾雏》(卷八)
宝历二年(826)	55	弟行简去世	《祭弟文》(卷六十五)
大和二年(828)	57	阿罗十三岁	《戊申岁暮咏怀三首》(卷二十七)
大和三年	58	编纂《白郎中集》,约定让龟儿、阿罗收藏	《祭弟文》(卷六十五)
		儿子阿崔出生	《和微之道保生三日》(卷二十八)
		编录《刘白唱和集》二卷,令龟儿(十七岁)收藏之	《刘白唱和集解》(卷六十九)
		为教育子弟,建池北书库	《池上篇序》(卷六十九)
大和五年	60	儿子阿崔夭折	《哭崔儿》《初丧崔儿报微之晦叔》(卷二十八)
大和八年	63	提到龟儿、遥怜、宅相等侄	《祭弟文》(卷六十九)
大和九年	64	命龟儿(二十三岁)参加崔咸葬礼	《祭崔常侍文》(卷七十)
		阿罗(二十岁)与谈弘谟结婚	《咏怀》(卷三十二)
?	?	命龟儿赴华州下卦县寻药	《全唐诗》卷五四一所收《送阿龟归华》
开成二年(837)	66	外孙女引珠出生	《小岁日喜谈氏外孙女孩满月》(卷三十四)
		与女婿四门博士谈弘谟共赴曲水宴	《关唱真珠一串歌》(卷三十三)
		在此之前,操办了女儿、侄子的婚事	《闲吟赠皇甫郎中亲家翁》(卷三十四)、《狂言示诸侄》(卷三十)
开成五年	69	外孙谈阁童出生	《谈氏外孙生三日喜是男偶吟诗篇兼戏呈梦得》(卷三十五)
会昌二年(842)	71	女婿谈弘谟去世。阿罗从太原回洛阳,获赠《白氏文集》七十卷	《谈氏小外孙玉童》(卷三十六)、《题文集柜》(卷三十)
会昌五年	74	编纂《白氏文集》七十五卷,令侄子龟郎(三十三岁)、女儿阿罗(外孙谈阁童)收藏	《后序》(外集卷下)

年代	年龄		出典
会昌六年	75	侄孙白邦彦出生。在此之前，侄孙白邦翰出生	《白邦彦墓志》
		白居易去世	李商隐《刑部尚书致仕赠尚书右仆射太原白公墓碑铭并序》（《唐文粹》卷五十八）
大中三年(849)		白景受请李商隐撰写白居易墓志	同上
咸通四年(863)		侄孙白邦彦去世	《白邦彦墓志》

参考4

《白氏文集》旧抄本谱系

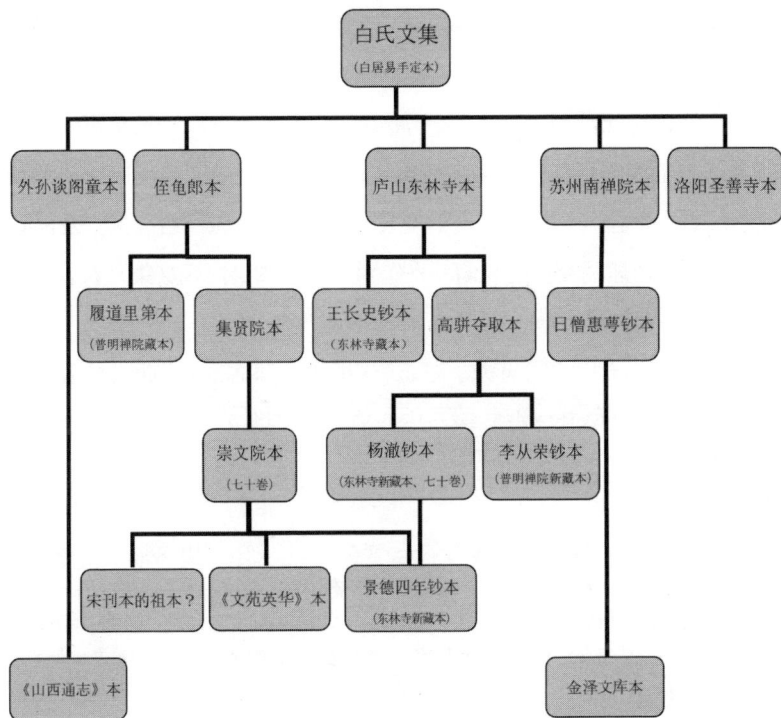

（原文刊于日本《白居易研究年报》第15号，2015年3月）

第八章
白居易与杨氏兄弟的交友
——兼及《杭越寄和诗集》与《白氏文集》东传日本

在多达三千多首诗文的《白氏文集》中，白居易与友人间唱和的诗文占多数。白居易不仅与牛僧孺、裴度等中唐时期的权贵及元稹、刘禹锡等文学史上重要的文人互赠诗文，也与僧侣、道士、艺妓、无名人士进行交流，交际范围极其广泛。[1]其中，白居易与元稹、刘禹锡的关系自古以来备受瞩目，已有诸多研究。而关于白居易姻亲杨氏一族的论述，仅有堤留吉《白诗中展现的交友关系》、朱金城《白居易交友考》、丸山茂《与白居易交往的人们——作为交友录的〈白氏文集〉》等，仍留有诸多不明之处。[2]

与杨氏兄弟相关的《杨宁墓志》《杨汉公墓志》《吴氏（杨鲁士之妻）墓志》《白邦彦墓志》等新出石刻资料相继公布后，深受学界关

1　[日]丸山茂：《白居易をめぐる人々——交友録としての〈白氏文集〉》，《唐代の文化と詩人の心——白樂天を中心に》，汲古书院2010年版。

2　[日]堤留吉：《白詩にあらわれた交友関係》，《白居易研究》，春秋社1969年版；朱金城：《白居易交友考》，《白居易研究》，文史哲出版社1992年版；[日]丸山茂上述论文《白居易をめぐる人々——交友録としての〈白氏文集〉》。特别是朱金城的《白居易交友考》一文，涉及杨汝士与杨虞卿、杨巨源、杨归厚、杨嗣复五人，极具参考价值。

注。围绕这些新出资料的考察，有胡可先、文艳蓉《新出石刻与白居易研究》和文艳蓉《白居易子嗣考辨》《白居易家族婚姻考论》等。[1]特别是《白居易家族婚姻考论》，不仅论及杨汝士、杨虞卿，也言及杨汉公、杨鲁士二人，成果显著。但是，上述论文对这些新出资料的批判性探讨尚不充分，且集中于白居易一族的婚姻关系，未曾论及白居易和杨氏兄弟的交友情况。

本章将对杨氏家族的相关资料进行批判性探讨，阐明白居易与杨汝士兄弟四人的交友关系。并通过考察与杨汉公、杨鲁士的交友，探讨日僧圆仁将《杭越寄和诗集》携归日本的缘由，进而论述惠萼抄写《白氏文集》与活跃在江南地区的杨汉公的佛教信仰之间的关联。

一

白居易之妻杨氏一族

朱金城《白居易集笺校》卷三十六收录的白居易诗文中，有一首诗题表明其妻为弘农郡君，即《二年三月五日斋毕开素当食偶吟赠妻弘农》（本章对白居易诗文的引用，如无特别说明，皆依据朱金城《白居易集笺校》）。白居易《醉吟先生墓志铭并序》（卷七十一）载"妻杨氏，弘农郡君"，表明弘农郡君为杨氏。

白居易《赠内》（卷一）载："生为同室亲，死为同穴尘。……君虽不读书，此事耳亦闻。……君家有贻训，清白遗子孙。我亦贞苦士，与

---

1 胡可先、文艳蓉：《新出石刻与白居易研究》，《文献》2008年第2期；文艳蓉：《白居易子嗣考辨》，《重庆社会科学》2009年第2期；文艳蓉：《白居易家族婚姻考论》，《古籍整理研究学刊》2012年第1期。另外，文艳蓉《白居易一族婚姻考》（《白居易研究年报》第13号，2012年）为《白居易家族婚姻考论》的日语译文。

君新结婚。庶保贫与素，偕老同欣欣。"白居易在元和三年（808）与杨氏成婚时，希望自己能与其偕老同穴。"君家有贻训，清白遗子孙"应是基于《后汉书·杨震传》所载"使后世称为清白吏，子孙以此遗之"。因此，杨氏可能是弘农出身的杨震的后裔。[1]

白居易《绣西方帧赞并序》（卷七十）载："有女弟子弘农郡君，姓杨氏，号莲花性，发弘愿，舍净财，绣西方阿弥陀佛像及本国土眷属一部，奉为故李氏长姊杨夫人灭宿殃、追冥祐也。"由此可知，其妻杨氏为兄嫂李氏绣制了阿弥陀佛像。从中可以窥见，杨氏也和白居易一样信仰佛教。另外，李商隐《刑部尚书致仕赠尚书右仆射太原白公墓碑铭并序》载："子景受，大中三年自颍阳尉典治集贤御书，侍太夫人弘农郡君杨氏来京师，胖胖兢兢，奉公之遗，畏不克既，乃件右功世，以命其客，取文刻碑。"可知，白居易去世之后，妻杨氏于大中三年（849）拜托文人李商隐撰写神道碑。《唐文粹》卷五十八收录的弘农杨氏《伤子辞》载："予有令子，俭衣削食，以纪先功，志刊贞石。彼苍不遗，俾善莫隆。今予建立，痛冤无穷。"此"弘农杨氏"被认为是白居易之妻。[2]但是，白居易之子三岁夭折，故难以断定此为白居易之妻杨氏的作品。

杨氏绝非普通家庭出身。白居易《与杨虞卿书》（卷四十四）载："又仆之妻，即足下从父妹，可谓亲矣。"另《新唐书·白居易传》载"杨虞卿与居易姻家"，白居易之妻是杨虞卿的堂妹。白居易《杨六尚书新授东川节度使代妻戏贺兄嫂二绝》（卷三）载："觅得黔娄为妹婿，可能空寄蜀茶来。"在赠给杨六（即杨汝士）夫妇的诗中，白居易自称"妹婿"。

1　[日]花房英树：《白居易研究》，世界思想社1971年版，第18页。

2　冯浩详注：《樊南文集》（卷八），上海古籍出版社1988年版，第2023—2024页。

杨氏一族是中晚唐时期的名门望族。欧阳修《谏议大夫杨公墓志铭》（《欧阳文忠公集》卷六十一所收）载："大和、开成之间，曰汝士者与虞卿、鲁士、汉公，又以名显于唐，居靖恭坊杨氏者，大以其族著。"《新唐书·杨汝士传》载："杨氏自汝士后贵，赫为冠族。所居静恭里，兄弟并列门戟。咸通后，在台省方镇率十余人。"由此可知，汝士、虞卿、汉公和鲁士四人为当时权贵，其子孙也出人头地。杨虞卿兄弟与白居易刚开始交往时，尚未进入仕途，虽不能说是望族，但比白居易出身高贵。

　　关于杨虞卿和杨汝士，《旧唐书·杨虞卿传》载：

　　　　杨虞卿，字师皋，虢州弘农人。祖燕客。父宁，贞元中为长安尉。……子知进、知退、堪，弟汉公，皆登进士第。……虞卿从兄汝士。……汝士弟鲁士。鲁士，字宗尹，本名殷士。……初汝士中第，有时名，遂历清贯。其后诸子皆至正卿，郁为昌族。

　　可知，杨虞卿的弟弟是杨汉公，堂兄是杨汝士。杨汝士的弟弟为杨殷士（鲁士）。

　　元和十二年（817）制作的《杨宁墓志》载："公讳宁，字庶玄，弘农华阴人。……有子四人，汝士、虞卿、汉公咸著名实。幼曰殷士，已阶造秀。"咸通二年（861）制作的《杨汉公墓志》载："公出于长孙夫人，即太尉府君第三子也。"[1]可知杨汝士、杨虞卿、杨汉公和杨殷士（鲁士）四人不是堂兄弟，而是亲兄弟，皆为杨宁之子。因此，白居易之妻为杨燕客（杨宁之父）的孙女、杨虞卿兄弟四人的堂妹。《新唐书·宰相世系表》所载的杨燕客之子只有临汝县令杨审和长安尉杨宁二

1　周绍良主编：《唐代墓志汇编》，上海古籍出版社1992年版，第2023—2024页。

人，故白居易之妻应为杨审之女。

另外，《旧唐书·白居易传》载："杨颖士、杨虞卿与（李）宗闵善。居易妻，颖士从父妹也。"据此可知，白居易之妻杨氏也是颖士的堂妹。从白居易贞元十六年（800）前后[1]咏叹的《别杨颖士卢克柔殷尧藩》（卷九）、《白香山诗集》卷五收录的《题杨颖士西亭》可知，白居易与杨颖士交情颇深。岑仲勉指出，"颖"与"颍"相通，为河流名称。[2]杨宁之子中有杨汝士、杨殷士（鲁士）二人，而"汝""颖""鲁""殷"四字又意为州名或河名，据此可推断杨颖士应是杨汝士的别名。[3]

此外，白居易《祭杨夫人文》（卷四十）载："维元和三年岁次戊子八月辛亥朔十九日己巳，将仕郎、守左拾遗、翰林学士太原白居易谨以清酌庶羞之奠，敬祭于陈氏杨夫人之灵。……居易早聆懿范，近接嘉姻。维私之眷每深，百恸之情何已。"[4]王拾遗指出，此"陈氏杨夫人"是杨汝士的前妻。[5]但是，白居易《杨六尚书新授东川节度使代妻戏贺兄嫂二绝》载："何似沙哥领崔嫂，碧油幢引向东川。"开成二年（837）赠杨六（即杨汝士）夫妇的诗中，没有"崔嫂"为杨汝士后妻的表达。据白居易《以诗代书酬慕巢尚书见寄》（卷三十六）载："不知待

1　白居易作品的成书年代，请参见［日］下定雅弘：《白居易作品编年一览》，《白氏文集を読む》，勉诚出版1996年版。

2　岑仲勉：《唐史余沈》，中华书局1960年版，第178页。另外，马元调作本"题杨隐士西亭"，"殷"与"隐"音通。

3　周建国：《白居易と中晚唐の党争》，《白居易研究讲座·第二卷·白居易の文学と人生Ⅱ》，勉诚出版1993年版。其中指出"颖"与"殷"音似，杨颖士与杨殷士（鲁士）是同一人。

4　"元和三年"原作"元和二年"，据《文苑英华》卷九九四所载，"戊子"为元和三年。另外，平冈武夫也认为应为元和三年。见［日］平冈武夫：《白居易の妻》，《白居易——生涯と歳時記》，朋友书店1998年版。

5　王拾遗编著：《白居易生活系年》，宁夏人民出版社1981年版，第18页。

得心期否，老校于君六七年。"可知，白居易比杨汝士（字慕巢）年长六七岁，故应该不会对杨汝士夫人使用"敬祭"一词。从"早聆懿范"来看，白居易似乎很早就听闻这位"陈氏杨夫人"的美德。由于白居易母亲姓陈，或如朱金城所言，"陈氏杨夫人"应是白居易母亲的姐姐。[1] 白居易的母亲陈氏在三年后的元和六年（811）去世，虽不清楚"陈氏杨夫人"的丈夫杨氏为何人，但很可能是其促成了白居易和杨氏的婚姻。

白居易《同梦得暮春寄贺东西川二杨尚书》诗（卷三十三）自注载"予与二公，皆忝姻眷"。此处"东西川二杨尚书"是指杨汝士和族人杨嗣复。[2]但是，白居易与杨嗣复有着怎样的姻亲关系尚不明晰。大概是由于杨嗣复和白居易之妻一样，均为汉太尉杨震后裔。

据笔者统计，现存的《白氏文集》中，与杨氏有关的诗文共计五十二首（篇）。相关人物除上述杨汝士兄弟四人以外，还有杨嗣复、杨景复、杨巨源、杨归厚、杨于陵、杨凝、杨凭、杨弘贞（以上为弘农出身）和杨潜、杨同悬、杨造、杨毅、杨玄谅、杨冠俗、杨志和、杨君靖、杨干、杨弘元（以上出身不明）等，共计二十二人。由此可见，白居易与杨氏一族的交往极为密切。其中，他与杨虞卿和杨汝士二人的唱和诗尤多。

---

1 朱金城上述作品《白居易集笺校》，第2655页。

2 《旧唐书·杨虞卿传》载："（杨汝士）开成元年七月，转兵部侍郎。其年十二月，检校礼部尚书、梓州刺史、剑南东川节度使。时宗人嗣复镇西川，兄弟对居节制，时人荣之。"故"东西川二杨尚书"指杨汝士与宗人杨嗣复。

二

白居易与杨虞卿、杨汝士的交友——白居易的归隐与"牛党"

白居易《代书》（卷四十三）载："子到长安，持此札为予谒集贤庚三十二、补阙翰林杜十四、拾遗金部元八员外、监察牛二、侍御秘省萧正字、蓝田杨主簿兄弟。彼七八君子，皆予文友。"文中"蓝田杨主簿"为杨汝士，是白居易的"文友"。另外，据白居易《祭崔相公文》（卷七十）载"微之、梦得、慕巢、师皋，或征雅言酬咏陶陶，或命俗乐丝管嘈嘈"可知，杨汝士（字慕巢）、杨虞卿（字师皋）与元稹（字微之）、刘禹锡（字梦得）皆为白居易亲密交往者。

此外，白居易《与杨虞卿书》载："及仆左降诏下，明日而东，足下从城西来，抵昭国坊，已不及矣。走马至浐水，才及一执手，悯然而诀……且与师皋始于宣城相识，迄于今十七八年，可谓故矣。"据此可知，白居易从长安出发到江州时，杨虞卿特意来到昭国坊，又行至浐水送别。这篇《与杨虞卿书》作于元和十一年（816），据"始于宣城相识，迄于今十七八年"可以看出，白居易和杨虞卿在宣城相识，应在贞元十五年（799）、十六年左右。当时，在时任宣州溧水县令的叔父白季康的引荐下，白居易受到宣州刺史崔衍赏识，考中进士。《杨宁墓志》载："廉使博陵崔公优延礼貌，置在宾右。"可知，贞元末年（805），父杨宁为宣州刺史崔衍的幕僚，杨虞卿很可能在宣州逗留期间与白居易相识并亲密交往。

据新旧《唐书·杨虞卿传》记载，杨虞卿字师皋，元和五年（810）考中进士，元和末任监察御史；长庆三年（823）担任殿中侍御史、礼部员外郎、史馆修撰，四年八月为吏部员外郎；大和三年（829）为左司郎中，五年为弘文馆学士，六年升任为给事中。大和七年，杨虞卿被"李党"的李德裕排挤出任常州刺史（从三品）时，白居易吟诵了《送杨八给事赴常州》一诗（卷三十一），以"五十得三品，百千无一人。须勤念黎庶，莫苦忆交亲"来勉励杨虞卿。当时，杨虞卿五十岁。出生于建中四年（783）的杨虞卿比白居易年轻十二岁，与白居易相识时年仅十七八岁，开成元年（836）五十四岁时去世。[1]大和八年十二月，杨虞卿被任命为工部侍郎入京，于九年四月官至京兆尹，但因"以家人出妖言事"的冤告，六月被降职为虔州司马，进而降至虔州司户。白居易在《何处堪避暑》（卷三十）中咏"如何三伏月，杨尹谪虔州"，为杨虞卿的降职感到惋惜。

《与杨虞卿书》载："夫士大夫家，闺门之内，朋友不能知也；闺门之外，姻族不能知也。必待友且姻者，然后周知之。足下视仆莅官事，择交友，接宾客，何如哉？……所谓斯言无愧而后发矣，亦犹仆之知师皋也。"可见，杨虞卿与白居易相当亲密，促成了白居易与堂妹杨氏的婚姻关系。白居易作于大和八年的《晚春闲居杨工部寄诗杨常州寄茶同到因以长句答之》（卷三十一）中，提及了"杨常州"即当时的常州刺史杨虞卿赠茶一事。此外，从白居易吟诵的《和杨师皋伤小姬英英》（卷二十六）及刘禹锡吟诵的《和杨师皋给事伤小姬英英》（《刘宾客外集》卷二）可知，杨虞卿和白居易的好友刘禹锡亦关系密切。

杨虞卿在虔州去世时，得知讣告的白居易吟诵了《哭师皋》（卷三十），以此怀念与杨虞卿的深厚友情：

> ……往者何人送者谁，乐天哭别师皋时。平生分义向人尽，今日哀冤唯我知。我知何益徒垂泪，篮舆回竿马回辔。何日重闻扫市

---

1 花房英树指出，白居易《初到忠州登东楼寄万州杨八使君》《题郡中荔枝诗十八韵兼寄万州杨八使君》《送高侍御使回因寄杨八》等中的"杨八"指万州刺史杨虞卿。但是，据朱金城考证，"杨八"为万州刺史杨归厚。见朱金城上述著作《白居易年谱》，第104—105页。

歌？谁家收得琵琶伎？萧萧风树白杨影，苍苍露草青蒿气。更就坟边哭一声，与君此别终天地。[1]

但是，据《新唐书·杨虞卿传》，被称为"牛党"党魁的杨虞卿给当时的科举带来了相当恶劣的风气。[2]虽然《旧唐书》等正史对杨虞卿的评价并不高，但正如《与杨虞卿书》中的"又视仆抚骨肉，待妻子，驭僮仆，又何如哉"一样，杨虞卿善待僮仆。另外，据《唐摭言》记载，杨虞卿曾帮助救济因冤罪入狱的崔行俭的家属，并救治李弘庆的疾病。[3]

另一方面，关于与杨汝士的交往，白居易《寄杨六》（卷十）自注载："杨摄万年县尉，予为赞善大夫。"《寄杨六侍郎》（卷三十二）自注载："时杨初授户部，予不赴同州。"可以看出，白居易很在意在元和九年（814）至十年期间能够同杨汝士一起逗留长安。大和元年（827），回到长安的白居易吟诵了《新昌闲居招杨郎中兄弟》（卷二十五），邀请时任职方郎中的杨汝士兄弟至府邸，设宴款待。他还咏叹了《喜杨六侍御同宿》（卷三十三）和《残春咏怀赠杨慕巢侍郎》（卷三十三），为把杨汝士邀至履道里第而感到高兴。另外，正如《和杨郎中贺杨仆射致仕后杨侍郎门生合宴席上作》（卷二十五）所言，白居易和杨汝士一同参加了庆祝仆射杨于陵致仕的宴会。

据新旧《唐书·杨汝士传》和《白氏文集》记载，杨汝士于元和四

---

1 曾为白居易撰写墓碑铭的李商隐也创作《哭虔州杨侍郎（虞卿）》（《李义山诗集》卷三）进行悼念。

2 《新唐书·杨虞卿传》载："虞卿佞柔，善谐丽权幸，倚为奸利。岁举选者，皆走门下，署第注员，无不得所欲，升沉在牙颊间。……宗闵待之尤厚，就党中为最能唱和者，以口语轩轾事机，故时号党魁。"

3 丸山茂上述论文《白居易をめぐる人々——交友録としての〈白氏文集〉》。

年（809）考中进士，元和九年被任命为万年县尉，元和十一年任蓝田主簿；长庆元年（821）升为右补阙，不久左迁开江县令，此后任户部员外郎；大和元年（827）任职方郎中，三年七月任中书舍人，七年四月任工部侍郎，八年七月任同州刺史，九年九月任户部侍郎；开成元年（836）七月任兵部侍郎，同年十二月任检校礼部尚书、梓州刺史、剑南东川节度使，四年九月被任命为吏部侍郎，之后在任刑部尚书期间去世。因有白居易于会昌二年（842）所作《以诗代书酬慕巢尚书见寄》一诗，故可知比白居易年轻的杨汝士出生于大历十二年（777）。[1]另外，《唐会要》卷三十二载："咸通二年，杨汝士与诸子位皆至正卿。所居静恭里，兄弟并列门戟，时人荣之。"由此可见，杨汝士一族荣盛一时。

杨氏兄弟皆进士及第，长于诗文。《唐摭言》卷三载："宝历年中，杨嗣复相公具庆下，继放两榜。时先仆射自东洛入觐，嗣复率生徒迎于潼关，既而大宴于新昌里第。仆射与所执坐于正寝，公领诸生翼坐于两序。时元、白俱在，皆赋诗于席上。唯刑部杨汝士侍郎诗后成，元、白览之失色。……汝士其日大醉，归谓子弟曰：'我今日压倒元、白。'"足见杨侍郎即杨汝士的诗文才能相当出众。[2]

正如白居易在《正月十五日夜东林寺学禅偶怀蓝田杨主簿因呈智禅师》（卷十六）、《睡后茶兴忆杨同州》（卷三十）及《和杨同州寒食乾坑会后闻杨工部欲到知予与工部有宿醒》（卷三十二）中所吟诵的那样，他十分怀念与杨汝士的交往。《和杨同州寒食乾坑会后闻杨工部欲到知

---

1 宋宁娜《李商隐与弘农杨氏家族的渊源关系》〔《南通大学学报（社会科学版）》2008年第4期〕指出，杨汝士于会昌元年去世。笔者认为这种观点是错误的。

2 朱金城指出，"刑部杨汝士侍郎"不是杨汝士，而是杨嗣复。但当时杨嗣复是宰相，不可能被称为刑部侍郎。另外，《宋高僧传》卷六《唐彭州丹景山知玄传》载有"杨刑部汝士"，可见杨汝士确实担任过刑部侍郎。见朱金城上述著作《白居易年谱》，第180—181页。

予与工部有宿醒》被认为是大和九年（835）所作，"杨工部"即大和八年任工部侍郎的杨虞卿。[1]而白居易《晚春闲居杨工部寄诗杨常州寄茶同到因以长句答之》中的"杨工部"是指大和七年任工部侍郎的杨汝士。也就是说，杨汝士寄诗、"杨常州"即常州刺史杨虞卿则寄茶给白居易。

白居易亦作有《和杨尚书罢相后夏日游永安水亭兼招本曹杨侍郎同行》（卷三十五）一诗，辞去宰相之职的"杨尚书"即吏部尚书杨嗣复，"杨侍郎"指的是吏部侍郎杨汝士。白居易于大和四年（830）吟诵的《新雪二首》（卷二十八）载："唯忆静恭杨阁老，小园新雪煖炉前。"其中的"静恭杨阁老"即指杨汝士。此外，从白居易《新秋喜凉因寄兵部杨侍郎》（卷二十九）、《慕巢尚书书云室人欲为置一歌者非所安也以诗相报因而和之》（卷三十四）、《寒食日寄杨东川》（卷三十四）、《谢杨东川寄衣服》（卷三十四）等诗也可以看出杨汝士与白居易交往密切，甚至还馈赠衣物给白居易。

据《旧唐书》的《穆宗本纪》与《钱徽传》记载，长庆元年（821），进士及第的十四人中，李宗闵之婿郑朗和杨汝士之弟杨殷士（鲁士）被李德裕和元稹、李绅弹劾，白居易被任命为覆试官，拟定考题让十四人重新考试。包括郑朗和杨殷士（鲁士）在内的十人均未及格。为此，担任考官的钱徽及李宗闵、杨汝士等均被贬官。然而，从此后白居易仍继续与钱徽及杨汝士唱和来看，这一事件并没有影响他们的交往。这表明白居易正直、诚实的人品，赢得了钱徽及杨汝士等人的信任。

1　金泽文库本《白氏文集》卷六十五收录白居易《和杨同州寒食乾坑会后闻杨工部欲到知予与工部有敷水之期荣喜家多欢宴且阻辱示长句因以答之》载："往来东道千余骑，新旧西曹两侍郎。"据其自注"去年兄自工部拜同州，今年从常州拜工部"，可知杨虞卿与杨汝士二人均曾任工部侍郎。

《旧唐书·杨汝士传》载："时李宗闵、牛僧孺辅政，待汝士厚。"唐代刘轲《牛羊日历》载："僧孺新昌里第，与虞卿夹街对门。虞卿别起高榭于僧孺之墙东，谓之南亭，列烛往来，里人谓之半夜客，亦号此亭为行中书。"据此可知，杨虞卿和杨汝士与"牛党"的中心人物李宗闵、牛僧孺关系密切，住所毗邻。

此外，《旧唐书·白居易传》载："居易愈不安，惧以党人见斥，乃求致身散地，冀于远害，凡所居官，未尝终秩，率以病免，固求分务，识者多之。"《新唐书·白居易传》载："杨虞卿与居易姻家，而善李宗闵。居易恶缘党人斥，乃移病还东都。"据此可知，太和初年，杨汝士和杨虞卿两人与"牛党"李宗闵的交往甚密，厌恶朋党之争的白居易以疾病为由迁居东都洛阳。也就是说，白居易并没有利用"牛党"谋取私利，而是尽力避免卷入朋党之争。[1]这不仅是他作为良吏的自觉，同时也是明哲保身的表现。

实际上，中唐时期的"牛李党争"事件，从一开始就与白居易有着很大的关系。[2]白居易居住的长安新昌里，住着"牛党"的重要人物牛僧孺、杨嗣复和"李党"的李绅；北侧邻接的靖恭里，还有被称为"牛党"党魁的杨虞卿兄弟的宅第。考虑到这些人物都是白居易的朋友，[3]白居易远离长安、隐居洛阳也在情理之中。

不过，移居洛阳的白居易仍与杨虞卿兄弟保持联络。例如，白居易在开成元年（836）吟咏的《以诗代书寄户部杨侍郎劝买东邻王家宅》

1　[日]堤留吉：《白楽天研究》，春秋社1969年版，第161页。

2　众所周知，元和三年，牛僧孺与李宗闵等共同抨击时政，为宰相李吉甫排斥。赞同二人政见的杨于陵、李绛等被贬官。后牛僧孺、李宗闵与李吉甫之子李德裕对立，演变成所谓的"牛李党争"。白居易上书为李绛鸣不平，被"李党"记恨，或因此终生未能成为宰相。

3　周建国指出，白居易虽亲近"牛党"，但在政治思想上同李德裕更接近。见周建国上述论文《白居易と中晩唐の党争》。

（卷三十三）载"劝君买取东邻宅，与我衡门相并开"，他还劝杨汝士在自家旁边购置住宅。翌年所作的《同梦得暮春寄贺东西川二杨尚书》载"应怜洛下分司伴，冷宴闲游老看花"，向杨氏兄弟表露了洛阳生活的寂寞。另外，他在开成三年吟诵的《慕巢尚书书云室人欲为置一歌者非所安也以诗相报因而和之》（卷三十四）载"他日相逢一杯酒，樽前还要落梁尘"。正如《和东川杨慕巢尚书府中独坐感戚在怀见寄十四韵》（卷三十四）中的"我是知君者，君今意若何"所言，移居洛阳后的白居易与杨汝士的交往依旧十分密切。

白居易《近见慕巢尚书诗中屡有叹老思退之意又于洛下新置郊居然宠寄方深归心太速因以长句戏而谕之》（卷三十五）载"应须待到悬车岁，然后东归伴老夫"。杨汝士在其弟杨虞卿去世后回到洛阳，把欲隐居之意告知白居易。另外，会昌元年（841）白居易与杨氏兄弟的唱和诗有《杨六尚书频寄新诗诗中多有思闲相就之志因书鄙意报而谕之》（卷三十五）和《杨六尚书留太湖石在洛下借置庭中因对举杯寄赠绝句》。综上可知，白居易厌恶朋党之争移居洛阳后，仍没有中断与杨虞卿兄弟的交往，他们的关系并未疏远。可以推测，白居易隐退洛阳也不仅是因为杨氏兄弟参与的朋党争乱。[1]

1　中尾健一郎指出，白居易退居洛阳不仅是为了躲避政治斗争，长安新昌里人际关系的淡化、骨肉至亲的离世也使得白邸萧条凄凉，当时白居易身上还肩负振兴家族的重任。见[日]中尾健一郎：《古都洛陽と唐宋文人》，汲古书院2012年版，第83、第103页。

三

白居易与杨鲁士的交友——圆仁携归《杭越寄和诗集》

《旧唐书·杨鲁士传》载："字宗尹，本名殷士。长庆元年（821）进士擢第。其年诏翰林覆试，殷士与郑朗等覆落，因改名鲁士。复登制科，位不达而卒。"可知，杨殷士虽于长庆元年进士及第，但同年"覆落"，遂改名为鲁士再次参加考试并及第。据《唐会要》卷七十六《贡举》记载，杨鲁士在宝历元年（825）四月"贤良方正能言极谏科"及第。据《旧唐书·敬宗本纪》载："（宝历元年四月）上谓宰相曰：韦端符、杨鲁士皆涉物议，宜与外官。乃授端符白水尉，鲁士城固尉。"杨鲁士及第后不久，被任命为城固尉。另外，据崔嘏《授杨鲁士长安县令等制》（《文苑英华》卷四〇七）所载，杨鲁士在任长安县令前，曾被任命为兵部郎中。

另外，据开成五年（840）二月所作《唐故濮阳郡夫人吴氏墓志并铭》（《唐代墓志铭汇编》卷下所收）载："朝议郎、行尚书水部员外郎分司东都、上柱国、赐绯鱼袋杨鲁士撰。"可知，杨鲁士于开成五年被任命为朝议郎、行尚书水部员外郎分司东都、上柱国，妻子吴氏被封为濮阳郡夫人。白居易《和杨六尚书喜两弟汉公转吴兴鲁士赐章服命宾开宴用庆恩荣赋长句见示》（卷三十四）中的"鲁士赐章服"，或许是指杨鲁士蒙赐"绯鱼袋"之职。因此，杨鲁士实际上并非"位不达而卒"，而是地位很高的人物。其所任官职如下：

城固尉（宝历元年四月）→检校礼部员外郎（开成二年三月在任）→朝议郎、行尚书水部员外郎分司东都（开成五年二月在任）→兵部郎中（？）→长安县令〔武宗即位（840—846）以前〕→职方郎中（会昌五年五月在任）

但是，如前所述，"牛党"的重要成员"三杨"指杨虞卿、杨汝士、杨汉公，其中未见杨鲁士之名。大概他同白居易一样，与"牛党"保持一定距离。

白居易《三月三日袚禊洛滨》（卷三十三）载："开成二年三月三日，河南尹李待价以人和岁稔，将禊于洛滨，前一日启留守裴令公。公明日召太子少傅白居易、太子宾客萧籍、李仍叔、刘禹锡、……检校礼部员外郎杨鲁士、四门博士谈弘谟等一十五人合宴于舟中。"开成二年（837）三月三日，在洛阳的杨鲁士与白居易共赴曲水之宴。

此前虽没有白居易和杨鲁士唱和交友的诗文，但《白邦彦墓志》载："王父讳行简，皇任尚膳部郎中。考讳景受，皇任监察御史。先府君婚杨氏，即汉太尉震之后，门族不书可知也。外祖讳鲁士，皇任长安县令。"由此可知，白景受之妻乃杨鲁士之女杨氏。因白景受之父亲即白居易弟行简早逝，故白景受与杨鲁士之女成婚，得益于白居易之力。

杨鲁士逝于大中元年（847）秋天，李商隐遂作《祭长安杨郎中文》以表悼念之意，中云："谨以云云之奠，祭于宗尹郎中之灵。"其中"宗尹郎中"即职方郎中杨鲁士。

不过，杨鲁士过世前两年，曾与入唐日僧圆仁有过交往。《入唐求法巡礼行记》卷四会昌五年（845）五月十五日条载：

> 出府，到万年县。府家差人送到。大理卿、中散大夫、赐紫金鱼袋杨敬之（曾任御史中丞）兼令专使来问："何日出城，取何路去？"兼赐团茶一串。在县中修状报谢。内供奉谈论大德去年归乡，不得消息。今潜来，裹头，隐在杨卿宅里。令童子清凉将书来……晚际，出城……杨卿差人送书来云："弟子书状五通兼手书，付送前路州县旧识官人处，但将此书通入，的有所益者。"职方郎中、赐绯鱼袋杨鲁士前曾相奉，在寺之时殷勤相问，亦曾数度到寺

检校，曾施绢褐衫裤等。今交郎君将书来，送潞绢二匹、蒙顶茶二斤、团茶一串、钱两贯文，付前路书状两封。别有手札。

文中出现了两位杨氏族人，即大理卿杨敬之与职方郎中杨鲁士。据《新唐书·杨凭传》所载，杨敬之（字茂孝）与杨汝士、杨虞卿同为弘农出身，元和初年进士及第，历任右卫胄曹参军，屯田、户部二郎中，后左迁连州刺史。之后，以国子祭酒、太常少卿入京，历任大理卿、检校工部尚书兼国子祭酒。《金石文字祭》卷五《国子学石经》中有"朝散大夫守国子司业骑都尉赐绯鱼袋臣杨敬之"之语，可见开成二年杨敬之曾任朝散大夫、守国子司业、骑都尉。

上述《入唐求法巡礼行记》记载的"内供奉谈论大德"即指僧知玄，他在会昌废佛最盛之时，曾藏匿在杨敬之家中。《宋高僧传》卷六《唐彭州丹景山知玄传》载："有杨茂孝者，鸿儒也。就玄寻究内典，直欲效谢康乐注《涅槃经》，多执卷质疑，随为剖判……尝一日，玄宴坐，见茂孝披紫服戴碧冠，三礼毕，乘空而去。玄令人侦问。茂孝其夕诫其子曰：'吾常欲落发披缁，汲瓶挈屦侍玄公。所累者，簪冕也。吾盖棺时殓以紫袈裟、碧芙蓉冠。'至是方验先见矣。"可知，杨敬之与僧知玄相识，并有过亲密交往。圆仁与杨敬之相识，想必也是通过知玄介绍的。[1]

杨敬之为当时的名儒，著有《华山赋》等名篇。《唐诗纪事》卷六十五中收录的张为《诗人主客图序》载："以李益为清奇雅正主，上入室苏郁，入室刘畋、僧清塞、卢休、于鹄、杨洵美、张籍、杨巨源、杨敬之、僧无可、姚合。"可知，当时首屈一指的文人杨敬之也与被称为

1　《入唐求法巡礼行记》卷四会昌三年七月廿九日条载："当寺内供奉三教讲论大德知玄法师遣同学僧可从令送殡葬。送殡出城人，僧俗共计十余人。于墓殡前请七僧，称名十念咒愿。"在知玄的帮助下，圆寂于长安的圆仁弟子惟正得以殡葬。

"广大教化主"的白居易交往密切。

杨鲁士在会昌五年（845）五月任职方郎中，赐绯鱼袋。据《宋高僧传》卷六《唐彭州丹景山知玄传》可知，杨汝士和杨鲁士于武宗即位（840）前已笃信佛教。圆仁和杨鲁士或许经由知玄介绍相识。

《入唐求法巡礼行记》会昌五年（845）条后续记事中，有以下内容：

①五月廿二日，过潼关，是国城之咽喉也。渭南县、花阴县、永宁县皆有杨卿书状，并通入讫。

②六月一日，到东都崔大傅宅，送杨卿书。大傅专使来，传语安存，施绢一匹。

③六月九日，到郑州刺史李舍人处，有杨卿书。任判官处，亦有杨卿书。将书入州见刺史及判官，并已安存殷勤……刺史施两匹绢。诸人皆云："此处是两京大路，乞客浩汗，行人事不辨。若不是大官，是寻常衣冠酢大来，极是殷勤者，即得一匹两匹。和尚得两匹，是刺史殷重深也。"任判官施夹缬一匹……

④六月十三日，到汴州，节度副使裴郎中处有杨郎中书状，竹兵马使处有杨卿书，并通送讫。裴郎中存问殷勤，便差行官一人专勾当船发送。兵马使不在，不得相见。裴郎中雇船，直到陈留县西泊上。

据上述记事可知，杨敬之和杨鲁士为使日僧圆仁能顺利归国，均寄书信与沿路州县长官。东都崔大傅向圆仁布施"绢一匹"、郑州刺史李舍人即李褒布施"绢两匹"，都应归功于杨敬之书信。汴州节度副使裴郎中特意雇船送圆仁至陈留县西泊，得益于杨鲁士"物心"两方面的援助。[1]

白化文等指出，②中寄书信与东都崔大傅的"杨卿"应是杨鲁士。[2]但是，④中把"杨郎中书状"和"杨卿书"明显区分开来。因此，②中给东都崔大傅寄书信的"杨卿"是杨敬之，④中的"杨郎中"必定是杨鲁士。

据上述"会昌五年（845）五月十五日"条所载，杨鲁士交付"前路书状两封"和"手札"。但是，圆仁六月十三日只使用了一封给汴州节度副使裴郎中所寄的书信。另一封书状和手札行踪不明，笔者认为有可能送给了洛阳的白居易。

据圆仁《日本国承和五年入唐求法目录》载："《杭越寄和诗集并序》一卷……右件法门等，圆仁去承和五年八月到大唐扬州大都督府，巡历城内诸寺，写取如前。开成四年岁次己未四月二十日。"可知，圆仁于日本承和五年（838）八月在扬州的寺院抄写了白居易的《杭越寄和诗集并序》一卷。

另外，写于承和七年（840）正月十九日的《慈觉大师在唐送进录》载"《杭越寄和诗集并序》一帖""《任氏怨歌行》一帖（白居易）""《揽乐天书》一帖"，写于承和十四年的《入唐新求圣教目录》载"《杭越寄和诗集》一卷"。由此可知，圆仁滞留长安时一直在收集白居易的诗文。另外，圆仁受法于密教寺院青龙寺，青龙寺与白居易旧居新昌里第的北边相邻。[3]圆仁应该对白居易本人及其诗集很感兴趣。

1　［日］齐藤圆真：《唐の在家仏教徒との関わり》，《渡海天台僧の史的研究》，山喜房书林2010年版。

2　［日］圆仁著，白化文、李鼎霞、许德楠校注：《入唐求法巡礼行记校注》，花山文艺出版社1992年版，第471页。

3　［日］中尾健一郎：《白居易と長安新昌里邸》，《古都洛陽と唐宋文人》，汲古书院2012年版。

若圆仁欲与居住在东都洛阳的白居易见面，杨鲁士可能会给有姻亲关系的白居易写信请求给予圆仁帮助，并让圆仁带去。如此，白居易应该不会拒绝会见。

四

白居易与杨汉公的交友——惠萼抄归《白氏文集》

（一）杨汉公的文学才能和任官经历

《新唐书·杨虞卿传》载："子知退、知权、擢、堪、汉公皆擢进士第。"但是，《旧唐书·杨虞卿传》载："子知进、知退、堪、弟汉公，皆登进士第。"故《新唐书·杨虞卿传》中的"汉公"二字前，应该遗漏了"弟"字。据《杨汉公墓志》载"廿九，登进士第"，可知杨汉公于贞元元年（785）出生，咸通二年（861）七十七岁时去世。另据《宋史·杨大异传》中"杨大异，字同伯，唐天平节度使汉公之后"的记载可知，杨汉公的后裔中有活跃于宋代的杨大异。

此外，《旧唐书·杨汉公传》载"太和八年，擢进士第"。但是，其兄杨虞卿、杨汝士及弟杨鲁士分别于元和四年（809）、五年和宝历元年（825）四月进士及第，故"太和八年"应为"元和八年"之误。

《杨汉公墓志》载："征侍御史，转起居舍人……拜户部郎中，寻帖史馆修撰，由起居之直笔也。"据此可知，杨汉公进士及第后被任命为起居舍人，并作为史馆修撰参加了实录的编纂。《旧唐书·文宗本纪》载："（太和六年）秋七月辛卯朔。甲午，以谏议大夫王彦威、户部郎中杨汉公、祠部员外郎苏涤、右补阙裴休并充史馆修撰。"因此，杨汉公被认为是《唐穆宗实录》二十卷的编纂者之一。

杨汉公的文章流传至今的有《有唐大历九年岁次甲寅正月庚子朔七日丙午真卿于湖州刺史宅东厅院书之》《干禄字书后记》《郑本柔墓志铭》等。此外，杨汉公撰写的诗有《登郡中销暑楼寄东川汝士》、《明月楼》（《全唐诗》卷五一六所收）、《九月十五夜绝句》（宋陈元靓撰《岁时广记》卷三所收）等。特别是杨汉公参与编写的《重模干禄字书》〔开成四年（839）以旧本重模刻石，安置于湖州〕获得了后世的高度评价。也就是说，进士及第的杨汉公不仅善于写文章，且长于书法。

白居易的友人虽多，但因文才高低，亲密程度不同。[1]杨汉公与杨虞卿、杨汝士一样文采斐然，是白居易的挚友。白居易《醉中留别杨六兄弟》（卷十三）载"别后何人堪共醉，犹残十日好风光"，《宿杨家》（卷十三）载"杨氏弟兄俱醉卧，披衣独起下高斋"。吟咏这两首诗的元和二年（807），白居易已与杨氏兄弟交往亲密，其中应包括杨汉公在内。白居易在《和东川杨慕巢尚书府中独坐感戚在怀见寄十四韵》（卷三十四）的注中载"慕巢及杨九、杨十前年来，兄弟三人各在一处"，由于杨汝士被称为"杨六"，杨虞卿被称为"杨八"，据此推断"杨九"即为杨汉公、"杨十"即为杨鲁士（殷士）。白居易在元和十五年吟咏的《重过寿泉忆与杨九别时因题店壁》一诗中的"杨九"也指杨汉公。[2]

另外，据《杨汉公墓志》载"既长，顺两兄，抚爱弟"，可以看出杨汉公兄弟之间的关系非常好。《册府元龟》卷八七五《讼冤第四》载："文宗太和九年，兄虞卿为京兆尹，以家人出妖言事下御史台按

1　[日]丸山茂：《白居易的友人たち——その人となり》，《唐代の文化と詩人の心——白楽天を中心に》，汲古书院2010年版，初出1995年。

2　朱金城上述著作《白居易年谱》，第113—114页。白居易《酬杨九弘贞长安病中见寄》的"杨九"指杨弘贞而非杨汉公。关于杨弘贞，《白香山诗集》卷十五所收《见杨弘贞诗赋因绝句以自谕》（朱金城《白居易集笺校》卷十五中作"杨宏贞"）载："赋句诗章妙入神，未年三十即无身。"可知，元和二年，杨弘贞未满三十岁便早逝。

鞫。汉公并虞卿男知进等八人，挝登闻鼓称冤。旋放归私第。"《旧唐书·杨虞卿传》载："虞卿弟汉公并男知进等八人自系，挝鼓诉冤，诏虞卿归私第。"可知，杨汉公通过申诉兄虞卿的冤情，使杨虞卿得以返回私邸。如上述杨汉公《登郡中销暑楼寄东川汝士》一诗中所写的"虽有清风当夏景，只能销暑不销忧"一样，汉公也表达了对遭贬谪的兄汝士的担忧。

在现存白居易的诗文中，只有三首提到杨汉公。一是上述《和杨六尚书喜两弟汉公转吴兴鲁士赐章服命宾开宴用庆恩荣赋长句见示》，其中载"感羡料应知我意，今生此事不如君"。二是《得杨湖州书颇夸抚民接宾纵酒题诗因以绝句戏之》，其中有句云"岂独爱民兼爱客，不唯能饮又能文。白蘋洲上春传语，柳使君输杨使君"，可知白居易与杨湖州即湖州刺史任职中的杨汉公有亲密交往。三是白居易的《白蘋洲五亭记》（卷七十一）：

> 湖州城东南二百步抵霅溪，溪连汀洲，洲一名白蘋。梁吴兴守柳恽于此赋诗云"汀洲采白蘋"，因以为名也。前不知几十万年，后又数百载，有名无亭，鞠为荒泽。至大历十一年，颜鲁公真卿为刺史，始剪榛导流作八角亭，以游息焉。旋属灾潦荐至，沼堙台圮。后又数十载，萎芜隙地。至开成三年，弘农杨君为刺史，乃疏四渠，浚二池，树三园，构五亭、卉木、荷竹、舟桥、廊室。洎游宴息宿之具，靡不备焉。……时予守官在洛，杨君缄书赍图，请予为记。予按图握笔，心存目想，覼缕梗概，十不得其二三。大凡地有胜境，得人而后发；人有心匠，得物而后开。境心相遇，固有时耶。盖是境也，实柳守滥觞之，颜公椎轮之，杨君绘素之，三贤始终，能毕事矣。杨君前牧舒，舒人治；今牧湖，湖人康。康之由革弊兴利，若改茶法、变税书之类是也。利兴，故府有羡财；政成，

故居多暇日。是以余力济高情，成胜概。三者旋相为用，岂偶然
哉。昔谢、柳为郡，乐山水多高情，不闻善政；龚、黄为郡，忧黎
庶有善政，不闻胜概。兼而有者，其吾友杨君乎？君名汉公，字用
乂。恐年祀浸久远，来者不知，故名而字之。时开成四年十月十五
日记。

　　据此可知，白居易称赞杨汉公为"三贤"之一，赞赏其任舒州、湖
州刺史时的优秀政绩。受杨汉公委托，白居易写下《白苹洲五亭记》。[1]
而且白居易称汉公为"吾友"，由此亦可知二人关系亲密。因此，任湖
州刺史的杨汉公才能委托移居洛阳的白居易执笔《白苹洲五亭记》。

　　《顾渚山题名》现存于湖州顾渚山茗香桥枕流亭侧的山崖上，刻有
"湖州刺史杨汉公、前试太子通事舍人崔待章、军事衔推马祝州、衔推
唐从礼、乡贡进士郑□、乡贡进士贾□、开成四年二月十五日同游，进
士杨知本、杨知范、杨知俭从行"。[2]石刻附近有唐朝最早的贡茶工场顾
渚山贡茶院，朝廷御茶全部从此进贡。杨汉公在任湖州刺史期间，关心
湖州贡茶，曾登顾渚山。前述《白苹洲五亭记》载："康之由革弊兴
利，若改茶法、变税书之类是也。"可知，杨汉公在任湖州刺史期间，
制定了类似于改变茶法、改革税书的政策，发展湖州经济，稳定民生。
由此推测，其应是一位有作为的官员。

　　关于杨汉公的任官经历，《旧唐书·杨汉公传》载："释褐为李绛兴
元从事。绛遇害，汉公遁而获免。累迁户部郎中、史馆修撰。太和七年
迁司封郎中。汉公子范、筹，皆登进士第，累辟使府。"《新唐书·杨汉
公传》也有如下记载：

1　文艳蓉指出，不存在白居易与杨汉公、杨鲁士直接交流的作品（文艳蓉《白居易一
　　族婚姻考》,《白居易研究年报》第13号，2012年）。这显然是错误的。
2　张梦新、任平主编：《湖州历代碑铭录考》，浙江大学出版社2011年版，第6页。

字用义，始辟兴元李绛幕府。绛死，不与其祸。累迁户部郎中、史馆修撰。转司封郎中，坐虞卿，下除舒州刺史，徙湖、亳、苏三州，擢桂管、浙东观察使，繇户部侍郎拜荆南节度使，召为工部尚书。或劾汉公治荆南有贪赃，降秘书监，稍迁国子祭酒。宣宗擢为同州刺史……汉公自同州，更宣武、天平两节度使，卒。子筹、范，仕亦显。

据《杨汉公墓志》记载，杨汉公在元和八年（813）进士及第后历任如下官职：

试秘书校书郎→秘书校书郎→华州镇国军判官→鄠县尉（元和十二年以前）→荆南节度府从事→大理评判事兼监察御史→东都留守幕后→殿中侍御史→华州防御判官→礼部员外郎兼宣城团练副使→侍御史→起居舍人→检校户部郎中→御史中丞→户部郎中→史馆修撰（太和四年七月兼任）→司封郎中（太和九年在任）→舒州刺史（太和九年）→湖州刺史（开成三年）→亳州刺史→苏州刺史→桂管观察使兼御史中丞→浙东观察使兼御史大夫（大中元年五月转任）→给事中（大中二年二月）→户部侍郎→荆南节度使兼检校礼部尚书→工部尚书→秘书监（大中十年转任）→检校工部尚书兼国子祭酒→同州刺史（大中十三年）→宣武节度使兼检校户部尚书→天平节度使

上述白居易《和杨六尚书喜两弟汉公转吴兴鲁士赐章服命宾开宴用庆恩荣赋长句见示》中"汉公转吴兴"，指杨汉公转任吴兴即湖州刺史。《嘉泰吴兴志》卷十四载："杨汉公，开成三年三月二十日自舒州刺史拜。"白居易受杨汉公委托，于开成四年（839）十月写《白苹洲五亭记》，因此杨汉公至短在开成三年三月二十日至翌年十月间任湖州刺史。此后，杨汉公转任亳州刺史、苏州刺史。宋代施宿等撰《会稽志》卷二《太守》载"杨汉公，大中元年五月自桂管观察使授"，可知杨汉公于大中元年（847）五月由桂管观察使转任浙东观察使，因此他从亳州刺史调任苏州刺史应在开成四年（839）十月至大中元年五月间。

《杨汉公墓志》中详细记载了兴元节度使李绛因战乱被杀、时任幕府从事的杨汉公脚部受伤之事。另外，从《杨汉公墓志》所载"唯以不与李公同死为恨，未尝言及折足事"可以看出，杨汉公与李绛之间关系亲密。白居易《祭李司徒文》（卷六十九）载："居易应进士时，以鄙劣之文蒙公称奖。在翰林日，以拙直之道蒙公扶持。"可知，李绛对白居易赏识有加。因此，白居易应知杨汉公与李绛是生死之交。

白居易《送王卿使君赴任苏州因思花迎新使感旧游寄题郡中木兰西院一别》（卷三十六）载："一别苏州十八载，时光人事随年改。……为报江山风月知，至今白使君犹在。"可知，白居易在欢送苏州刺史王卿赴任之际，想起了十八年前自己辞去苏州刺史一职时的情景。白居易《和三月三十日四十韵》（卷二十二）载："忆我苏杭时，春游亦多处。……仙亭日登眺，虎丘时游豫。……池古莫耶沉，石奇罗刹踞。"据其自注中"望仙亭在杭，虎丘寺在苏"和"剑池在苏州，罗刹石在杭"可知，白居易对杭州、苏州的山水印象深刻。另外，《别苏州》（卷二十一）载："浩浩姑苏民，郁郁长洲城。……怅望武丘路，沉吟浒水亭。还乡信有兴，去郡能无情。"从中可见，辞任苏州刺史之际，白居易对苏州依依不舍。据白居易《送苏州李使君赴郡二绝句》（卷三十四）的自注"予自罢苏州及兹，换八刺史也"可知，白居易应该知道杨汉公担任苏州刺史一事，自然对其治理苏州非常期待。

李商隐撰有《为荥阳公与浙东大夫启》《为荥阳公与前浙东杨大夫启》（均出自《全唐文》卷七七六）等诗，此处的"浙东大夫"是指大中元年（847）五月转任浙东观察使的杨汉公。此外，《文苑英华》卷七〇七《樊南乙集序》载："（大中七年）十月，弘农杨本胜来军中。本胜，贤而文。"李商隐《杨本胜说于长安见小男阿衮》载："闻君来日下，见我最娇儿。"据《新唐书·宰相世系表》所载"筹，字本胜，监察御史"可知，此处的"杨本胜"指杨汉公之子杨筹。也就是说，李商隐与杨汉公父子熟识。[1]李商隐之所以撰写白居易墓碑铭，可能缘于杨汉公父子的介绍。

（二）担任苏州刺史及佛教信仰

上述白居易《送王卿使君赴任苏州因思花迎新使感旧游寄题郡中木兰西院一别》为会昌三年（843）所咏，由此可知"王卿使君"（名不详）担任苏州刺史是在会昌三年前后。另一方面，《宝刻类编》卷五"杨汉公"条载："《浯溪题名》，会昌五年十一月二日永（州）。"即杨汉公于会昌五年十一月，自苏州刺史转任桂管观察使时途经永州，撰写了《浯溪题名》。正如郁贤皓所言，杨汉公于会昌四年、五年担任苏州刺史。[2]

另外，《白氏文集》卷第十一"惠萼识语"载：

> 大唐吴郡苏州南禅院。日本国裹头僧惠萼自写文集。时会昌四年三月十四日，日本承和十一年也。寒食三月八日断火，居士惠萼九日游吴王剑池、武丘山东寺，到天竺道生法师昔讲《涅槃经》时，五百阿罗汉化出现听经座石上，分明今在。生公影堂里影侧牌诗。或本无此诗。 元稹

---

1 宋宁娜前述论文《李商隐与弘农杨氏家族的渊源关系》。
2 郁贤皓：《唐刺史考全编》，安徽大学出版社2000年版，第1690页。

我有三宝一日僧，伟哉生公道业弘。金声玉振神迹远，古窟灵

龛天香縢。

石龛中置影像。此一首诗不足集内数。

据此可知，入唐日僧惠萼于会昌四年（844）在苏州抄写了白居易

友人元稹的诗。"或本无此诗"中的"或本"是指元稹的文集《元氏长

庆集》。也就是说，此前惠萼已知晓元稹的《元氏长庆集》。[1]

白居易《题东武丘寺六韵》（卷二十四）载："香刹看非远，祇园入

始深。龙蟠松矫矫，玉立竹森森。怪石千僧坐，灵池一剑沉。海当亭两

面，山在寺中心。"此处的"怪石千僧坐"指五百阿罗汉示现的讲经石

座，"灵池"指吴王剑池。另外，白居易还吟诵了《夜游西武丘寺八

韵》（卷二十四）和《武丘寺路宴留别诸妓》（卷二十四）等诗，由此可

见，其在任职苏州刺史期间，经常拜访武丘寺（虎丘寺）。张籍《寄苏

州白二十二使君》（《文苑英华》卷二五九）载："阊门柳色烟中远，茂

苑莺声雨后新。此处吟诗向山寺，知君忘却曲江春。"其中谈及白居易

访问武丘寺一事。

从白居易赠送给元稹的《郡中闲独寄微之及崔湖州》《仲夏斋居偶

题八韵寄微之及崔湖州》《九日寄微之》《岁暮寄微之三首》《写新诗寄

微之偶题卷后》（以上均收于卷二十四）等诗来看，元稹也和张籍一

样，应该知道白居易经常拜访武丘寺。为此，元稹与张籍或许阅读到白

居易的诗歌，并作唱和诗赠送给白居易。《吴都文粹续集》卷十九《吴

山赋并序》载："王珣、谢举、颜真卿、白居易、苏东坡、王元之播之

铭赋犹详，勒之金石无亏。"可知，白居易的诗文被刻在武丘山的石头

---

1 陈翀指出，这首诗未被收录在《元氏长庆集》中。见陈翀：《元稹佚诗〈题虎丘山
  生公讲堂影牌〉考》，《文学遗产》第3期，2009年。

上。因此，日僧惠萼在武丘寺看到白居易友人元稹的诗也不足为怪。会昌四年（844）三月九日，来到生公影堂抄写白居易友人元稹的诗，表明此时惠萼已知晓元稹与白居易的关系密切。[1]

杨汉公在会昌四年（844）、五年担任苏州刺史。惠萼在苏州抄写《白氏文集》时，恰逢杨汉公任苏州刺史。

从上述"识语"中的"日本国裏头僧""居士惠萼"等表达来看，会昌四年（844）三月前后，苏州已经弥漫着废佛的紧张气息，但是杨汉公和杨鲁士一样都笃信佛教。《宋高僧传》卷六《唐彭州丹景山知玄传》载：

> 时杨给事汉公廉问桂岭，延止开元佛寺。属宣宗龙飞，杨公自内枢统左禁军，以册定功高，请复兴天竺教，奏乞访玄声迹。……大中三年诞节，诏谏议李贻孙、给事杨汉公缁黄鼎列论义，大悦帝情。因奏天下废寺基各敕重建，大兴梵刹。

另外，《佛祖统纪》卷四十三宣宗大中元年条载：

> 统左禁军杨汉公以策定功请复佛教，乞访求知玄法师。于是复僧，入居宝应寺，属寿昌节讲赞署三教首座。帝以旧邸造法乾寺，命师居之。

可知，杨汉公在任苏州刺史之后，在赴桂州任桂管观察使时，请知玄驻锡桂州开元寺。后来，宣宗即位之际，统领左禁军立功的杨汉公上

---

1 陈翀：《惠萼と蘇州南禅院本〈白氏文集〉の日本伝来》，《白居易の文学と〈白氏文集〉の成立》，勉诚出版2011年版。

奏复兴佛教一事。[1]大中三年（849），杨汉公与谏议大夫李贻孙就兴隆佛教进行了辩论，推动了荒废寺院的重建。

杨汉公绝不是在任桂管观察使与知玄会面后才热衷于佛教的。《宋高僧传》卷六《唐彭州丹景山知玄传》载：

> 复从本师下三峡，历荆襄，抵于神京资圣寺。此寺四海三学之人会要之地。玄敷演经论，僧俗仰观，户外之屦，日其多矣。文宗皇帝闻之，宣入顾问，甚惬皇情。后学唯识论于安国信法师，又研习外典经籍。百家之言，无不该综。……有杨茂孝者，鸿儒也，就玄寻究内典。

知玄是文宗时期的名僧，经常出入于资圣寺和禁内。因此，不仅杨茂孝（杨敬之），杨汉公也有可能跟随知玄研习佛教。任苏州刺史的杨汉公之所以同情被压制的僧尼，大概是出于其强烈的佛教信仰。[2]滞留江南的惠萼能够在苏州南禅院抄写《白氏文集》，可能是因为当时苏州相对宽松的佛教环境。

另外，《佛祖统纪》卷四十三武宗会昌五年（845）条载：

> 八月敕诸寺立期毁拆。括天下寺四千六百所，兰若四万所。寺材以葺廨驿，金银像以付度支，铁像以铸农器，铜像钟磬以铸钱，

---

1 左禁军应指左神策军。《入唐求法巡礼行记》卷四会昌五年三月三日条载："左、右神策军者，天子护军也。每年有十万军。自古君王频有臣叛之难，仍置此军已来，无人敢夺国位。"左、右神策军在当时唐朝的政权维持和皇位更迭中发挥了相当重要的作用。

2 [日]田中史生：《江南の新罗系交易者と日本》，《国际交易と古代日本》，吉川弘文馆2012年版。

收良田数千万顷、奴婢十五万人，僧尼归俗者二十六万五百人。穆护火袄并勒还俗凡二千余人。宰相李德裕率百官上表称贺。

　　当时的宰相李德裕率领百官上表称贺废佛毁寺的"成果"。可见，以李德裕为首的"李党"积极拥护武宗的废佛政策。圆仁《入唐求法巡礼行记》卷四会昌二年（842）十月九日条载："又准宰相李绅闻奏，因起此条流。其僧眩玄当诳敕罪，准敕斩首讫。"同卷会昌四年十月九日条载："宰相李绅、李德裕奏，停三长月，作道士教。"同卷会昌五年七月三日条载："新罗译语刘慎言自到县，用物计会本案，即计与县令肯。乃云'此间是文法之处，兼在李绅相公管内。准敕迁过之人，两日停留，便是违敕之罪'云云。"由此可知，"李党"的中心人物李绅任职淮南节度使期间，也拥护朝廷的废佛政策，严格限制僧侣的行动。

　　据《新唐书·杨虞卿传》载："岁选举者，皆走门下，署第注员，无不得所欲，升沉在牙颊间。当时有苏景胤、张元夫，而虞卿兄弟汝士、汉公为人所奔向，故语曰：'欲趋举场，先问苏、张。苏、张犹可，三杨杀我。'"可知，杨汉公与杨虞卿、杨汝士被称为"三杨"，是"牛党"的中心人物。因此，杨汉公同情被压制的僧尼，不仅由于其倾心佛教，也与政治因素即"牛李党争"有关。

　　《宋高僧传》卷六《唐彭州丹景山知玄传》载："杨刑部汝士、高左丞元裕、长安杨鲁士咸造门，拟结莲社。"宋僧戒珠《净土往生传》卷下《释知玄传》载："时杨刑部汝士、高左丞元裕、长安杨鲁士，咸造其门，拟结莲社。武宗御宇，初钦释氏。"可知，杨汝士和杨鲁士在武宗即位前就已皈依佛教。此处的"莲社"指以东晋庐山慧远为中心的白莲社。杨汉公与兄杨汝士均信仰佛教。

白居易比杨汝士、杨鲁士等人更早受到慧远白莲社的影响。[1]宋陈舜俞撰《庐山记》卷二《叙山北篇第二》载："白公草堂在寺之东北隅。元和十年公自太子赞善大夫以言事忤执政，出为州司马。明年作草堂于香炉峰北、遗爱寺南，往来游处焉。"另外，白居易撰有《草堂记》（卷四十三）、《香炉峰下新置草堂即事咏怀题于石上》（卷七）、《香炉峰下新卜山居草堂初成偶题东壁五首》（卷十六）和《题别遗爱草堂兼呈李十使君》（卷二十）等诗。可以推测，杨氏兄弟的佛教结社信仰与白居易有共通之处。

白居易《以诗代书酬慕巢尚书见寄（慕巢书中颇切归休结侣之意故以此答）》载："愿为愚谷烟霞侣，思结空门香火缘。每愧尚书情眷眷，自怜居士病绵绵。"归休洛阳的杨汝士，与白居易的"结侣之意"渐渐强烈。白居易《宿香山寺酬广陵牛相公见寄》（卷三十三）的注中载："来诗云'唯羡东都白居士，月明香积问禅师'。时牛相三表乞退，有诏不许。"可知，"牛党"的中心人物牛僧孺也向白居易表达了隐居洛阳修禅的想法。总而言之，"牛党"的核心成员皆羡慕白居易退居洛阳的生活，或许是受笃信佛教的白居易的影响。

推动佛教复兴的宣宗，曾乔装为僧以保全性命。《佛祖统纪》卷四十二《宣宗》载："初帝为光王，武宗忌之，拘于后苑，将见杀。中官仇士良诈称光王坠马死，因脱身遁去。至香严闲禅师会下，剃发作沙弥，同游庐山……后至盐官海昌见齐安禅师，自称有光。安奇之，即命为书记。"据此可知，当时宣宗造访了庐山东林寺、南阳香严寺、杭州海昌院。[2]或许宣宗在东林寺获知了白居易的诗文《长恨歌》和《琵琶

---

1 谢思炜：《白居易的佛教信仰》，《白居易集总录》，中国社会科学出版社1997年版。其中指出，白居易修建草堂深受慧远白莲社的影响。

2 关于宣宗与杭州海昌院的关系，请参照葛继勇：《東アジア禅宗史における唐僧斉安像》，[日]铃木靖民编：《日本古代の王権と東アジア》，吉川弘文館2012年版。

行》。《唐摭言》卷十五载："白乐天去世，大中皇帝以诗吊之曰：'缀玉联珠六十年，谁教冥路作诗仙。浮云不系名居易，造化无为字乐天。童子解吟长恨曲，胡儿能唱琵琶篇。文章已满行人耳，一度思卿一怆然。'"宣宗对白居易的去世表示哀悼，对白居易笃信佛教的赞赏或是主要原因。

在白居易的诗文中，"空门友""山水友""诗友""酒友""亲友""僚（寮）友""道友""知己""交心""定交"等象征交友关系的词不胜枚举。[1]但是，白居易《感旧并序》（卷三十六）载："故李侍郎杓直长庆元年春薨，元相公微之太和六年秋薨，崔侍郎晦叔太和七年夏薨，刘尚书梦得会昌二年秋薨。四君子，予之执友也。……平生定交取人窄，屈指相知唯五人。四人先去我在后，一枝蒲柳衰残身。"可知，当时白居易最亲密的友人是被称为"执友""定交"的李建、元稹、崔玄亮、刘禹锡四人。另外，《醉吟先生传》（卷七十）载："与嵩山僧如满为空门友，平泉客韦楚为山水友，彭城刘梦得为诗友，安定皇甫朗之为酒友。每一相见，欣然忘归。"可知，白居易的"空门友"是僧如满，"山水友"是韦楚，"诗友"是刘禹锡，"酒友"是皇甫朗之。也就是说，杨氏兄弟似乎既非白居易的"定交""执友"，亦非"空门友""山水友""诗友""酒友"。

但是，正如白居易《与杨虞卿书》中所载"仆与足下相知"以及《以诗代书酬慕巢尚书见寄》注中的"结侣"所言，白居易与杨虞卿、杨汝士交往频繁，关系亲密。《白香山诗集》中所收《年谱旧本》会昌六年（846）条载：

1　参见丸山茂上述论文《白居易の友人たち——その人となり》。

独公超然利害之外，虽不登大位，而能以名节始终。惟其在朋党之时，不累于朋党故也。……公于交游无所适，莫可见于此矣。然则公之论牛李，自是举谏争之职，而非以内私交。其师皋、慕巢厚善，自是笃姻娅之好，而非以徇权势。

可知，白居易之所以能在中唐时期复杂的人际交往中保全"名节"，是因为他与别人的交往不是靠权势，而是凭借自己诚实正直的人格魅力。与杨汝士、杨虞卿的交友是基于姻亲关系，并非想结交权贵。

白居易与杨鲁士共赴曲水宴，为杨汉公撰文的《白苹洲五亭记》中写有"吾友杨君"。由于杨鲁士、杨汉公二人比白居易年轻十岁以上，故难以同杨虞卿、杨汝士等那样与白居易交往频繁。尽管如此，从杨鲁士之女嫁与白居易养子景受为妻、杨汉公父子介绍李商隐撰写白居易墓碑铭来看，杨鲁士、杨汉公极其重视与白居易的交往。尤其是白居易的佛教信仰及其与活跃在江南地区的杨氏兄弟的交往，对当时的佛教社会乃至圆仁、惠萼等在唐日僧的求法活动产生了重要影响。

（原文刊于田中史生编《入唐僧惠萼与东亚》，勉诚出版2014年版）

第九章
东传日本的《元亨疗马集》及其诸本

　　江户时代，赴日清商舶载汉籍驶往长崎贸易，日本幕府不仅购入了这些汉籍中的重要书籍，而且还向赴日清商预购所需书籍，请其舶载而来。特别是八代将军德川吉宗致力于武士骑射技艺的传承发展，积极向中国摄取医马术和骑射术，请求赴日清商舶载相关书籍至日。《元亨疗马集》即于此时舶载至日。

　　然而，《元亨疗马集》传入日本后的流播状况与现存诸本之间的关联，目前的研究涉及甚少；中村七三在《马医版本的研究》中虽有所提及，但仅围绕《元亨疗马集》与《马经大全》的内容进行比较。

　　基于此，笔者以日本国立公文书馆所藏《元亨疗马集》为中心，对该书东传日本的过程以及在日本流通的诸版本进行探讨。

一
《元亨疗马集》东传日本

　　关于马医学书籍传入日本，《唐马乘方补遗》享保七年（1722）十二月条载：

　　　　一马医之书　　但当时别而用候书之事

右持渡候样被仰渡，寅九番船主施翼亭御请申上候

辰年十一月五番船主施翼亭持渡。

一《元亨疗马集》　　一部

但此书籍御请持渡，为御褒美银三枚追而午八番船主渡来之节被下置候。[1]

可知，享保七年（1722）十二月，德川吉宗请求南京船主施翼亭携来马医书籍。享保九年十一月，五号船船主施翼亭因携《元亨疗马集》至日，被赏赐银三枚。

除施翼亭外，赴日清商李亦贤也被赏赐银三枚。近藤守重《右文故事》卷十三载：

同（享保）十年二月，唐主李亦贤疗马书一部携来，依船主赐赏银三枚（是依去卯年九月携来除《马经大全》之外当时相用马医书之命）。[2]

可知，享保十年（1725）二月，广东船主李亦贤应邀携"疗马书一部"至日，因此获赐赏银三枚。然而，《唐马乘方补遗》享保八年九月条载：

1　[日]大庭修编著：《享保时代の日中关系资料二〈朱氏三兄弟集〉》，关西大学东西学术研究所1995年版，第356页。据近藤守重《好书故事》卷五十八之九"同年令长崎渡来唐商搜求马医书"条记载可知，上述内容引自《长崎唐方马书觉书》。见[日]近藤守重：《好書故事》，《近藤正斋全集　第三》，国书刊行会1905年版，第202—203页。

2　[日]近藤守重：《右文故事》，《近藤正斋全集　第二》，国书刊行会1905年版，第297—298页。

一马医之书

右者《马经大全》[1]之外，当时相用候书持渡候样被仰渡。卯二番船主李亦贤御请申上候。但翌翌巳年二月疗马书一部同人言传遣候，六番船主朱允光持渡。但御褒美李亦贤银三枚被下置。[2]

由此可知，吉宗向赴日清商订购了除《马经大全》之外的当时清朝常用的马医书籍。享保八年（1723）九月，广东船主李亦贤接受吉宗的书籍订购之请后回国。但是，李亦贤本人并未赴日，而是委托朱允光于享保十年二月带去了"疗马书一部"。

文中提到的"疗马书一部"是当时中国常用的马医书籍，然而它究竟是什么样的书籍，记载不明。不过，可以明确的是，此"疗马书"与《马经大全》并非同一书。

和刻本《马经大全》（全名为《新刻参补马经大全》或《新刻参补针医马经大全》）的编集者为"国师"马师问。白水完儿指出，马师问是虚构的笔名，《马经大全》应是出自日本人之手。[3]《唐马乘方补遗》载："六月廿三日者为马师皇诞生日，备供物。"可知，马师皇在中国广为人知。因此，从频频出现于《马经大全》等马医书籍的"马师皇"来看，马师问当是虚构的笔名。但是，《马经大全》真的由日本人编集吗？

《杏雨书屋藏书目录》记载其所藏的《马经大全》为"明刊本"。中村七三指出，该《马经大全》明刊本使用了中国特有的书籍用纸，应是在中国出版的。[4]此外，日本东北大学图书馆、国立公文书馆所藏和刻

1　近藤守重上述著作《好书故事》，第203页。其中记载的书名为"马镜大全"，应为"马经大全"之讹。

2　大庭修上述著作《享保時代の日中関係資料二〈朱氏三兄弟集〉》，第356页。

3　［日］白水完儿：《馬経大全の書誌的研究》，《日本獣医史学雑誌》第23号，1988年。

4　［日］中村七三编著：《馬医版本の研究》，称德馆1998年版，第247页。

本《马经大全》封二有"宝善堂梓"，宝善堂是明代较为著名的书肆，曾经刊刻《胞与集》等书籍。可见，和刻本依据的原本是中国的宝善堂刻本。从和刻本之前存在纯汉文本《马经大全》来看，[1]《马经大全》是中国书籍这一说法更为妥当。

和刻本《马经大全》以明刊本为底本，明历二年（1656）首次在日本出版，享保十三年（1728）、十四年复刻时，改名为《新刻参补马经大全》。也就是说，在明历二年之前，《马经大全》已经传入日本。此外，《舶载书目》第九册记载，正德元年（1711）十一月，五十一号清商南京船（船主为程方城）舶载《新刊纂图牛经马经类方大全》（《牛马经》）一部八卷四册至长崎。[2]其中，《新刊纂图牛经类方大全》的作者与《元亨疗马集》同为六安州兽医喻本元、喻本亨。可见，作为《元亨疗马集》早期版本之一，《新刊纂图牛经类方大全》（《牛经》）已于正德元年十一月舶载至日。

《元亨疗马集》是明代六安州兽医喻本元、喻本亨兄弟二人依据行医经验，对以往马医学成果予以继承创新的系统性著作，是一部集中医马医学之大成的综合性马医著作。《元亨疗马集》成书于嘉靖至隆庆年间（1522—1572），原名《疗马集》。[3]白水完儿指出，《元亨疗马集》的原稿最迟应该于明嘉靖二十七年（1548）完成。[4]明万历三十六年（1608），丁宾为其作序，冠以元亨疗马集之名，由金陵汝显堂刊行。

日本山形县米泽市立图书馆藏《图像水黄牛经合并大全》二卷（索

1　［日］白水完儿：《馬経大全の書誌的研究（その二）》，《日本獣医史学雑誌》第27号，1991年。

2　［日］大庭修编著：《江戸時代における唐船持渡書の研究》，关西大学出版部1981年版，第724页。

3　［日］中村七三编著：《馬医版本の研究》，称德馆1998年版，第245页。

4　白水完儿上述论文《馬経大全の書誌的研究（その二）》。

书号：AA047）末尾部分有"皇明万历新岁孟春月，书林聚宝堂唐溟州梓"的记载，第二卷开篇部分载"直隶庐州府六安州医兽喻本元、亨传方，书林聚宝堂唐溟州梓行"。由此可知，该书由聚宝堂刊行于万历元年（1573）。吉池庆太郎认为，此《图像水黄牛经合并大全》（即《疗牛集》）二册是《元亨疗马集》的一部分。[1]另从现存的丁宾序本均收录了《疗马集》四卷、《疗牛集》二卷以及附录《驼经》来看，明万历三十六年金陵汝显堂刊行时，加入了《疗牛集》（即《图像水黄牛经合并大全》或《图像水黄牛经大全》）二卷（附《驼经》），并冠上喻氏兄弟之名，为《元亨疗马集》。

乾隆元年（1736）刊本即许锵序本将《元亨疗马集》四卷改为六卷，又将《元亨疗牛集》二卷改为一卷，另外还附加《驼经》一卷，出版时改书名为《马牛驼经全集》，共有八册。内容虽大抵继承了明版，但仍有增补修改，比如删除了明版的部分内容，调整了明版的排列顺序。此外，乾隆五十年，与喻氏兄弟同为六安州人的郭怀西对许锵序本进行注解，再次出版了《注释马牛驼经大全集》十卷（卷一至卷七为《马经》，卷八至卷九为《牛经》，卷十为《驼经》）。[2]

乾隆五十年（1785）刊本郭怀西序载："喻氏伯仲集注先贤症论，俱各尽善热意。书成万历著雍涒滩岁。至康熙十九年庚申岁，吾州兽医杨东源翻刻。今乾隆四十年乙未岁又复翻刻。""著雍涒滩"指的是戊申年，"万历著雍涒滩岁"即明万历三十六年（1608）。由此可知，乾隆五十年之前，《元亨疗马集》共被翻刻三次，分别为康熙十九年（1680）《元亨疗马集》四卷、《元亨疗牛集》（附《驼经》）二卷，乾隆元年

1　[日]吉池庆太郎编：《米泽善本の研究と解题》，米泽市立图书馆1958年版，第142页。日本国立国家图书馆所藏《图像水黄牛经合并大全》（索书号：BB06781234）收录有《牛经》二卷、《驼经》一卷，为光绪十一年(1885)扫叶山房刊行的版本。

2　徐春平：《新发现的〈元亨疗马集〉丁序增补本》，《收藏》2016年第11期。

《疗马集》六卷、《元亨疗牛集》一卷、《驼经》一卷，以及乾隆四十年（同康熙十九年本）。

依笔者所见，除乾隆元年（1736）刊本之外，《元亨疗马集》诸版本《春卷》开篇部分均有"东溪主人袁希濂校"。此外，《秋卷》收录的《东溪素问碎金四十七论》为东溪主人袁希濂与喻仁（曲川）二人之间的问答集。从"东溪问于曲川曰……曲川答曰"来看，袁希濂与喻氏兄弟为同时代之人。

笔者所见的诸版本《春卷》末均载有"六安州杨潮字东源，朱钰字从玺集"，《秋卷》末均载有"六安州医兽杨潮字东源，朱钰字从玺全集"。从郭怀西的序文内容来看，康熙十九年（1680）杨东源在翻刻《元亨疗马集》时，朱钰也参与了编集。

《舶载书目》第十五册（卷二十二）记载了享保十年（1725）朱来章再次赴日时，携带了书籍七十六种，其中有"《元亨疗马集》一部一套、《抄本医马书》二册"[1]等医马书籍。朱允光为朱子章之子、朱来章之侄。而且，从享保十年朱允光、朱来章搭乘同一艘船赴日来看，朱允光携带的"疗马书一部"应为朱来章携带的《元亨疗马集》《抄本医马书》两种书籍之一。从"疗马书一部"的字面来看，应是《元亨疗马集》一部。由此可知，享保九年十一月，南京船主施翼亭携《元亨疗马集》赴日，享保十年二月朱允光再次将其带到日本。

综上所述，从时间上看，享保年间传入日本的《元亨疗马集》是康熙十九年（1680）金陵汝显堂刊本的翻刻本，包括明万历本《疗马集》四卷、《疗牛集》二卷（附《驼经》）。佐证这一结论的史料可见于《舶载书目》第十四册（卷二十一）。

1　文中的《抄本医马书》，大庭修、白水完儿等学者均认为是《折本医马书》。[日]大庭修：《舶载书目》，关西大学出版部1972年版，第47页；白水完儿上述论文《馬经大全の書誌的研究》。

二

《舶载书目》中的《元亨疗马集》目录

《舶载书目》第十四册（卷二十一）中，记载了享保九年（1724）进入长崎港的三号、四号、五号、九号中国商船运载书籍的目录。其中有如下记载：

《元亨疗马集》一部一套四册六卷，后附药方
序 万历著雍涒滩岁清和之吉，嘉善丁宾改亭氏题
新刻苏板 元亨疗马集目录
六安州 曲川 喻仁字本元编
月川 喻杰字本享集
金陵 少桥唐氏 汝显堂梓

可知，此应为明万历三十六年（1608）金陵汝显堂刻本《疗马集》四卷的再刊本。从"新刻苏板"[1]来看，此舶载至日的《元亨疗马集》是翻刻汝显堂唐少桥的明金陵刊本而成的苏板刻本。

《秋卷》中记载有《东溪素问碎金四十七论》。《冬卷》目录后有如下记载：

《元亨疗牛集》二卷
序 康熙庚申桂月，学稼子书于金田之半亩方塘
新刻苏板 元亨疗牛集目录

---

1 徐春平指出，新发现的万选堂本为"新刻碟版"。参照徐春平上述论文《新发现的〈元亨疗马集〉丁序增补本》。不过，"新刻碟版"恐为"新刻苏板"之误。

六安州　曲川喻　仁本元编

月川喻　杰本享集

金陵　　汝显堂　唐少桥　梓

　　文中的"康熙庚申"指的是康熙十九年（1680）。《元亨疗牛集》二卷的序文由学稼子重新撰写。

　　《元亨疗牛集》下卷目录之后，有如下记载：

末附医骆　右板下卷有图及牛药性

新刊下卷除图及药性

　　可知，《元亨疗牛集》下卷末附有《医驼经》。也就是说，享保九年（1724）传入日本的《元亨疗马集》是包含《疗马集》《疗牛集》并附《驼经》的六卷本。

　　综上可知，从时间和船号来看，上述《舶载书目》第十四册（卷二十一）所载的《元亨疗马集》应该是享保九年（1724）十一月入港的五号船船主施翼亭舶载至日的。

　　此外，《舶载书目》第九册载，正德元年（1711）十一月五十一号清商船把《新刊纂图牛经马经类方大全》一部八卷四册舶载至日：

新刊纂图牛经马经类方大全共四本八卷。

金陵王山如泉周氏绣梓。

马经序：姚江舒春。大业堂重校梓。马经三本六卷。

牛经题云镌京板贾公图像水黄牛经合并大全。一本上下二卷。

序：闽漳李和梅

可知，《新刊纂图牛经马经类方大全》四本八卷，为金陵书林周如泉（号王山）绣梓，由《马经》六卷（三本）、《牛经》二卷（一本）构成。"重校梓"《马经》的大业堂也为金陵书林，堂主为周如山（一说周希旦），主要活跃于明万历年间。[1]

关于《马经》的序文作者姚江舒春，据《四库全书总目提要》卷一〇五"医家类存目"附录《类方马经》条可知，舒春曾任明宪宗朝刑部员外郎，明成化五年（1469）进士，后曾受御马监钱能所请为《类方马经》作序。《类方马经》共六卷，不著撰人名氏，钱能"命本监中官之善於马者，取《马经》旧本，参以群书，日加考订，究脉络针穴之源委，校经方药石之君臣，极歌诀之周，尽方术之备"。据北京图书馆所藏朝鲜抄本可知，原题名为《纂图类方马经》，有明成化十一年刻本，嘉靖重刻本，天启四年(1624)刻本。[2]从书名、卷数和作序者均相同以及均不著录撰写人名等来看，上述《马经》六卷（三本）应该就是《类方马经》。也就是说，《新刊纂图牛经马经类方大全》中的《马经》六卷，成书早于《元亨疗马集》。

但《牛经》没有记载梓行的书坊名称，但写明序文由闽漳人李和梅撰。上述米泽市立图书馆藏《图像水黄牛经合并大全》的全名为"镌京板贾公图像水黄牛经合并大全"，序文末有"闽漳李和梅书于聚宝堂"，卷下首页写有"直隶芦州府六安州医兽喻本元、亨传方"。因此，正德元年（1711）十一月舶载至日的《牛经》二卷，应该是由喻本元、喻本亨撰写的《疗牛集》，并据"书林聚宝堂唐滇州"梓行的刻本再次刊刻的。

1 许振东、宋占茹：《明代金陵周氏家族刻书成员与书坊考述》，《河北大学学报（哲学社会科学版）》2011年第2期。

2 吴枫主编：《简明中国古籍辞典》，吉林文史出版社1987年版，第671页。

日本国立公文书馆藏《元亨疗马集》诸版本

那么，《元亨疗马集》传到日本后，流通情况如何呢？

日本国立公文书馆藏《元亨疗马集》有两种：一是积秀堂藏版刊本，即红叶山文库旧藏本；另一种是勤有堂罗端源刊本，即昌平坂学问所旧藏本。

红叶山文库旧藏本《元亨疗马集》共四册，第一册为《元亨疗马集》卷一，第二册为《元亨疗马集》卷二，第三册为《元亨疗马集》卷三、卷四，第四册为《元亨疗牛集》二卷（附《驼经》）。

卷一末载"六安州医兽杨潮字东源，朱钰字从玺集"，卷三末载"六安州医兽杨潮字东源，朱钰字从玺全集"。

第一册收录的序文落款为"万历著雍涒滩岁清和之吉，嘉善丁宾改亭氏题"，旁盖有"丁宾之印""改亭氏""大司空大中丞章"三枚印章。此后还载有如下目录：

新刻苏板 元亨疗马集目录
六安州 曲川 喻仁字本元编
　　　　月川 喻杰字本享集
金 陵 少桥唐氏 汝显堂梓

内容与上述《舶载书目》第十四册（卷二十一）所载的《元亨疗马集》目录完全相同。此外，"改亭"是丁宾的字，"大司空大中丞"是丁宾的官职，与序文由丁宾所撰之内容吻合。

另外，《元亨疗牛集》二卷（附《驼经》）卷首载：

康熙庚寅桂月，学稼子书于金田之半亩方塘。

新刻苏板　元亨疗牛集目录

六安州　曲川喻　　仁本元编

　　　　月川喻　　杰本享集

金陵　汝显堂唐少桥　梓

这也与上述《舶载书目》第十四册（卷二十一）所载《元亨疗牛集》目录完全一致。

红叶山文库是幕府在江户城内红叶山所设的藏书文库，在德川家康藏书的基础上建成。江户幕府历代将军都致力于书籍的收集，凭借幕府权威，红叶山文库集中了大量舶至长崎的珍贵古籍，其中大部分藏于现在的日本国立公文书馆，还有一部分藏在日本宫内厅书陵部。因此，享保九年（1724）十一月施翼亭带来《元亨疗马集》录入其目录后（见于《舶载书目》第十四册卷二十一），便被收藏于红叶山文库，即为此积秀堂藏版刊本。

昌平坂学问所旧藏本封面题为"疗马集"，不见"元亨"二字。扉页载有"京板大字安疗相马全书、春夏秋冬、勤有堂罗端源梓"，其后目录载有"新刻苏板《元亨疗马集》目录，《疗马全集》一百三十九论，春夏秋冬四卷"。此外，卷一《春卷》、卷二《夏卷》卷首部分载"六安州医兽喻本亨·元集，东溪主人袁希濂校勘"。

昌平坂学问所旧藏本共四册，《春卷》《夏卷》《秋卷》《冬卷》各一册。《春卷》卷末载"六安州医兽杨潮字东源，朱钰字从玺仝集"，《秋卷》末载"六安州医兽杨潮字东源，朱钰字从玺仝集"。此外，各册结尾部分均用朱笔写有"文化乙亥"。由此可以推测，《元亨疗马集》是在日本文化十二年（1815）入藏昌平坂学问所的。

迄今为止，中日两国学界尚未对勤有堂罗端源刊本进行考察。该版本未收录《疗牛集》以及附录《医驼方》，亦不见丁宾所作序文，故该版本被认为早于明万历本。[1]不过，从其中记载康熙十九年（1680）杨东源、朱钰二人翻刻之事来看，应为康熙十九年后的刊本。也就是说，勤有堂罗端源刊本应是清代刊本，只不过散佚了《元亨疗牛集》（附《驼经》）二卷。日本富田铁之助辑《昌平丛书》收录有松泽老泉撰《汇刻书目外集》六卷，其中第三卷〔文政元年（1818）刊本〕载："《元亨疗马集》四卷，曲川喻仁本编，万历中嘉善丁序。《元亨疗牛经》二卷，康熙庚寅学稼子序。"[2]《昌平丛书》乃用昌平黉（昌平坂学问所）刊版影印，故《元亨疗马集》四卷、《元亨疗牛经（集）》二卷应该为藏于昌平黉的书籍。可惜《元亨疗牛集》二卷散佚。

昌平坂学问所又称昌平黉。元禄四年（1691），将军德川纲吉将位于江户上野忍冈的圣堂以及林家的家塾迁至汤岛，命名为昌平黉，由江户幕府直接管辖，后更名为昌平坂学问所，为教授幕臣、藩士等江户朱子学的教育机构。享保十年（1725）朱来章、朱允光献上的"疗马书一部"即勤有堂罗端源刊本，或许是幕府将军下赐给昌平坂学问所、后收藏于日本国立公文书馆的。《元亨疗马集》四卷下赐给昌平坂学问所后，当是作为教授藩士医马术的教科书而被使用的。

---

1 白水完儿指出："从《元亨疗马集》正文内容可以推测，在《元亨疗马集》丁宾序本作成之前，元亨兄弟曾书写完成《疗马书》，但目前没有史料可以作证。"参照白水完儿上述论文《馬経大全の书誌の研究》。

2 ［日］富田铁之助辑：《昌平丛书》（昌平黉刊版印本），松山堂1909年版。

四

日本山口大学图书馆藏《元亨疗马集》

　　山口大学图书馆栖息堂文库收藏有旧德山藩毛利家藏的《元亨疗马集》四卷六册。

　　该《元亨疗马集》四卷六册的扉页刻有"刻苏板全相大字《元亨疗马集》、金陵三山街世德堂梓"，目录页刻有"新刻苏板《元亨疗马集》目录、《疗马全集》一百三十九论、春夏秋冬四卷"，各卷的首页皆题为"元亨疗马集"，并有"六安州医兽喻本亨·元集，东溪主人袁希濂校，金陵唐少桥汝显堂梓"等字。此外，卷之一《春卷》和卷之三《秋卷》首页刻有"六安州医兽喻本亨·元集，东溪主人袁希濂校，金陵唐少桥汝显堂梓"等字样。第一册末尾有"六安州医兽杨潮字东源、朱钰字从玺全集"。第五册中间位置即卷之三《秋卷》末尾亦有"六安州医兽杨潮字东源、朱钰字从玺全集"字样。

　　然而，此书装帧极其特殊。第一册和第二册为《元亨疗马集》卷之一即《春卷》，第三册和第四册前半为《元亨疗马集》卷之二即《夏卷》，第四册后半与第五册前半是《元亨疗马集》卷之三即《秋卷》，第五册后半和第六册前半为《元亨疗马集》卷之四即《冬卷》，第六册后半为附录《医驼方》。未收录《元亨疗牛集》二卷。这与乾隆元年（1736）刊本即许锵序本〔《元亨疗马集》六卷、《元亨疗牛集》（附《驼经》）二卷〕不同。白水完儿曾对该书籍进行调查后指出，此虽保留了清代以前的版本，但传至德山藩毛利家的版本由来不明。[1]

　　《四库全书总目》卷一〇五"医家类存目"载："《疗马集》四卷，附录一卷（内府藏本）。明喻仁、喻杰同撰。仁、杰皆六安州马医。其

1　白水完儿上述论文《馬経大全の書誌的研究》。

书方论颇简明。附录一卷，则《医驼方》也。"据此可见，内府藏本与上述旧德山藩毛利家藏《元亨疗马集》四卷六册内容相同。白水完儿根据书名仅为《疗马集》、不见喻氏兄弟之名、附录为《医驼方》以及全然没有序文，且其作为内府藏本被收藏之物，故判断其是比丁宾序本更早的初期版本。[1]

徐春平认为，乾隆、嘉庆时期万选堂刊行的《元亨疗马集》中虽收录有《医驼方》，但未收录《疗牛集》二卷。[2]若如此，则可知清万选堂刊本、上述内府藏本与山口大学图书馆藏（旧德山藩毛利家藏）的金陵三山街世德堂刊本的内容相同。

不过，山口大学图书馆藏（旧德山藩毛利家藏）的金陵三山街世德堂刊本《元亨疗马集》记录有康熙十九年（1680）杨东源、朱钰二人的翻刻之事，故其有可能是晚于康熙十九年的刊本。换言之，此应为遗漏《元亨疗牛集》二卷的清版刊本之一。

综合上述分析，本章总结以下几点：

（1）享保九年（1724）十一月，应德川吉宗对清朝商船发出舶载医马书籍至日的请求，清商船主施翼亭把《元亨疗马集》携带至日。该书籍目录见于《舶载书目》，为康熙十九年（1680）翻刻明万历丁宾序本的新刻苏板。现在日本国立公文书馆收藏（红叶山文库旧藏）的积秀堂藏版的刊本即为此本。

（2）现在日本国立公文书馆收藏的《元亨疗马集》另一个刊本即勤有堂藏版的刊本于文化十二年（1815）入藏昌平坂学问所。此是不含《元亨疗牛集》（附《驼经》）二卷的清版刊本之一。享保十年（1725）

1　白水完儿上述论文《馬経大全の書誌的研究》。

2　徐春平上述论文《新发现的〈元亨疗马集〉丁序增补本》。

朱来章携带至日的"疗马书一部"或为此书。

(3) 山口大学图书馆收藏（旧德山藩毛利家藏）的《元亨疗马集》四卷与清朝内府藏本、乾隆嘉庆时期万选堂刊行本一致，也是不含《元亨疗牛集》二卷的清版刊本之一。

据《赍来书目》享保二十年（1735）十一月条记载，《元亨疗牛集》的翻刻本之一《牛马经》被再次舶载至日。[1]可以说，清刊《元亨疗马集》有诸多版本被携带至日，恐为汉籍马医书中最多的一部，但对日本马医学的影响仅限于船载原书的程度，甚至没有在日本刊刻。滨学指出，享保年间《元亨疗马集》以及召请并询问中国马医刘经方后记录的《马疗治》等几本手抄本，最终未能在日本刊刻流传。西洋兽医学从荷兰传入日本的时期与此一致，此应是使《元亨疗马集》和《马疗治》等新知识被埋没在旧中国马医学中的一个原因。[2]

但是，关于《元亨疗马集》未在日本刊刻的原因，中村七三认为：占据本书主要篇幅的《元亨疗马集》明版已冠以《马经大全》的书名在日本刊刻并普及，而且该书是八册本的大册，出版经费高昂，且作为专业书籍需求量小，故书肆敬而远之。[3]确实，《马经大全》传至日本后，对日本近世的马医学史产生了极大影响。特别是享保年间，幕府医官林完熙（即林良适，1695—1731）奉热心于马骑射术、马医术的德川吉宗之命，编纂了《马经大全和解》。[4]

因此，《元亨疗马集》及《马疗治》等没有在日本刊刻流传，概因与之前传入日本并在日本刊刻的《马经大全》内容多有重复。换言之，

---

1 大庭修上述著作《江戸時代における唐船持渡書の研究》，第245页。

2 ［日］滨学：《唐人馬医劉经方のこと——近世獣医史の中から》，《日本獣医史学雑誌》第25号，1989年。

3 中村七三上述著作《馬医版本の研究》，第286页。

4 ［日］福井保：《江戸幕府編纂物（解説編）》，雄松堂1983年版，第211页。

《元亨疗马集》未被日本翻刻，并非被埋没，而是因其被之前传播至日且影响巨大的《马经大全》所覆盖。

第十章
《射诀》东传日本与赴日清人陈采若

江户幕府第八代将军德川吉宗致力于武士骑射技艺的传承发展，积极从中国摄取骑射术，请求赴日清商船载相关书籍赴日。《射诀》《射史》《武经入学第一明解》等即于此时被舶载至日。

其中，明程宗猷编《射史》、清陈裕编《武经入学（第一明解）》等见于《幕府御书物方日记》，可知两书于享保十一年（1726）之前传入日本，《名家丛书》第六十册《射书类聚和解》、第六十一册《射史和解》等收录有这些骑射书籍的日文翻译解说。[1]然而，围绕《射诀》的作者以及成书情况，中日学界均未见论及。[2]

基于此，笔者梳理江户时代编写的书籍目录《舶载书目》，对《射诀》东传日本、携带者陈采若的赴日过程及其在日本的活动轨迹进行探讨。

---

1 ［日］大庭修编著：《享保时代の日中関係資料三〈荻生北溪集〉》，关西大学东西学术研究所1995年版，第37页。

2 大庭修上述著作《江戸時代における唐船持渡書の研究》；［日］大庭修：《江戸時代における中国文化受容の研究》，同朋舍1984年版。

舶载至日的骑射书籍——《射诀》

《舶载书目》卷二十七记载了享保十二年（1727）二十号清商舶载
至日本的《射诀》一部一册目录，内容如下：

杂书内

一　射诀　一部一本

　　序　石函道人徐伯微　撰

　　自叙　丁丑仲春望秣陵余五化书于水云居

目录

　　总论、论内体、论外体、持弓、搭箭、控弦、引满、决
机、敛视、闭听、吞液、讷语、定步、安肢、调息、虚
心、实腹、松节、束筋、大小、杨合、减力增力、舒气聚
气、视小如大、对假如真、举轻如重、治微如巨、论风
头、论时候、论地理、论诸射、论诸弓、论诸矢、论诸善
翎、论箭镞、论角面、论弓梢、论弓衣、论烘弓、论骑
射、论诸弦、论止机、论异习、论弓矢调匀、左右射、论
剩亦为满、弓箱、箭筒、医掌污、囊颎、射衣、射序、图
说、附射诀解

二十番　陈采若时本[1]

文中的"时（時）"乃"持"之误。可知，乘坐二十号船的陈采若

1　[日]大庭修编：《舶载書目》下册，关西大学东西学术研究所1972年版，第18—20页。

携带了骑射术的专业书籍《射诀》至日。

撰写序文的"石函道人徐伯微"身份不明。不过，"徐伯微"或为"徐伯徵"之误。《四库全书总目》卷八十《史部》"职官类存目"条中，关于《留都武学志》五卷（两淮盐政采进本）的撰者徐伯徵有如下记载：

> 伯徵，字孺台，海宁人。万历己未进士，官至扬州府知府。明之武学建于正统壬戌，因御史彭勖之请，选教授、训导等官，以专教京卫武官之子。有南京国子监祭酒陈敬宗所撰碑，备载始末。是编乃天启三年伯徵官南京武卫教授时所著，分建置、典礼、制令、职官、选举、人物、艺文七门。

此外，据《浙江通志》卷一四〇《选举》"举人"条载："明万历四十三年乙卯科，徐伯徵（海宁人，己未进士）。"可知，徐伯徵出身海宁，万历四十三年（1615）中举乙卯科，万历己未考中进士科。《明诗综》卷六十六收录徐伯徵诗《孤山》一首，亦可见"字孺台，海宁人。万历己未进士，除南阳推官，改教授，升工部主事。历郎中，出知扬州府。有《资敬堂诗集》"的略传。据此可知，徐伯徵考中进士后，任南阳推官，后改任武卫教授，专门教授京卫武官子弟。天启三年（1623）在任南京武卫教授时，撰写了由建置、典礼、制令、职官、选举、人物、艺文七门组成的《留都武学志》五卷。

上述《射诀》目录中所载的"丁丑仲春"的"丁丑"为1637年（崇祯十年），《射诀》应是此时成书的。

关于《射诀》的作者余五化，中国第一历史档案馆编《清代档案史料·纂修四库全书档案（下册）》载："《登辽记事》一本，抄本，明金陵余五化著。"[1]可知，余五化为金陵人，撰有《登辽记事》等。此外，徐烈方《浙东纪略》监国鲁王元年丙戌（1646）条载："熊汝霖乃乞海上总兵张鹏翼及熊和二将之在余姚者，令以舟师来听调发。又复令人西渡，觅将才余五化。"中国第一历史档案馆、辽宁省档案馆编《中国明朝档案总汇》二五九八兵条载："为查明浙江温州贼船乘风突犯损失情形并将参将余五化等议处事题行稿。崇祯十三年五月十八日。"可知，余五化享有"将才"之称，活跃于明末。《射诀》应是余五化基于军事训练实践而撰成的实用性书籍。

余五化与徐伯徵如何相识虽尚不明确，但曾任南京武卫教授且有教导京卫武官子弟经验的徐伯徵，或为余五化的指导教师，或为其同僚。

二
赴日清人陈采若与骑射术的东传

据《舶载书目》卷二十七记载，《射诀》应是实用性较强的书籍，由赴日清人陈采若携带至日。

日本国立公文书馆藏《马书》（索书号：154-0390）的原标题为"陈采若、刘经先等申上马一件之书留"，其中多处记载出现陈采若。

例如，《马书》第一册在说明栗毛马相之后载："右之通，陈采若、沈大成申候以上。"[2]可知，有关栗毛马相的知识，是从陈采若、沈大成处获得的。第二册开篇载："马具并饲方、疗治方等之义，陈采若、刘

1　中国第一历史档案馆编：《清代档案史料·纂修四库全书档案（下册）》，上海古籍出版社1997年版，第1436页。

2　大庭修上述著作《享保時代の日中関係資料二〈朱氏三兄弟集〉》，第419页。

经先申上候书付。"[1]可知，马具以及饲养方法、治疗方法等相关事宜的记载，皆依据陈采若、刘经先的回答。此外，自陈采若处所得回答记为"右之通，陈采若申候以上"[2]。第三册开篇载："安永五（丙申）年于长崎（骑射陈采若、马乘沈大成、马医刘经先）申上马一件之书面八册并卷物二。"[3]可知，关于骑射、骑马、医马的知识，分别源自陈采若、沈大成、刘经先的回答。这些回答的记载资料"书面"八册及"卷物"二种皆存于长崎，安永五年（1776）被呈送至江户。第四册开篇载："骑射稽古之义，陈采若、沈大成申上候书付。"[4]可知，关于骑射等知识源自陈采若、沈大成的回答。另外，从陈采若处得到的回答记为"右之通，陈采若申候以上"[5]。第八册开篇载："马之旋骨穴并马具之仪等，陈采若申上候书付。"[6]可知，文中详细记载了陈采若所答有关马旋骨穴以及马具等事。

在《唐马乘方闻书》《唐马乘方补遗》中也多处出现陈采若的名字。如《唐马乘方闻书》中有"（陈）采若一马三箭稽古之致方""（陈）采若一马一箭稽古之致方""陈采若二刀遣方"等信息，[7]《唐马乘方补遗》亦载"马仕入方之仪（陈采若、沈大成、刘经先）申候趣之书付"[8]等内容。

《唐马乘方闻书》文末载：

1　大庭修上述著作《享保時代の日中関係資料二〈朱氏三兄弟集〉》，第424页。
2　大庭修上述著作《享保時代の日中関係資料二〈朱氏三兄弟集〉》，第438页。
3　大庭修上述著作《享保時代の日中関係資料二〈朱氏三兄弟集〉》，第455页。
4　大庭修上述著作《享保時代の日中関係資料二〈朱氏三兄弟集〉》，第506页。
5　大庭修上述著作《享保時代の日中関係資料二〈朱氏三兄弟集〉》，第510页。
6　大庭修上述著作《享保時代の日中関係資料二〈朱氏三兄弟集〉》，第604页。
7　大庭修上述著作《享保時代の日中関係資料二〈朱氏三兄弟集〉》，第272—280页。
8　大庭修上述著作《享保時代の日中関係資料二〈朱氏三兄弟集〉》，第305页。

一　陈采若，弓马之艺者，九岁而以满洲之正红旗固山之官董尔泰者为师，弓、马共学。后任陕西安府之中营千总之武官……勤之限满申候付，故乡杭州府罢归申候……

　　一　陈采若，岁当申，三十六岁。[1]

　　文中记载了陈采若的武艺习得以及职务、年龄等信息。可知，陈采若乃武官出身，原在军中教授弓马骑射之术，勤务期满后赋闲回到故乡杭州府，后受邀赴日。戊申年（1728）时值三十六岁。

　　据《马疗治》第三部题名"陈采若、沈大成马疗治方书付"以及开篇"陈采若、沈大成疗治方"[2]可知，武官出身的陈采若也精通马的治疗。

　　此外，日本国立公文书馆藏《对语骥录》（索书号：304-0262）的题名为"对语骥录同和解，陈采若"。因此可知，《对语骥录》的内容来自陈采若的回答。在陈采若的回答之后，接着书写了德川吉宗的十九条疑问的原文以及通事清川永左卫门的和解文（日文翻译）。此外，从《对语骥录》书中"御问答候马之记录"以及和解文部分的每一问前都写有"御问"的记载来看，这些问题是第八代将军德川吉宗本人提出的。和解文末尾有如下记载：

　　右之通，御书付以陈采若ㇽ——相寻申候处，其身存知申候分相答申候，则自笔而书记为仕。和解书差添差上申候以上。清川永左卫门。[3]

1　大庭修上述著作《享保時代の日中関係資料二〈朱氏三兄弟集〉》，第287页。
2　大庭修上述著作《享保時代の日中関係資料二〈朱氏三兄弟集〉》，第217页。
3　大庭修上述著作《享保時代の日中関係資料二〈朱氏三兄弟集〉》，第377页。

第十章　《射诀》东传日本与赴日清人陈采若

可知，针对吉宗的书面疑问，陈采若通过书写的方式进行了回答。清川永左卫门收到陈采若的书面回答后，添加和解文呈送至江户幕府。

关于陈采若带至日本的物品，《唐马乘方补遗》载：

> 远箭三十本（二十七本损废）、根箭三十本（二十五本损废）、叫鸡箭三十本（不残，损废）、三箭之箭十三本（不残，损废）、地毯箭二本、步弓三张（二张损）、马弓二张（一张损）、弓袋五（二损）、弓张一通、弓弦十筋（三筋）、箓溜一、弓挂五、鞭四本（二本损废）、辔一口、马具一通。[1]

以上均为骑射所用道具。据此后所载："右之通，唐人共持渡候品、当所而相愿拵申候品并借用之品共御寻付，书付差上申候以上。"[2] 可知陈采若带来的物品被当地日本人借用，其携带至日的《射诀》应该与这些物品一样，在日本教授骑射术时被使用。

三

陈采若与赴日清人朱氏兄弟、浙江总督李卫

德川吉宗在位幕府将军的享保年间，朱来章与长兄朱佩章、次兄朱子章三兄弟的赴日引人注目。最早赴日者为朱来章。享保六年（1721）二月，身份为医师的朱来章搭乘宁波船首次赴日，于享保八年十二月回国。享保十年二月，朱来章与其长兄朱佩章朱允传父子、次兄朱子章朱

1　大庭修上述著作《享保時代の日中関係資料二〈朱氏三兄弟集〉》，第342—343页。
2　大庭修上述著作《享保時代の日中関係資料二〈朱氏三兄弟集〉》，第454页。

允光父子五人再次赴日。

其中，朱佩章原为军官，对清朝制度、法律等颇为了解，解答了幕府将军德川吉宗的疑问。《清朝探事》《仕置方问答书》即是其回答的记录。此外，德川吉宗热衷于研究马的饲养、调教方法，故派人向朱佩章询问了有关骑射、医马的问题。《和汉寄文》卷三收录享保十年（1725）十一月朱佩章呈交的《请开恩赐信牌文》。文中载：

> 前蒙钦问款内现有不能详知者间或有之，更有养马、疗马等事，甚不知详，深为惭愧。今回唐之日所承钦问之事逐一查考详细，且能有骑马、养疗马之人择其善者带同前来，以备钦问。[1]

可知，朱佩章请求招聘精通骑射、医马之人赴日，以备询问。其结果便是享保十二年（1727）陈采若、沈大成以及马医刘经先等人的赴日。

不过，《雍正朱批谕旨》载雍正六年（1728）十月十七日浙江总督李卫所呈奏折中，记载了朱来章在日本的活动：

> 彼向日无聊，因往东洋行医，曾治痊长崎头目王家，得有厚赠。……后因见夷人射箭不堪，笑其无用，并夸中国三尺童子俱善弓矢之语。是年，回棹时，通事传话，嘱其聘带弓箭教师并要黄牡丹及二尺阔面之紫檀三种。[2]

文中记载，日本人不善射箭，朱来章耻笑其技艺不如清朝稚童，故被要求船载弓箭教师赴日。但此非事实，恐为朱来章的谎言。决定邀请

1　［日］大庭修编：《享保时代の日中関係资料一》，关西大学出版部1986年版，第230页。

2　《雍正朱批谕旨》卷一七四之十三《朱批李卫奏折》。

陈采若等人赴日者应为朱佩章。

从《幕府御书物方日记》中的享保十一年（1726）正月至十二年二月之间《射史》《射谱》等骑射方面的书籍被德川吉宗借阅以及荻生北溪受命进行日文和解的时间来看，《射史》《射谱》在享保十一年之前就已经被舶载至日。[1]因此，邀请擅长骑射之人陈采若等赴日也是德川吉宗了解中国骑射术之一环。

但是，精通弓马之清人赴日并非易事。《和汉寄文》卷三收录的《御请之马医召连不申御断之书付》载：

> 具口词人三十三番船来朱佩章，为因去年十一月间能骑马养马疗马之人再来之日带来，具词在案。佩（章）今年二月间附搭巳年十九番船回唐，寻觅如此闇练之人试验。有沈大成者，前曾受地总武职之官，今间住在家。此人能骑马养马，闇练其事。此番原要同船来崎，因有武艺之人同船带出而光棍等动疑声言不一。所以沈大成踌躇不敢与佩（章）同船来崎，潜搭吴子明船后来，所以此番佩（章）等之船不得同来。为此具。是实。享保十一年十一月 日，朱佩章。[2]

据此可知，享保十一年（1726）二月归国的朱佩章欲邀请擅长骑射的沈大成赴日。但是，因时有传言朱佩章船欲携通武艺者赴日，沈大成畏惧官府取缔，故放弃与朱佩章同船赴日，约定搭乘吴子明船随后赴日。也就是说，至同年十一月，沈大成未能赴日。

《唐马乘方补遗》收录的《骑射并马医唐人陈采若沈大成刘经先渡

---

1 大庭修上述著作《享保時代の日中関係資料三〈荻生北溪集〉》，第40页。

2 大庭修上述著作《享保時代の日中関係資料一》，第328—329页。

来之次第》载：

> 武艺有之者连渡候仪，不审立，奸曲之者，共色色取沙汰仕候
> 故，同船而致渡海候仪远虑存候由。沈大成申候付左候迹船罢渡候
> 样坚示合，朱佩章斗先达而渡海候处，沈大成仪渡海段段及延引，
> 朱佩章申候所致相违候付，甚首尾合不宜，然所同人仪买卖无御许
> 容积戾被仰付候。[1]

因清朝禁止通武艺者出国，故擅长骑射养马的沈大成决定推迟赴
日。但因其至享保十二年（1727）六月仍未抵达长崎，故六月十三日朱
佩章被要求载原货返航。

上述《骑射并马医唐人渡来之次第》继续记载：

> 弟朱来章于唐国致承知弓马心得候者沈大成限申间敷。大成弓
> 马共胜候陈采若申者并马医刘经先此两人差遣候由，未年六月二十
> 番船主钟观天连渡申候。犹又陈良选申者方朱佩章书翰以，沈大成
> 何卒致同船连渡吴候样赖遣候付，则沈大成致同船未年六月二十一
> 番船主陈大成连渡申候。[2]

可知，朱佩章弟朱来章担心沈大成的赴日过于延后，故又挑选了擅
长弓马术的陈采若以及马医刘经先，让二人乘钟观天（即钟觐天，钟圣
玉之子）二十号船于享保十二年（1727）六月二十一日赴日。另一方
面，朱佩章致函陈良选，拜托其船载沈大成尽快赴日。于是，沈大成搭

1　大庭修上述著作《享保時代の日中関係資料二〈朱氏三兄弟集〉》，第352页。
2　大庭修上述著作《享保時代の日中関係資料二〈朱氏三兄弟集〉》，第352页。

乘陈大成（陈良选化名）二十一号船于同年六月二十一日至长崎。

《雍正朱批谕旨》收录的雍正六年（1728）八月八日李卫奏折载：

> 又有洋商钟觐天、沈顺昌久领倭照贸易。彼国信托，钟则为之
> 带去杭城武举张灿若，教习弓箭，每年亦得受银数千两。沈则为之
> 带去苏州兽医宋姓，在彼疗治马匹……张灿若本名张恒晫，住居杭
> 城，乃雍正元年中式第五名武举。为人素行狡诈，果出外年余，至
> 今未归。其家有父张彬如曾充过卫百总，原系弓箭教师。[1]

日本学者指出，本名张恒晫的张灿若与陈采若为同一人。[2]《浙江
通志·选举》卷一四五雍正元年（1723）癸卯科条载："张恒晫，钱塘
人。"本名张恒晫的张灿若确为雍正元年癸卯科的武举人。

《雍正朱批谕旨》收录的雍正六年（1728）十月十五日江南江西总
督范时绎奏折载：

> 又据覆称：今于苏州地方业将宋姓兽医访出，察知其人名叫宋
> 传二，现在出洋未归。又访知宋传二有母舅名叫陈端，亦系善能识
> 马，现在苏城等语。[3]

可知，苏州兽医宋姓之人为宋传二，其母舅名叫陈端，也为识马之
能人。如果张恒晫（张灿若）与陈采若为同一人，那么其很可能假冒一

---

1 《雍正朱批谕旨》卷一七四之八《朱批李卫奏折》。

2 ［日］矢野仁一：《中国ノ記録カラ見タ長崎貿易（下）》，《東亞經濟研究》第9卷3
号，1925年7月；大庭修上述著作《享保時代の日中関係資料二〈朱氏三兄弟
集〉》，第724页。

3 《雍正朱批谕旨》卷一上《朱批范时绎奏折》。

同赴日的苏州兽医宋传二的母舅陈端之姓。张恒暐（张灿若）之父张彬如原为弓箭教师，父子二人均擅长骑射。乘沈顺昌船赴日的苏州宋姓兽医宋传二，与马医刘经先均为"江南苏州之人"。

然而，陈采若（张恒暐、张灿若）等人的赴日，受到浙江总督李卫的严查。《雍正朱批谕旨》收录的雍正六年（1728）十一月三日李卫奏曰：

> 所访之奸商钟觐天等知风畏罪，逃往东洋生事，难以弋获。现于各处口岸密即差人盘诘堵截，并行杭、湖二府将钟觐天同伊伙计沈顺昌及在洋武举之父张彬如同伊弟张琰设法拿获解到。臣即亲加面讯，伊等代为夹带违禁之物件聘请教习等事，俱经供认是实，但求留其性命，情愿令伊父密写家信，钟觐天代为托人，寄与其子张恒暐，探取夷人实在消耗，以赎死罪等语。[1]

可知，浙江总督李卫派人将钟觐天、同伙沈顺昌，及张恒暐之父张彬如、弟张琰抓获。张彬如书写家信，由钟觐天托人转交给在日的张恒暐，让其探取日本消息。

《雍正朱批谕旨》收录的雍正七年（1729）九月二十日李卫奏曰：

> 前因东洋倭夷勾商夹带违禁人货出口，曾经先后奏明。密遣商人俞孝行、医生朱来章前往探听……已将从前招去之张恒暐等五人送出土库，交还中国商人，此后不再勾引容留。[2]

可知，浙江总督李卫派遣商人俞孝行、医生朱来章赴日探听，要求

1、2 《雍正朱批谕旨》卷一七四之九《朱批李卫奏折》。

交还张恒晫（陈采若）。

《雍正朱批谕旨》收录的雍正九年（1731）六月十九日李卫奏曰：

> 窃查从前聘往日本教习、逗留未归之武举张恒晫并随同之刘经
> 先，又另船出洋之生员孙太源、沈登伟，勒令原商设法于东洋索取
> 本人。去后，今该国将张恒晫等尽行交与原船商人带回。据乍浦游
> 击柳进忠于本年五月初四日押解到，臣亲加究讯……惟张恒晫一
> 犯，不但全无资财贸易，其受聘私往东洋教习骑射之处，始则狡口
> 不承，迫该犯带往之刘经先面同质对，犹敢支饰含糊，不尽吐实。
> 臣思此等之人违禁应聘外洋，教演技艺，贪利忘本。若不分别严惩
> 一二，无以儆戒将来。随将张恒晫武举咨部黜革，发司严审，从复
> 位拟，充发边远，与穷披甲人为奴，以作榜样……所有张恒晫等业
> 从东洋要回，分别究治。[1]

可知，"日本教习"张恒晫（张灿若）与刘经先于雍正九年
（1731）被日本遣返回国后，初不承认在日教授骑射技艺，后经与刘经
先对质才承认，故浙江总督李卫上奏对其进行严惩，配流边远地区。因
此，从享保十二年（1727）六月赴日、雍正九年即享保十六年五月被乍
浦官府逮捕可知，张恒晫在日本间教授骑射术约四年。

如上，笔者论述了享保时代，即德川吉宗时代，日本如何通过浙江
赴日清人陈采若学习中国的骑射术，以及《射诀》等书籍东传日本的经
过，全文总结如下：

（1）《舶载书目》等所载《射诀》目录表明，《射诀》的作者是被誉

---

1 《雍正朱批谕旨》卷一七四之九《朱批李卫奏折》。

为"将才"的金陵（南京）人余五化，作序者为曾任南京武卫教授的徐伯徵。《射诀》应是余五化基于军事训练的实践而撰成的实用性书籍。

（2）陈采若本名张恒暤，钱塘人，原为武举人，于1727年三十五岁的壮年远赴日本长崎。赴日时，他携带了诸多骑射用具，在日传授骑射术的同时，还书面解答了德川吉宗的询问，促成了《对语骥录》的问世。

（3）由于朱佩章原定邀请的沈大成赴日时间推迟，陈采若与马医刘经先遂先行赴日。陈采若等在日本教授弓马骑射技艺并未得到清政府许可，受到浙江总督李卫的严查，雍正九年（1731）即享保十六年五月回国后被逮捕，受到严厉惩罚。

综上可知，陈采若携带至日的《射诀》，当为其在日本教授骑射术时所用书籍。《射诀》在日本的流播以及李卫的严查措施对中日文化交流的影响，今后仍需进一步梳理。

第十一章
德川日本对中国马术的受容与《对语骥录》

江户时代日本实行锁国政策，中日文化交流几乎全依赖于赴日中国人。第八代将军德川吉宗时代亦无例外。较之以往，该时期赴日中国人尤多，日本对中国文化中的法制、武艺、医药等吸收更为兴盛。

应幕府邀请赴日的清人朱来章、朱子章、朱佩章三兄弟的相关资料大部分收录于大庭修编《朱氏三兄弟集》。该资料集中，除《偶记》《清朝探事》《仕置方问答书》外，亦可见《马疗治》《唐马乘方闻书》《唐马乘方补遗》《对语骥录》《马书》等与马相关的资料。

特别值得注意的是，大庭修编《朱氏三兄弟集》的卷首插图"唐马具图"中绘有身着马具的白马图，末尾的跋文中有如下记载：

> 右享保中
> 官征清人　　等、兰人Keijser使译司问骑射牧养等事，则作图及书以献焉。是其副也。别有《马书》数卷、兰图一卷，传写以珍藏云。
> 　　　　　宽政八年丙辰夏六月于　琼浦镇府
> 　　　　　正斋　近藤守重识[1].

1　大庭修上述著作《享保時代の日中関係資料二〈朱氏三兄弟集〉》，卷首插图。

可知，享保年间，吉宗遣使者向清人与名为 Hans Jurgen Keijser 的荷兰人询问有关骑射牧养等事，献上绘图与译书和作为副产品的"唐马具图"一卷，以及"《马书》数卷"和"兰图一卷"。

此"《马书》数卷"即为日本国立公文书馆内阁文库所藏《马书》八册（卷）。但遗憾的是，"清人"二字后为空白，并未记载姓名。基于此，本文围绕何人回答了有关马的问题以及此问答以何种方式展开，探讨德川吉宗时代对中国骑射术、医马术的接受与江浙赴日清人的关联。

一

日本国立公文书馆藏《马书》与赴日清人

日本国立公文书馆藏《马书》的原标题为"陈采若、刘经先等申上马一件之书留"。其中多处记载出现陈采若、沈大成、刘经先等人名。

例如，《马书》第一册有关栗毛马相的知识载"右之通，陈采若、沈大成申候以上"；关于驹有"右之通，陈采若、沈大成申候以上"；关于切割马阴囊的记载后，亦有"右之通，刘经先申候"等。[1]也就是说，这些知识来自赴日清人陈采若等人。

据《马书》第二册开篇载："马具并饲方疗治方等之义，陈采若、刘经先申上候付。"[2]另据文中所载"右十五品，陈采若持渡申候"可知，"远箭三十本""马弓二张"等均由陈采若带来；据"右九品，刘经先持渡申候"[3]可知，"鼻捻""爪切（指甲钳）"等由刘经先携带至日。最后，据文中所载"右之通，唐人共持渡候品、当所而相愿拵申候

---

1 大庭修上述著作《享保时代の日中関係资料二〈朱氏三兄弟集〉》，第419—421页。
2 大庭修上述著作《享保时代の日中関係资料二〈朱氏三兄弟集〉》，第424页。
3 大庭修上述著作《享保时代の日中関係资料二〈朱氏三兄弟集〉》，第453—454页。

品并借用之品，共御寻付书付差上申候以上"[1]可知，"弓""镫"等用具由赴日"唐人"携来，记录后上报幕府。此"唐人"当包含陈采若、刘经先等。

第三册开篇载："安永五（丙申）年于长崎（骑射陈采若、马乘沈大成、马医刘经先）申上马一件之书面八册并卷物二。"[2]第四册开篇载："骑射稽古之义，陈采若、沈大成申上候书付。"[3]另外，从陈采若处得到的回答记为"右之通，陈采若申候以上"[4]，自沈大成处得到的回答记为"右之通，沈大成申候以上"[5]。

据第五册载"右之通，粗心得候趣品分仕谨而御答申上候。龚允让"[6]，以及"右者，私唐国而乾隆十八年叔父沈椒园申者，山东按察使之任趣付候添越……杭州府沈在雷"[7]和"右各种毛色之马名私存知……杭州府钱塘县沈在雷具"[8]和"温陵龚允让"[9]可知，除陈采若外，龚允让、沈在雷等清人亦参与了问答。

由第六册开篇所载"马疗治之仪，刘经先申上候书付"[10]及文中所载"右之通，刘经先申候以上"[11]可知，多处记录了从刘经先处所获的

1　大庭修上述著作《享保時代の日中関係資料二〈朱氏三兄弟集〉》，第454页。

2　大庭修上述著作《享保時代の日中関係資料二〈朱氏三兄弟集〉》，第455页。

3　大庭修上述著作《享保時代の日中関係資料二〈朱氏三兄弟集〉》，第506页。

4　大庭修上述著作《享保時代の日中関係資料二〈朱氏三兄弟集〉》，第510页。

5　大庭修上述著作《享保時代の日中関係資料二〈朱氏三兄弟集〉》，第515页。

6　大庭修上述著作《享保時代の日中関係資料二〈朱氏三兄弟集〉》，第525—526页。但是，国立公文书馆所藏写本《马书》第五册为"龚允譲（让）"。大庭修录文作"護（护）"，当讹。

7　大庭修上述著作《享保時代の日中関係資料二〈朱氏三兄弟集〉》，第526页。

8　大庭修上述著作《享保時代の日中関係資料二〈朱氏三兄弟集〉》，第527页。

9　大庭修上述著作《享保時代の日中関係資料二〈朱氏三兄弟集〉》，第532页。

10　大庭修上述著作《享保時代の日中関係資料二〈朱氏三兄弟集〉》，第533页。

11　大庭修上述著作《享保時代の日中関係資料二〈朱氏三兄弟集〉》，第557、566、573、575、577、586、589页。

知识。据第七册文末载"马疗治之仪，刘经先申上候书付"[1]可知，从刘经先处获取了约八十种疾病的治疗方法。第八册开篇载："马之旋骨穴并马具之仪等，陈采若申上候书付。"[2]

大庭修指出，《马书》是收集《马疗治》《唐马乘方闻书》《唐马乘方补遗》《对语骥录》等享保时期的原始资料才得以撰成的。[3]的确，在《马疗治》等资料中载有刘经先、陈采若、沈大成的名字。如《马疗治》第一部中，在记述"病马药"的病况和药材的存放方法后，载有"右之通，刘经先申候以上，申九月"；在名为"秋叶烙"的自风门穴至灶门穴的烙印的相关内容后，载有"右之通，刘经先申候以上，申九月"；在"病马发"的病因文末载有"右之通，刘经先申候以上，九月"[4]。

此外，《唐马乘方闻书》《唐马乘方补遗》中也出现了陈采若、沈大成的名字。如《唐马成方闻书》中有"沈大成一马一箭之法""（沈）大成一马一箭之法"[5]以及"（陈）采若一马三箭稽古之致方""（陈）采若一马一箭稽古之致方""陈采若二刀遣方"[6]等信息；《唐马乘方补遗》亦载"马仕入方之仪（陈采若、沈大成、刘经先）申候趣之书付"等内容[7]。

《唐马乘方闻书》文末载：

1　大庭修上述著作《享保時代の日中関係資料二〈朱氏三兄弟集〉》，第603页。

2　大庭修上述著作《享保時代の日中関係資料二〈朱氏三兄弟集〉》，第604页。

3　大庭修上述著作《享保時代の日中関係資料二〈朱氏三兄弟集〉》，第745页。

4　大庭修上述著作《享保時代の日中関係資料二〈朱氏三兄弟集〉》，第173—181页。

5　大庭修上述著作《享保時代の日中関係資料二〈朱氏三兄弟集〉》，第272—280页。

6　大庭修上述著作《享保時代の日中関係資料二〈朱氏三兄弟集〉》，第281—286页。

7　大庭修上述著作《享保時代の日中関係資料二〈朱氏三兄弟集〉》，第305页。

- 陈采若弓马之艺者，九岁而以满洲之正红旗固山[1]之官董尔泰者为师，弓、马共学。后任陕西安府之中营千总之武官……处勤之限满申候付，故乡杭州府罢归申候……
- 沈大成弓马之艺者，年二十岁而以台州府守备之官赵天祥者为师，弓、马共学。其后任把总，又千总之武官勤。七年之间，组下之兵卒共弓马教申候处。去年勤之限满申候付，闲居致罢在申候……
- 陈采若，岁当申，三十六岁。
- 沈大成，岁当申，三十三岁。[2]

其中记载了陈采若、沈大成的武艺习得以及职务、年龄等信息。由此可知，陈采若、沈大成是武官出身，原在军中教授弓马之术，勤务期满，赋闲回到故乡，后受邀赴日。

但是，据《马疗治》第三部题名为"陈采若、沈大成马疗治方书付"以及开篇"陈采若、沈大成疗治方"[3]可知，陈采若、沈大成皆精通马的治疗法。

《唐马乘方补遗》亦有刘经先出身的相关记载，内容如下：

刘经先，马医之仪者，祖父三代皆马医。拾四岁请父亲刘继芳传授。官府并市中马之疗治仕候，并弟子申候而者无御座候。[4]

1　固山：清初八旗组织的编制单位，汉语译为"旗"。《唐马乘方补遗》（国立公文书馆所藏）载为"同山"，当讹。

2　大庭修上述著作《享保時代の日中関係資料二〈朱氏三兄弟集〉》，第287页。

3　大庭修上述著作《享保時代の日中関係資料二〈朱氏三兄弟集〉》，第217页。

4　大庭修上述著作《享保時代の日中関係資料二〈朱氏三兄弟集〉》，第353页。

可知，自刘经先祖父起，祖孙三代皆马医出身，刘经先十四岁时受教于其父，在官府和民间治疗病马，后被招请至长崎。与陈采若、沈大成不同，刘经先未有任官经历，为民间医马者。

此外，《唐马乘方补遗》所引"骑射并马医唐人（陈采若、沈大成、刘经先）渡来之次第"文书载："（刘经先）江南苏州之人，同三十四岁。"[1] 可知，刘经先在享保十二年（1727）到达长崎时，年仅三十四岁[2]。由此可知，陈采若、沈大成、刘经先三人皆为江浙人，于三十多岁的壮年时期赴日。[3]

二
马、马具、马艺者与马医师的至日

近藤守重《右文故事》卷十三享保九年（1724）十一月条载：

> 守重云：是前，奉享保三年六月唐马具携来之旨命，同年十月林达文将来唐马具二通。且又奉唐马牵渡之旨命，同五年二月伊孚九船载唐马二匹牵渡。此外前后，弓马之艺心得者杭州陈采若，马医心得者苏州刘经先，唐医杭州陆文斋，苏州吴载南、朱来章、赵淞阳，汀州周岐来等，依御寻而渡来。有关渡来书籍此略。其时之唐马具图并唐红毛马书之译本，守重传写收储。[4]

1　大庭修上述著作《享保時代の日中関係資料二〈朱氏三兄弟集〉》，第352页。
2　《唐马乘方补遗》也有刘经先"申年三十一岁"的记载。大庭修上述著作《享保時代の日中関係資料二〈朱氏三兄弟集〉》，第324页。
3　有关陈采若的活动，参见本书第十章。
4　近藤守重上述著作《近藤正斋全集　第二》，第297页。

可知，享保三年（1718）十月，林达文奉六月吉宗之令携来马具二套，享保五年二月，伊孚九奉令牵马而至。此外，近藤守重还提到了谙熟弓马之术的杭州人陈采若、马医苏州人刘经先，以及医师杭州人陆文斋，苏州人吴载南、朱来章、赵淞阳，汀州人周岐来等被招至日本。

关于运载马具、马等情况，《唐马乘方补遗》享保三年（1718）六月条载：

> 一唐马具
>
> 　右持渡候样被仰渡，酉拾六番船主林达文御请申上候。
>
> 　同年十月，二拾七番船主同人持渡唐马具二通。
>
> 一唐马二匹
>
> 　右牵渡候样被仰渡，三拾一番船主伊韬吉御请申上候。
>
> 　但翼（翌之讹）子年二月，二番船主伊孚九船唐马二匹牵渡申候。
>
> 　但唐马牵渡来候付，丑年之信牌伊孚九丸江被下置候。为马代新银十五贯目被下之。尤右马之外，御用次第唐马追追牵渡申候。[1]

据此可知，宁波船主林达文应吉宗携来马匹及马具之请，于享保三年（1718）十月运来马具二套。此外，南京船主伊孚九受其兄伊韬吉所托，于享保五年二月舶载马二匹而至。

另外，《唐马乘方补遗》享保三年闰十月条亦载：

1　大庭修上述著作《享保時代の日中関係資料二〈朱氏三兄弟集〉》，关西大学东西学术研究所1995年版，第355页。

一唐马连渡候样被仰渡，西二拾七番船客钟圣玉同二拾九番船客季胜光两人而御请申上候。

翌亥年三月十六日，拾二番船主季胜先船唐医连渡申候。

江南苏州府之人　唐医　吴载南[1]

可知，宁波船主钟圣玉、广东船主李胜光[2]二人接受幕府船载马匹赴日的要求。但是，享保四年（1719）三月，李胜先却载来了医师吴载南。据《信牌方记录》（长崎县立图书馆古贺文库藏）载，吴载南系苏州府吴县人，携仆从二人赴日。但同年六月，吴载南便病逝于长崎福济寺。

《信牌方记录》享保八年（1723）十二月十三日条载：

二十八番郭亨统船入津仕候。此船唐马三匹牵渡申御夜入本船卸西御屋敷被牵候事。但牡马一匹、牝马二匹。[3]

可知，享保八年（1723）十二月十三日，郭亨统运来马匹。翌年，郭亨统离开长崎港之际，《信牌方记录》享保九年条载：

为褒美郭亨统，一生之间割合之广东牌之外，每年入津之恩加牌三枚宛御与可被游候。[4]

1　大庭修上述著作《享保时代の日中関係资料二〈朱氏三兄弟集〉》，第356页。
2　季胜光。《信牌方记录》（长崎县立图书馆古贺文库藏）载为"李胜先"，曾改名为"李大成"。故此人恐名为李胜先，"季"为"李"之讹。
3　大庭修上述著作《享保时代の日中関係资料一》，第70页。
4　大庭修上述著作《享保时代の日中関係资料一》，第74页。

可见，郭亨统受到了极大的褒赏。

最早赴日的医师为杭州陆文斋。《唐马乘方补遗》享保八年（1723）九月条载：

> 浙江杭州府之人唐医陆文斋。右元禄十六年癸未年八月四日，七十七番船主张大来船罢渡。同五日，樱马场勘定屋铺被召出。同十九日，构御入。同年十一月廿四日，本船致归唐候。[1]

元禄十六年（1703）八月四日，陆文斋乘张大来之船抵达长崎。翌日，被召请至樱马场的勘定屋敷。同年十一月二十四日归国。

此后赴日的医师为朱来章。享保六年（1721）二月，朱来章携仆从沈士仪、德荣、阿庆三人搭乘宁波船赴日，为普通民众诊疗，后于享保八年十二月回国。享保十年二月，朱来章与其长兄朱佩章以及朱佩章之子朱允传、次兄朱子章及朱子章之子朱允光五人再次赴日。据《右文故事》记载，朱来章为苏州医师，但实为汀州府医师。与赵淞阳、周岐来一样，朱来章亦非疗马医师。

与其弟朱来章同船而来的朱佩章原为军官，因其对清朝制度、法律等颇为了解，可以解答吉宗的疑问，故有了《清朝探事》《仕置方问答书》等问答书的问世。享保十年（1725）十一月，朱佩章呈交《请开恩赐信牌文》一文，文中载：

> 前蒙钦问款内现有不能详知者间或有之，更有养马、疗马等事，甚不知详，深为惭愧。今回唐之日所承钦问之事逐一查考详

---

1 大庭修上述著作《享保時代の日中関係資料二〈朱氏三兄弟集〉》，第356页。

细，且能有骑马、养疗马之人择其善者带同前来，以备钦问。[1]

可知，吉宗热衷于研究马的饲养、调教方法，他向朱佩章询问了有关骑射、疗马的问题。朱佩章不甚了解，遂请求招聘精通骑射、疗马之人赴日。其结果便是享保十二年（1727），陈采若、沈大成以及马医刘经先的赴日。

但此三人的赴日绝非易事。朱佩章于享保十一年（1726）十一月呈交的《御请之马医召连不申御断之书付》载：

> 今年二月间附搭巳年十九番船回唐，寻觅如此闇练之人试验。有沈大成者，前曾受地总武职之官，今闲住在家。此人能骑马养马，闇练其事。此番原要同船来崎，因有武艺之人同船带出而光棍等动疑声言不一。所以沈大成踌躇不敢与佩章同船来崎，潜搭吴子明船后来。[2]

据朱佩章述，时有传言其船欲携通武艺者赴日，故擅长骑马养马的沈大成便放弃与朱佩章同船赴日，约定搭乘吴子明船后来。但沈大成的实际赴日时间却迟了半年之余。

《唐马乘方补遗》收录的《骑射并马医唐人（陈采若、沈大成、刘经先）到来经过》载：

> 弟朱来章于唐国致承知弓马心得候者沈大成限申间敷。大成弓马共胜候陈采若申者并马医刘经先此两人差遣候由，未年六月二十

1　《和漢寄文》卷三，载大庭修上述著作《享保時代の日中関係資料一》，第230页。

2　《和漢寄文》卷三，载大庭修上述著作《享保時代の日中関係資料一》，第328—329页。

番船主钟观天连渡申候。犹又陈良选申者方江朱佩章书翰以，沈大成何卒致同船连渡候样赖遣候付，则沈大成致同船未年六月二十一番船主陈大成连渡申候。[1]

可知，朱佩章弟朱来章担心沈大成乘后船前来之事过于推迟，又挑选了擅长弓马术的陈采若以及马医刘经先，让二人乘钟观天（即钟觐天）船赴日。另一方面，朱佩章致函陈良选（即陈良远），拜托其船载沈大成尽快赴日。因此，陈良选化名为陈大成，将沈大成带至长崎。

享保十二年（1727）六月二十一日，刘经先携仆从俞天成、郭大为，沈大成携仆从李亚庆，一同搭乘钟观天（即钟觐天）船赴日到达长崎。雍正九年（1731）六月十九日李卫奏曰：

> 窃查从前聘往日本教习、逗留未归之武举张恒暐并随同之刘经先……今该国将张恒暐等尽行交与原船商人带回。据乍浦游击柳进忠于本年五月初四日押解到，臣亲加究讯……惟张恒暐一犯，不但全无资财贸易，其受聘私往东洋教习骑射之处，始则狡口不承，迫该犯带往之刘经先面同质对，犹敢支饰含糊，不尽吐实。[2]

可知，陈采若即张恒暐，与刘经先于雍正九年（1731）即享保十六年五月归国。换言之，此约四年的时间内，陈采若即张恒暐、刘经先等人在日本教授骑射、疗马术等。

因清朝禁止通武艺者出国，故擅长骑马、养马的沈大成决定推迟赴日。因其未能搭乘享保十一年（1726）十一月抵达长崎的朱允传（朱佩

---

1 大庭修上述著作《享保時代の日中関係資料二〈朱氏三兄弟集〉》，第352页。
2 《雍正朱批谕旨》卷一七四之十三《朱批李卫奏折》。

章之子）之船赴日，故朱佩章被要求载原货返航，未能在日贸易。

上述《马书》第五册提到龚允让、沈在雷围绕马的毛色问题进行了回答。从"温陵龚允让"记载来看，龚允让来自温陵，即泉州。赴日清人中同为龚姓的还有龚恪中、龚起中二人。《唐船进港回棹录》享保十八年（1733）条载：

> 二十六番广东，（本名）龚恪中、龚起中，本年十二月廿五日（厦门）带丑牌进港。卯六月廿九日，领乙卯牌回棹。[1]

可知，龚恪中、龚起中二人为二十六号广东船主，自厦门出发，于享保十八年（1733）十二月到达长崎，乙卯年即享保二十年六月离开长崎港。从"本名"二字来看，龚恪中、龚起中赴日时，使用了其他名字，其中一人恐使用了"龚允让"之名。另据《唐船进港回棹录》享保十六年条载，龚恪中作为善三十六号柬埔寨船船主之一，曾于享保十六年十二月二日来航长崎，享保十八年九月十七日返回。

另外，从"杭州府钱塘县沈在雷"记载来看，沈在雷系杭州府钱塘县人。其叔父沈椒园（沈廷芳，号椒园），曾于乾隆十八年（1753）出任山东按察使。沈椒园与赴日清人沈茗园、"洋商"沈顺昌之间的关系，尚不明确。"弓马艺者"沈大成与精通骑马养马的沈在雷恐为同一人。

关于陈采若、刘经先带至日本的物品，《唐马乘方补遗》中有两处记载。陈采若带来的物品，如下所示：

---

1 《唐船進港回棹録》，载［日］大庭修编：《唐船進港回棹録 島原本唐人風説書 割符留帳》，关西大学东西学术研究所1974年版，第96页。

远箭三十本（二十七本损废）、根箭三十本（二十五本损废）、叫鸡箭三十本（不残，损废）、三箭之箭十三本（不残，损废）、地毯箭二本、步弓三张（二张损）、马弓二张（一张损）、弓袋五（二损）、弓张一通、弓弦十筋（三筋）、篦溜一、弓挂五、鞭四本（二本损废）、辔一口、马具一通。[1]

以上均为骑射所用道具。另一方面，刘经先带至日本的物品有：

鼻捻二、马诘皮网二、药饲辔一口、药饲筒一口、爪里隙二口、爪切凿一本、烧印四、针十本（九本损废）、火针二本。[2]

共九类，均为疗马用具。以上舶来品有所损废。遗憾的是，不知在日本是如何被利用的。

三

赴日清人问答书与《对语骥录》

享保十二年（1727）六月二十七日，长崎奉行所对到达长崎的陈采若、沈大成、刘经先等人进行调查，并将其呈词记录下来上交幕府。之后，便开始着手料理陈采若等人的在日生活问题。

《唐马乘方补遗》享保十二年（1727）条载：

1　大庭修上述著作《享保时代の日中関係资料二〈朱氏三兄弟集〉》，第342—343页。
2　大庭修上述著作《享保时代の日中関係资料二〈朱氏三兄弟集〉》，第343页。

六月廿九日，彭城藤次右卫门、彭城伦左卫门、二木幸三郎，御役所被召出。牧野十兵卫殿、秋山八郎右卫门殿御立合，弓马唐人追付樱马场被差置候间，伦左卫门、幸三郎，昼之内念入相勤可申候……二木胜五郎、隅市郎卫门、清川永左卫门、彭城惠左卫门，昼夜念入隔番相勤可申候。夜者一人宛泊番相勤可申旨被仰付候。[1]

可知，彭城藤次右卫门等三名通事被唤至奉行所，奉令随陈采若等赴日清人入住樱马场。彭城伦左卫门、二木幸三郎、二木胜五郎等人昼夜轮番，悉心照料。

《唐马乘方补遗》此后还载有：

享保十二未年七月，富田又左卫门样御下者之由承。八月十二日，富田又左卫门样樱马场御勘定屋敷御出被仰闻候者，今日御宿继继唐人方马之御用被挂候样被仰付候间，向后昼夜不限，御出御寻可被成候付，无间违通弁仕候样被仰渡。尚又此间马饲方其外疗治乘方等之仪定而承置候仪可有之候间，左样之书付候差出候样被仰付候。[2]

可知，富田又左卫门于八月十二日到达樱马场的勘定屋敷。此后无论昼夜，频繁出入樱马场的勘定屋敷，询问饲马法、医马法、骑马法等，均得到陈采若等人的解答。

彭城藤次右卫门又记作"彭城藤治右卫门"，是当时任职于长崎奉

1　大庭修上述著作《享保时代の日中関係资料二〈朱氏三兄弟集〉》，第354页。
2　大庭修上述著作《享保时代の日中関係资料二〈朱氏三兄弟集〉》，第355页。

第十一章　德川日本对中国马术的受容与《对语骥录》

行所的大通事。另外，《唐马乘方闻书》中的"栗毛马相"后载：

> 右之通，陈采若、沈大成申候以上
> 申三月，二木幸三郎、二木胜五郎[1]

"摘除马阴囊后的饲养方法"后载：

> 右之通，刘经先申候以上
> 三月，二木幸三郎、二木胜五郎[2]

二木幸三郎与二木胜五郎为小通事，出身林家，与彭城藤治右卫门一起担任刘经先、陈采若、沈大成三人的翻译，协助传授疗马术、骑射法。

《马疗治》第一部"马医唐人疗治法记录"中载：

> 右之通，刘经先申候以上
> 以上，九月，富田又左卫门
> 幸助样

第二部"马医唐人疗治法记录"中载：

> 十二月十九日，富田又左卫门
> 幸助样

1　大庭修上述著作《享保時代の日中関係資料二〈朱氏三兄弟集〉》，第308页。
2　大庭修上述著作《享保時代の日中関係資料二〈朱氏三兄弟集〉》，第313页。

第三部"陈采若、沈大成马疗治法记录"中载：

> 六月，富田又左卫门
> 幸助样

另外，《唐马乘方闻书》"苏秦背剑之时射法"后载：

> 八月，富田又左卫门
> 幸助样

富田又左卫门为吉宗马役，自江户被派遣至长崎，享保十二年（1727）八月对陈采若、沈大成、刘经先等进行了询问。内阁文库本《马疗治》写本全篇笔迹相同，应出自富田又左卫门一人之手。另外，幸助的全名为目贺田幸助，吉宗侍从，懂马术。[1]从这点来看，可以说呈给幸助的文书，也就是呈给吉宗的。

另外，从《马疗治》第一部中的"申九月"记载来看，刘经先是于享保十三年（1728）戊申九月回答此内容的。换言之，对马医刘经先的询问至少持续到享保十三年十二月。

对陈采若、沈大成的询问持续到何时，尚不明确。从《马疗治》第三部后记来看，两人是于享保十三年（1728）六月回答此内容的。

《唐船进港回棹录》享保十三年条载：

> 村十八番東埔寨，陆南坡，本年十一月十日带申牌进港。己酉四月三十日领庚戌牌回棹。客陈得辅将沈大成愿之牌领回……

1　大庭修上述著作《享保時代の日中関係資料二〈朱氏三兄弟集〉》，第733—734页。

河二十一番南京，刘名谦、陈方抡，本年十二月初七日带申牌进港。己酉五月初一日领亥牌回棹。副船主改名陈延安，依陈采若愿给宁波庚戌牌。[1]

可知，享保十四年（1729）四月，陈得辅将沈大成的信牌领回。同年五月，依陈采若之愿，给陈延安（陈方抡）发放宁波庚戌牌。换言之，陈采若、沈大成均被赐予信牌。这或许是为了表彰二人解答马术问题的功绩吧。

综上所述，富田又左卫门对陈采若、沈大成、刘经先的询问过程，可总结如下：

享保十二年（1727）

（1）六月二十七日，调查三人，并将其呈词誊写、上交幕府；

（2）六月二十九日，着手料理三人在日生活问题；

（3）七月十日，入住樱马场的勘定屋敷；

（4）八月十二日，富田又左卫门抵达樱马场勘定屋敷。

享保十三年（1728）

（1）三月，询问陈采若、沈大成、刘经先；

（2）六月至八月，询问陈采若、沈大成；

（3）九月至十二月，询问刘经先。

享保十四年（1729）

（1）四月三十日，发放沈大成信牌；

（2）五月一日，发放陈采若信牌。

享保十六年（1731）

（1）五月，陈采若、刘经先回国。

1　大庭修上述著作《唐船進港回棹録 島原本唐人風說書 割符留帳》，第87页。

日本国立公文书馆藏《对语骥录》外题"对语骥录同和解，陈采若"[1]。因此可知，《对语骥录》的内容来自陈采若的回答。在陈采若回答之后，接着书写了德川吉宗的十九条疑问的原文以及通事清川永左卫门的和解文（日文翻译）。此外，从《对语骥录》书中"御问答候马之记录"[2]以及和解部分的每一问前都写有"御问"的记载来看，这些问题是吉宗本人提出的。从上述陈采若接受问答的时间来看，此问答很可能在享保十三年（1728）六月至八月间。

清川永左卫门的和解文末尾有如下记载：

> 右之通，御书付以陈采若江——相寻申候处，其身存知申候分相答申候，则自笔而书记为仕。和解书差添差上申候以上。清川永左卫门。[3]

可知，面对吉宗的书面疑问，陈采若通过书写的方式进行了回答。清川永左卫门收到陈采若的书面回答后，添加和解呈送至江户幕府。从十九条的汉文问答与后面的和解文字迹不同来看，十九条的汉文问答并非清川永左卫门的笔迹。

值得关注的是，《对语骥录》的开头载有十九条回答，均以汉语所记。其中，第十九问涉及青鸡、暖皮、孟椿、美水草和力青五种物品，内容如下：

> 一青鸡之事：青鸡，鸟名。其翅黑色，出于唐国江西地方。翎箭好看、声响，活者未曾见过。

1　大庭修上述著作《享保時代の日中関係資料二〈朱氏三兄弟集〉》，第363页。
2　大庭修上述著作《享保時代の日中関係資料二〈朱氏三兄弟集〉》，第367页。
3　大庭修上述著作《享保時代の日中関係資料二〈朱氏三兄弟集〉》，第377页。

一暖皮之事：暖皮者，暖树之皮，别名未曾听说。出于唐国山西地方，用取包弓靶，敛汗不滑。先书煖字，差也。

一孟椿之事：孟椿者，树名。出于唐国浙江严州地方，其木用作箭，性直不湾（弯之讹）。

一美水草之事：美水草，药名。出于陕西、河南两地方，野生蔓草也。非人所种，医马之药。

一力青之事：先书刀字，是误写。系松树之脂，嫩者名松香；老者炼过，名力青。

五种之物，在于贵国俱未曾见。

唐士陈采若[1]

从这十九条回答以及"唐士陈采若"五字的字迹相同来看，上述内容为同一人抄写。文中称日本为"贵国"，且从十九条的汉文问答与后面的和解文字迹不同来看，十九条的汉文问答有可能为陈采若本人的笔迹。"唐士陈采若"左侧有"系封"（圆形）"生菴"（方形）印章。从赴日清医胡兆新给松平伊织的信件中的落款名字左侧盖有"兆新"（胡兆新的字）、"侣鸥散人"（胡兆新的号）来看[2]，"系封"或为陈采若的字，"生菴"或为陈采若的号。

关于上述"青鸡"的内容，陈采若为杭州人，未曾见过"出于唐国江西地方"的"青鸡"也属事实。此外，"先书煖字，差也"与"先书刀字，是误写"的日文和解均没有省略，忠实于原汉文。因此，"先书煖字，差也"和"先书刀字，是误写"的"先书"，应该为吉宗或富田又左卫门提交的原文书写。也就是说，陈采若在回答书面提问的同时，

1　大庭修上述著作《享保時代の日中関係資料二〈朱氏三兄弟集〉》，第367页。

2　朱子昊、郭秀梅编著：《东亚医学笔谈文献研究》，上海交通大学出版社2018年版，第23页。

也指出原文书写存在误字的地方。"美水草"和"力青"的日文和解旁均注有"药品之内"四字。

大庭修认为，德川吉宗是在读了《唐马乘方闻书》后提出了上述十九条疑问的。[1]换言之，吉宗阅览了富田又左卫门呈交的报告后，对马的管理、饲育、骑射练习等萌生了疑问，所以才有了问答书《对语骥录》的问世。但是，盛昭军指出，"美水草"方见于《元亨疗马集·中药篇·君臣佐使用药须知》中，原文为"美水草，当归为君，陈皮、白芍为使，黄药子、白药子为佐"[2]。从上述"美水草"方仅见于《元亨疗马集》来看，应该是吉宗阅览了此前传入日本的《元亨疗马集》后才有此疑问的。

如上，笔者论述了享保时代即德川吉宗时代日本是如何通过江浙赴日清人学习中国的骑射术、医马术的。全文总结如下：

（1）奉吉宗之令，赴长崎的中国商船不仅装载马匹、马具以及医马器具、医马书籍等物品，而且还邀请精通骑射术、医马术的清人。武官出身、精通骑射术的杭州人陈采若、沈大成，精通医马术的苏州人刘经先应邀赴日。

（2）陈采若、沈大成、刘经先三人的赴日过程较为复杂。由于沈大成的赴日时间延迟，陈采若及马医刘经先二人遂先行赴日。但陈采若等人的赴日属于偷渡，故受到浙江总督李卫的严查。

（3）陈采若、沈大成、刘经先等赴日清人在长崎樱马场的勘定屋敷，通过二木幸三郎、二木胜五郎等通事，解答了吉宗使者富田又左卫门的提问。其中陈采若的书面解答，促成了《对语骥录》的问世。其作

1　大庭修《解题》，载大庭修上述著作《享保时代の日中関係资料二〈朱氏三兄弟集〉》，第739页。

2　盛昭军：《"美水草"方的临床应用》，《中兽医医药杂志》1989年第6期。

为赴日清人与德川吉宗之间维持数月之久的笔谈记录，弥足珍贵。

最后，中国的马匹、马具、马医、医马书籍至日以及《对语骥录》《马疗治》等清人问答书，对吉宗时代的骑射术、医马术研究产生了怎样的影响？滨学指出，与其他医马书相比较，问答书《马疗治》的特点在于所涉及的疾病多为运动器官类，其症状、疗法详尽，应该对丰富幕府医马知识、提升医马技术意义重大，但《马疗治》仅见手写本，并未刊行，而且从荷兰传入的西洋兽医学取代了陈旧的中国马医学。[1]此外，大庭修也指出，从记录清人问答书的马书写本并没有广为流传来看，其影响不大。[2]

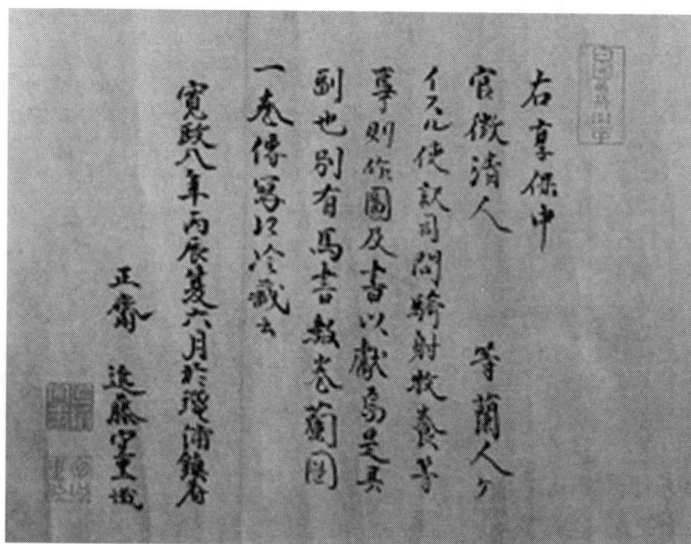

《享保時代の日中関係資料二〈朱氏三兄弟集〉》卷首插图"唐马具图"末尾跋文

---

1 滨学上述论文《唐人馬医劉経方のこと——近世獣医史の中から》。
2 ［日］大庭修：《日中交流史話——江戸時代の日中関係を読む》，燃烧社2004年版，第194页。

然而，不仅这些清人问答记录，就连荷兰人Hans Jurgen Keijser的问答记录《红毛马书》《红毛马书补遗》《阿兰陀马乘方闻书》《阿兰陀马疗治之本和解》等写本亦未广为流传。天正八年（1580）六月三日作成的《马书》（日本国立公文书馆所藏、索书号154-394）中卷载："右一卷者，虽为当家秘术书，依不残。御愿望口传等无残，令得授毕。盖不顾外口钦，且非其仁可被禁视线者也。"可知，《马书》在日本被看作秘术书，不可对外公开。另外，日本国立公文书馆现藏的多部《马书》大都为享保年代及其以后作成，在当时备受关注，至少应为德川吉宗等人所关注、借鉴，并没有被埋没。

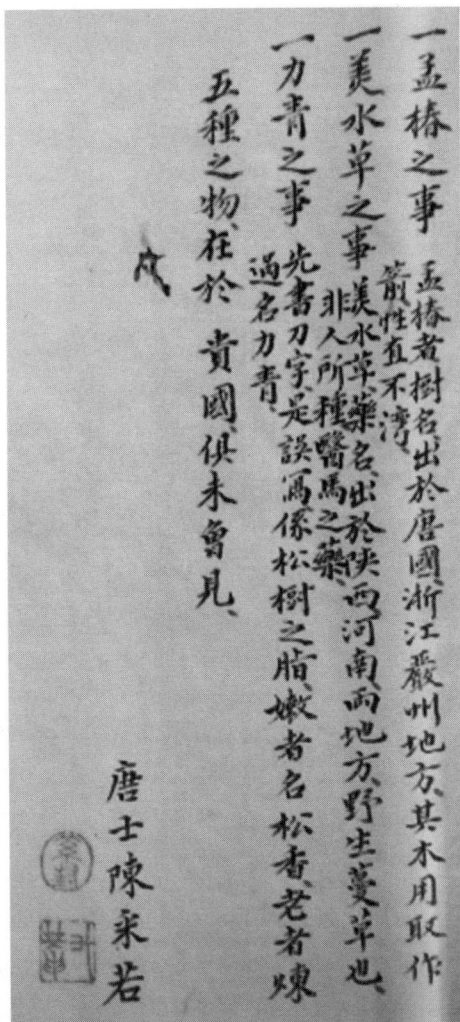

《对语骥录》中的"唐士　陈采若"及"系封""生菴"印章

239

第十二章
《古今图书集成》的成书及其东传日本

　　《古今图书集成》（下称《集成》）穷搜博征，数据宏富，门类齐全，汇通经史，分6汇编、32典、6109部、1万卷，目录40卷，并附有精美图表6264幅。是著"凡在六合之内，巨细毕举。其在'十三经''二十一史'者，只字不遗。其在稗史子集者，十亦只删一二"[1]。《集成》是继我国最早的类书《皇览》出现1500年后问世的、集古今图书之大成的大型类书，不但保存了辉煌的文化遗产，也为后人继承文化遗产起到难以估量的作用。

　　《集成》于雍正四年（1726）铜活字排印刊行后，先后出现了几个印本，此几个印本版式、册数及流播各有千秋。珍版善本，因印数少而束之高阁；脱讹劣版，因部数多而流行较广。《集成》因卷帙浩繁、类目庞杂，查阅甚为不便。《四库全书》因《四库全书总目》（1781年成书）而身价百倍，《集成》却因没有索引而遭世人冷落。国内直到1989年为配合《集成》重印才编制了一本《集成索引》，国外则较早编制了一些《集成》的专用工具书，索引目录达七八种之多，如英国瓦伯尔编《古今图书集成方舆汇编索引》、翟理斯编《中国百科全书字顺索引》（即《集成索引》）和日本文部省编《古今图书集成分类目录》等。其中《古今图书集成分类目录》最引人注目。事实上，日本是最早关注并

1　陈梦雷《松鹤山房文集》卷二《进〈汇编〉启》。

积极输入《集成》的国家。作为"唐船持渡书"[1]的一环，《集成》于18世纪中期即流播日本，影响深广，成为江户时代中日"书籍之路"上的一道亮丽风景。

一
《古今图书集成》的成书

"类书之事，始于《皇览》。"[2]《皇览》开启了中国类书编纂的先河。南朝梁刘杳编撰的《寿光书苑》、北齐后主时纂修的《修文殿御览》都是仿效《皇览》"撰集经传，随类相从"的体例。这些类书大都散佚，现存较早的有《北堂书钞》《艺文类聚》《初学记》《白氏六帖》等，至宋则有《太平御览》《太平广记》《册府元龟》《文苑英华》等分类更细、规模更庞大的类书问世。明代类书《永乐大典》（初名《文献大成》）则"尽聚经史子集，天文地理，阴阳医卜，僧道技艺之言"，达22871卷、11095册、2.7亿字，被公认为世界上最早、最大的一部百科全书。由于《永乐大典》已残缺，《集成》便成了我国现存古代类书中规模最大、资料最丰富的一部。乾隆称其为"书城巨观，人间罕见"；清代学者张廷玉在将《集成》与《永乐大典》进行比较后，盛赞《集成》"剪裁厘正之功"，指出两者有"霄壤之别"；近代大学者康有为谓"此书为一切做学问的人不可缺少的工具书"。《集成》以其浩博享誉

---

1 汉籍作为贸易物品，大量地舶往日本当在江户时代。当时日本人把中国人称为"唐人"，把中国商船称为"唐船"，中国船运往日本的书籍被称为"唐船持渡书"。

2 《玉海·艺文·承诏撰述》中有："类书之事，始于《皇览》。"《三国志·魏书·文帝纪》记载：魏文帝诏令王象、桓范、刘邵、韦诞、缪袭等人，"撰集经传，随类相从，凡千余篇，号曰《皇览》"。

海外，外国人称它为"康熙百科全书"。翟理斯曾编制《中国百科全书字顺索引》（即《集成索引》），并指出："《集成》书，可谓大于最巨之英文百科全书（即《大英百科全书》十一版）四五倍。"李约瑟在《中国科学技术史》序言中说"我们经常查阅的最大的百科全书是《集成》"，并指出"这是一件无上的珍贵礼物"。

（一）《古今图书集成》的成书与陈梦雷

《集成》"贯穿古今，汇合经史，天文地理，皆有图记。下至山川草木，百工制造，海西秘法，靡不毕具，洵为典籍之冠"。[1]全书共分历象、方舆、明伦、博物、理学、经济六汇编，除政治、经济、军事、民族等资料外，还收录了边裔典、选举典、铨衡典、食货典、戎政典、祥刑典、考工典等珍贵资料。每部按汇考、总论、图、表、列传、艺文、选句、纪事、杂录、外编等顺序统括资料。其所辑录的内容不改原文，引证详列出处，标明书篇作者，而且体例细密周详。[2]由于它成书时间较晚，故能博采众家之长，不论在形式上——三级类目结构体系，还是在内容上——广博宏富、图文并茂，都比较典型地体现了中国古代百科全书的基本编制格局，标志着中国古代百科全书的编纂走向了成熟的阶段。[3]当然，《集成》自身也存在一些严重的缺点：第一，封建正统观念贯穿全书，形式与内容存在矛盾，一些陈腐不堪的内容夹杂其中；第二，缺乏严格的科学分类方法，如《乾象典》火部中混入了烟火（爆竹）的制作，《艺术典》中包含了农、圃、渔、医、幻术、庖厨等部；

---

1 《四库全书总目提要·办理〈四库全书〉·历次圣谕》。

2 《古今图书集成》卷首《凡例》指出："法象莫大乎天地，故汇编首《历象》而继《方舆》；乾坤定而成位，其间人也，故《明伦》次之；三才既立，庶类繁生，故次《博物》；裁成参赞，则圣功王道以出，次《理学》《经济》，而是书备焉。"

3 卢明：《中国古代百科全书述论》，《辽宁教育学院学报》2002年第1期。

第三，引录文献的版本选择不精，校勘粗略，讹误缺脱及注文误为正文现象时有发生；此外，辑收材料的深度和广度还不够充分，显得有些杂乱无章。尽管如此，《集成》仍不失为一部编纂成功的皇皇巨制。

《集成》始编于清康熙四十年（1701），初稿完成于康熙四十五年。今传本署名为雍正朝经筵讲官、户部尚书蒋廷锡，《清史稿·艺文志》子部类书中亦载"蒋廷锡等奉敕编"，但《清史稿》的本传及其文集中未有其编校《集成》之记载。蒋廷锡在《〈集成〉告成议赏请旨折》中夸称"补未纂三千余卷，改旧编十六万篇"。《雍正御制序文》曰："厘定三千余卷，增删数十万言。"事实上，主持编修、"目营手检，无问晨夕"的是陈梦雷。陈梦雷，清顺治七年（1650）生，乾隆六年（1741）去世，福建闽县人。字则震，又字省斋，号天一道人，晚年又号松鹤老人。十一岁时中秀才，十八岁即中举人。康熙九年，又中进士，随后选庶吉士、授翰林院编修。康熙十三年回乡迎亲，逢"精忠乱作，光地使日惺（光地从父）潜诣梦雷探消息，得虚实，约并具疏密陈破贼状，光地独上之，由是大受宠眷。及精忠败，梦雷以附逆逮京师，下狱论斩"（《清史稿》卷二六二），后减死谪戍奉天。康熙三十七年奉召回京，侍皇子胤祉读书。康熙四十年十月始编纂《集成》，康熙四十五年四月初稿完成，康熙五十五年进呈康熙皇帝。

陈梦雷爱好读书，精通满文，著有《周易浅述》八卷、《松鹤山房文集》十六卷（一说二十卷）、《天一道人集》一百卷、《闲止书堂集钞》二卷和《盛京通志》《承德县志》《海城县志》《盖平县志》《日省堂文集》等，此外还留下了大量的诗文。陈梦雷《松鹤山房文集》卷二《进〈汇编〉启》较详细地记述了编修《集成》的始末：

　　……雷以万死余生，蒙我皇上发遣奉天，又沐特恩召回京师，侍我王爷殿下笔墨。恭遇我王爷殿下睿质天纵，笃学好古，礼士爱人，自庆为不世遭逢，思捐顶踵，图报万一。无奈赋命浅薄，气质昏愚。读书五十载，而技能无一可称；涉猎万余卷，而记述无一可举。深恐上负慈恩，惟有掇拾简编，以类相从，仰备顾问。而我王爷聪明睿智，于讲论经史之余，赐之教诲。谓《三通》《衍义》等书，详于政典，未及虫鱼草木之微；《类函》《御览》诸家，但资词藻，未及天德王道之大。必大小一贯，上下古今类列部分，有纲有纪，勒成一书，庶足以大光圣朝文治。雷闻命踊跃，喜惧交并，自揣五十年来无他嗜好，惟有日抱遗编，今何幸，大慰所怀！不揣蚊力负山，遂以一人独肩斯任。谨于康熙四十年十月为始，领银雇人缮写。蒙我王爷殿下颁发协一堂所藏鸿编，合之雷家经史子集，约计一万五千余卷。至此四十五年四月内，书得告成。分为汇编者六，为志三十有二，为部六千有零。凡在六合之内，巨细毕举。其在"十三经""二十一史"者，只字不遗。其在稗史子集者，十亦只删一二。以百篇为一卷，可得三千六百余卷；若以古人卷帙较之，可得万余卷。雷五载之内，目营手检，无间晨夕，幸而纲举目张，差有条理。谨先誊目录、凡例为一册上呈，伏维删定。……或赐发秘府之藏，广其所未备，然后择于江南、浙江都会之地，广聚别本书籍，令精力少年分部雠校，使字画不至舛讹，缮写进呈，恭请御制序文，冠于书首，发付梓人刊刻。……

此外，《松鹤山房文集》中还有一篇《告假疏》也反映了《集成》编写的进程：

……深恐上负皇子贝勒使命，是用竭力于数年之内，皆自黎明，以至三鼓，手目不停，将家中书籍万余卷，自上古至元、明，皆按代编次，共分类六千余，约可计三千六百卷。臣独立检点，所抄写之人，点画粗率，未及校正，舛误之字尚多。然此书规模大略已定。先将凡例、目录誊写呈皇子贝勒，其中或存或删，或分或合，俟贝勒裁定之后，聚集多人，细加校正誊清，进呈御览，得蒙我皇上指示，方可成书。……

《古今图书汇编》进呈后，康熙赐名《古今图书集成》，并亲赠御联"松高枝叶茂，鹤老羽毛新"，下诏设馆增辑、制作铜活字印刷。康熙六十一年（1722）十一月雍正即位，十二月下谕流放陈梦雷，其时"已刷印九千六百二十一卷，未刷印者三百七十九卷"。雍正元年（1723）正月，派户部尚书蒋廷锡领衔编校，至雍正三年十二月定稿，雍正六年刊印首版铜活字，编者署名蒋廷锡，并没有留下陈梦雷的名字。不过，康熙六十一年十二月的谕令（《清实录·世宗实录》卷二）和上述《进〈汇编〉启》和《告假疏》清楚地表明了《集成》的编修者是陈梦雷。

（二）《古今图书集成》的印本

《集成》首版铜活字本于雍正六年（1728）印成（俗称"武英殿活字本"），连同一部试印样书，共印65部。每部正文10000卷，目录40卷，分装5020册（其中20册为目录），装522函（正书520函，目录2函）。活字储藏在武英殿的铜字库。吴长元《宸垣识略》载："武英殿活字版处在西华门外北长街路东，活字系铜铸。"此套铜活字的数目不少于25万个，加之图字兼备，铸造工程是相当艰巨的。但不幸的是，这套铜活字未曾再刊印，便遭到盗窃乃至销毁。乾隆帝撰诗有"毁铜昔悔彼，刊木此惭予"之句，"毁铜"句下有自注云："康熙间编纂《古今图书集成》，刻铜字为活版，排印藏工，储之武英殿。历年既久，铜字或被窃缺少。司事者惧干咎，适值乾隆初年，京师钱贵，遂请毁铜字供铸，从之。所得有限，而所耗甚多，已为非计。且使铜字尚存，则今之印书，不更事半功倍乎？深为惜之。"[1]

此版印本有两种纸张，一种为开化纸印本，一种为太史连纸印本。现传铜版《集成》中有挖补的痕迹，可能是蒋廷锡接手后所为。蒋廷锡曾向雍正皇帝报告说"一卷之中必有十余页错误应改印者"，而雍正对"改印"问题十分慎重，批示"改印者不必，恐有后论"。铜活字印本稀少，在当年即为珍籍。除内府分藏（文渊阁藏太史连纸一部，乾清宫藏开化纸一部，皇极殿藏开化纸、太史连纸各一部）外，翰林院宝善亭获赐一部，圆明园中的文源阁存一部，热河行宫的文津阁、辽宁故宫的文溯阁各存一部，扬州文汇阁、镇江文宗阁、杭州文澜阁及云南的五华书院亦各有一部。另外，乾隆三十七年（1772）下诏征求海内藏书助修《四库全书》。乾隆三十九年五月十四日乾隆"上谕"："今阅进到各家书目，其最多者为浙江之鲍士恭、范懋柱、汪启淑，两淮之马裕四家。为数五六七百种，皆其累世弄藏，子孙克守其业，甚可嘉尚。"因而御赐浙江藏书家鲍士恭（知不足斋）、范懋柱（天一阁）、汪启淑（开万楼）以及江苏藏书家马裕（马氏藏书楼）等《集成》各一部。迄今历时近三百年，存留的原版本已寥若晨星，国内仅北京图书馆、故宫博物院藏有原版全帙。

《集成》自雍正六年（1728）铜活字版后又陆续出了多个印本。第一个是光绪十年（1884）点石斋铅印本。光绪初年，英国人安·美查与弗·美查兄弟来上海创办申报馆。光绪十年创立"图书集成印书局"，用机制连史纸十开尺寸铅印，绘图部分则用石印，至1888年共印行缩印本10000卷，1500部，每部1628册（其中目录8册）。所用铅字为三号扁体，故此印本又称"扁字本"。此印本书品缩小，册数减少，存放和携带都比较方便。但机制连史纸颜色稍黄，加之印刷所用活字过扁，

---

1 刘劼：《〈古今图书集成〉的四次印本》，《津图学刊》第2期，1999年。

排列紧密，故阅读不便。该版由于校勘不精，脱页脱卷、脱行讹字不可胜数，然印数较多，流行较广。

第二个是光绪十七年（1891）的影印本，由清政府出资交由同文书局影印了100部。此次影印增加《考证》20卷，每套5440册，照殿本原式，较为精美，用于清政府赠送外国或颁赏大臣。书用桃花纸印刷，费时三年，耗银近50万两，可见工程之大，为当时印刷出版界一大事。遗憾的是，影印期间书局失火，致使尚未取走的50部全部烧毁。

第三个是光绪十六年（1890）同文书局石印本。当时照相石印技术的兴起，使雍正六年（1728）铜活字本原貌再现成为可能。光绪十六年，光绪皇帝责令总理各国事务衙门石印《集成》，两江总督下辖上海道与上海同文书局商洽，最后由上海同文书局承办此事，于光绪二十年完成。共照雍正铜版活字本原式用桃花纸照相石印100部，每部工料费3500余两，耗银近50万两。[1]图书装帙亦与武英殿本相同，并增订正引文错讹脱缺的《集成考证》24册，每部共5044册。此印本精益求精，不仅详加校证，而且注意到缺图缺页，所用底本有字画不齐和纸现黄色斑点之处，都用粉笔涂盖，再用墨笔描写清晰，故影印本墨色鲜明。除上缴若干部外，其余暂由上海道保存。留存上海道的一部分，惨遭火厄，传本甚少。[2]

第四个是1934年上海中华书局的影印本。此本复用康有为所藏雍正铜活字本作底本，用橡皮版影印，采用江南造纸厂机制连史纸三开大本摄影缩制，合原书九页为一页，缩印后字的大小如现在的五号铅字，共印800册。又将从浙江省立图书馆所借光绪同文书局石印本所附《考证》，以原书六页为一页，另行影印，分装八册，附于书后。每部共

1　《古今图书集成》第八十册附《段文桂后记》，中华书局、巴蜀书社1989年版。

2　刘劼上述论文《〈古今图书集成〉的四次印本》。

808册，其中1—6册为目录，7—800册为正文，801—808册为《考证》。康有为跋语曰："此本自吾邑叶氏领运自京而来粤，费万金，后归吾邑孔氏。昔先师朱九江先生语我尝假读，馆孔氏三月焉。今归于我。"[1]今缩印本上有"南海叶华溪珍藏""孔氏岳雪楼收藏书画印""南海康有为更生珍藏"等藏书印。这部影印本对同文书局石印本的某些错讹脱缺亦有订正，书根标有册次号，并于《目录》眉端加注册次号，《考证》眉端注有册页数以便检索核对，版面清晰而篇幅大减。但该书没有索引，全书未统一编码，加上卷帙繁多，查阅仍然不便。

1989年中华书局与巴蜀书社将上海中华书局影印版重印刊行，所用底本存有部分活字本与同文本《草木典》所缺之一页，非常可贵，可以称为第五版。重印工作自1986年开始，历经两年半完成。除新编索引一册（第82册）外，将全书统一编码，同时将原中华书局缩印本改为16开精装本，每册外加函套，共82册，32典共79册，考证一册，索引一册。用料选用金城凸版纸，精工精印，字迹清晰，装帧考究，实为《集成》之最佳版本。[2]

20世纪末的电子版《集成索引》有36个索引数据库，收录近37万条记录，约1200万字，不仅采用了当时先进的Delphi电子技术，而且运用版本学、文字学、校勘学、训诂学、文献学、索引学等专业知识，有效地解决了版本选择、字形处理、校勘加注、设置参照系统等关键问题。电子版《集成索引》的问世使《集成》备受世人瞩目。

1　《古今图书集成》第一册附《康有为跋语》，中华书局、巴蜀书社1989年版。
2　上述《古今图书集成》第八十册附《段文桂后记》。

二

《古今图书集成》东传日本

《集成》首版铜活字本于雍正六年（1728）印成后，即作为"唐船持渡书"的一种流播日本。除了深见新兵卫、向井元仲等当时负责长崎商船贸易的官吏之外，较早关注《集成》输入日本的是松浦静山、木村巽斋、大田南亩、近藤正斋等当时的一流文人，在这些文人现存的书籍中均录有《集成》总目。后世关注《集成》输入日本的当推辻善之助，其在《海外交通史话》中指出，《集成》的输入是江户时代中日文化交流史上的一件大事。近年来，对《集成》输入日本进行细致梳理、详加论证的则是大庭修。以独特视角研究"书籍之路"的大庭修是江户时代"唐船持渡书"研究的集大成者。其研究《集成》流播日本的著作主要有《江户时代唐船持渡书的研究》第四章第二节《古今图书集成的持渡》和《江户时代中国典籍流播日本之研究》第三章第二节《德川吉宗与汉籍的持渡》，后者是在前者基础上的增补稿，对《集成》的输入过程进行了详细的考述。笔者在此仅围绕《图书集成绘图》的东传、《集成》东传的原因、印本及售价等前人未曾注意的问题进行粗浅的探讨。

（一）唐商孙辅斋与《图书集成绘图》东传日本

据《见闻书目》（上）和《右文故事》卷十三的记载，享保二十一年（1736）四月，《图书集成绘图》20帙160册由辰三番唐商孙辅斋舶载至长崎。有关孙辅斋在中日之间往返的活动，可参照笔者制作的下表（表12-1）：

表12-1　孙辅斋在中日之间的往返活动

时间	事件	出典	备注
享保十年（1725）六月十八日	与江南苏州府医周岐来搭乘巳十四号船赴日。孙以助周制药为由，与周同住于大通事柳屋次左卫门家中。是时，解答有关《大清会典》的疑问	《通航一览》卷二二七	周岐来是唐船商费赞侯应幕府要求而带来，于享保十二年五月十一日回国
享保十一年十一月十七日	领丁未牌（即允许十二年入港贸易的许可证）搭厦门船提前回国	《和汉寄文》卷四	目的是邀请能解答《大清会典》有关疑问的举人嫡亲叔叔孙仕隆来日
享保十二年十二月九日	孙辅斋搭乘杨澹斋的四十一号船至长崎。虽未载示孙仕隆，但带来了可以回答《大清会典》有关疑问的杭州府人沈燮庵	《唐船进港回棹录》享保十二年条	《大清会典》的译者深见久大夫已于二月返回江户。因此，协助深见翻译《大清会典》的唐人仅有孙辅斋
享保十六年四月十一日	与沈燮庵携宁波辛亥牌（即享保十六年立即来航的当年牌）搭乘戌十六号船回国。此前，为奈良古梅园主松井元泰所制方、圆大墨二锭应酬赋诗	《唐船进港回棹录》享保十六年条、《大墨鸿壶集》	沈燮庵携带荻生北溪校写的《唐律疏议》，请清刑部尚书励廷仪作序。周岐来曾为刊行于享保十九年春的《大墨鸿壶集》作序，序文撰于享保十八年春
享保十六年冬	周岐来持孙辅斋的辛亥牌作为第二十号船的副船头至日	《长崎先民传》序文、《唐船进港回棹录》享保十七年条	周岐来享保十三年来日，十四年四月三十日回国
享保二十一年四月	又与沈燮庵一同赴日，携带《图书集成绘图》20套160卷至长崎	《右文故事》卷十三	沈燮庵通过长崎奉行将励廷仪序文及《唐律疏议沈炳（即沈燮庵）释文订正》上呈将军，收藏御文库

　　据彭城百川《元明清书画人名录》"来舶清人"条记载："孙廷相，字太原，号辅斋，龙湖人，楷、行。""太原"，《雍正朱批谕旨》载浙江总督李卫的奏折中作"太源"。龙湖，乃今广东廉江市，即孙辅斋为今广东廉江市人。据《通航一览》记载，孙辅斋于享保十年（1725）六月十八日与江南苏州府医周岐来同船赴日，周岐来于享保十二年五月十一

日回国。但是，孙辅斋于享保十一年十一月十七日提前回国。关于孙辅斋回国的缘由，《孙辅斋请颁信牌书状》（《和汉寄文》卷四）详述如下：

> 具呈孙辅斋去夏航海前来，即蒙清问《大清会典》，但此书系各衙门理事之书，即有才学未曾亲历衙门事务者，一时难以应答。辅去年以年屡屡承清问，款内之事不过据理解说，其至当不易所在，自愧不能一分明白，于心难安。辅有嫡叔孙仕隆年五十六岁，系举人，文理精通，才学优长。前在舍亲翰林英隆元衙门办事多年，因之衙门事务，详细亲历明白。若得此人，《会典》事务必能悉知。辅愿再来之日，带至贵国以备清问。虽举人出唐有碍，辅系嫡亲叔侄，私下可以密相商，要他前来。虽然如此，惟恐人口难料，故附搭别船前来之事，深是万难，实在可惜。若蒙要他前来，可以恳赐信照一张，情愿自己发船同来贵国。倘或滥请无学之人，到港之日，清问办理不明，甘心不准卖货，决不敢冒渎再求。今辅因有要事，定搭十番船回唐，敢恳准赐信照，感德不朽癸。为此立呈，甘结为据。享保十一年十一月。[1]

关于孙辅斋等人往返于中日间的活动，浙江总督李卫获取了大量的情报并上奏雍正皇帝。《雍正朱批谕旨》载李卫在雍正六年（1728，日本享保十三年）十二月十一日上奏：

> 据各商钟觐天等供出，尚有杨澹斋带去秀才孙太源、沈登伟，

1　［日］大庭修著，戚印平、王勇、王宝平译：《江户时代中国典籍流播日本之研究》，杭州大学出版社1998年版，第231页。

往彼讲习《大清会典》《中原律例》，未曾归浙。[1]

雍正九年（1731）六月十九日上奏中称：

> 据乍浦游击柳进忠于本年五月初四日押解到，臣亲加究明，内孙太源原系行商，多年因欲图赚倭照，代为续邀沈登伟，出洋在彼，讲解《大清会典》各书，与夷人做诗写字，每人各地倭照一张，呈验已据直吐，并将彼出耳目所见情形一据实供明……孙太源等三人，确讯尚无勾通作奸别项不轨情弊。惟图利是实，似应饬交地方官著落，商总邻族，出具保结，管束安插，永不许再行出洋，以杜其弊。[2]

由此可知，享保十六年（1731）四月归国的孙辅斋和沈燮庵因乍浦游击柳进忠的调查，受到禁止出洋的处罚。故孙辅斋把自己的辛亥牌送给周岐来，周岐来才得以于享保十六年冬作为孙辅斋的代理人、第二十号船的副船头至日贸易。[3]

据上述彭城百川《元明清书画人名录》"来舶清人"条载，孙辅斋也具有一定的书法造诣。另据《通航一览》记载，孙辅斋是一位儒医。上述李卫的奏折中称其为"秀才"，并提到其"讲解《大清会典》各书，与夷人做诗写字"。此外，《大墨鸿壶集》载有孙辅斋为奈良古梅园主松井元泰所制方、圆大墨二锭应酬赋诗《题方圆二墨六言绝句》《题方圆二大墨》《题墨谢诗》等。可见，孙辅斋具有较高的文化修养。众

1 《雍正朱批谕旨》卷一七四之九《朱批李卫奏折》。
2 《雍正朱批谕旨》卷一七四之十三《朱批李卫奏折》。
3 大庭修著，戚印平、王勇、王宝平译上述著作《江户时代中国典籍流播日本之研究》，第460页。

所周知，"唐船持渡书"运载至日大多取决于唐船主的酌情判断，除非接到订货单。或许正是因为孙辅斋具有上述文化修养，《图书集成绘图》20帙160册才会流播日本。《集成》全套舶载至日也与孙辅斋有极大的关联。

（二）德川吉宗与《集成》全书的输入

大庭修在《江户时代中国典籍流播日本之研究》第三章第二节《德川吉宗与汉籍的持渡》中对《集成》的输入进行了较详细的阐述，但是《集成》输入日本的具体时间及过程仍不清晰，有时难以断定是《集成》还是《图书集成绘图》。笔者根据相关原始资料，梳理制作下表（表12-2）：

表12-2　《集成》《图书集成绘图》输入日本具体时间及过程

时间	事件	出典
享保二十一年(1736)四月	《图书集成绘图》20帙160册由辰三号南京船客孙辅斋舶载至长崎，长崎奉行将之携至江户。十九日加纳远江守致信细井因幡守令调查《集成》	《舶载书目》四十三册、《见闻书目》上册
元文元年(1736)五月	十二日细井因幡守致信加纳远江守，呈上《图书集成绘图考》(即大意书)、孙辅斋答词(日语译文)和"质疑御书"的抄件。孙辅斋答词中认为全书尚未完成。(四月二十八日改元元文，但孙辅斋答词落款仍为享保二十一年)	《舶载书目》卷四十三、《右文故事》卷十三、《有德院实纪附录》卷十、《见闻书目》上册
元文元年八月	吉宗阅览《图书集成绘图》，怀疑已全部刻成，下令等全书齐备完成后输入日本	《圣堂文书》(370--48)
元文元年九月	十日令书物奉行调查。书物奉行深见新兵卫、桂山义树与目贺田长门守命商议调查考《图书集成绘图》。十一日19帙153册运至长崎，7册留于御前。同时《集成绘图成书考》、南京船商客孙辅斋答词和"质疑御书"的抄件从加纳远江守处发下。十三日书物奉行开始考审《集成绘图》以应御用。十四日留于御前的7册收藏入库	《有德院实纪附录》卷十、《右文故事》卷十三、《御书物方日记》第十二册、《见闻书目》上册

时间	事件	出典
元文元年十月	朔日书物奉行提交《天文图》部分的中间报告。二十四日进呈《集成成书考》及《集成绘图》152册(其中1册留于书物奉行处)。二十五日吉宗阅后即将《集成绘图》装入两箱,附上日记和付札,还回长崎。以此作为比较样本,令携来全书	《右文故事》卷十三、《御书物方日记》第十二册
元文元年十二月	书物奉行深见新兵卫、桂山义树呈加纳远江守书信,记录上述经过	《见闻书目》上册
宝历十年(1760)五月	《集成》600帙9996册10004卷30箱,由辰一号唐船携至长崎,向井元仲作备忘录	《圣堂文书》(370–48)、《好书故事》卷五十八、《赍来书目》
宝历十二年九月	向井元仲制作《辰一番唐船持渡商卖书物目录并大意书》	《辰一番唐船持渡商卖书物目录并大意书》
宝历十三年三月	向井元仲制作《集成大意书》	《圣堂文书》(660–45)
宝历十三年九月	长崎奉行进呈《辰一番唐船持渡商卖书物目录并大意书》	《辰一番唐船持渡商卖书物目录并大意书》
宝历十四年正月	《集成》600帙9996册,送至书物奉行处,全书纳于御文库	《御书物方日记》第十二册
明和二年(1765)二月	十八日书物方制定了《集成总目》	《御书物方日记》第十二册
时间不详	其后再次传入《集成》真本,因"价五百金,无有贸者,终徒劳而还"	浅野长祚《寒檠璅缀》

从上表可以看出,享保二十一年（1736）四月《图书集成绘图》20帙160册由唐商孙辅斋舶载至长崎,至宝历十年（1760）,《集成》600帙9996册10004卷30箱由辰一番船携至长崎。

近藤守重《右文故事》卷十三元文元年（1736）条载:

> 九月,新渡《图书集成绘图》六百六十卷（是岁五月长崎舶载来）,以备御览。有御不审之品（《御书物方日记》）。十日,御书物奉行奉令检阅《图书集成绘图》（同上）……廿五日,御书物奉行呈上《图书集成本书考》一册。旨令《图书集成绘图》返却长

崎，追全书将来。[1]

　　由此可见，《集成》整套输入日本与德川幕府的第八代将军德川吉宗密切相关，正是德川吉宗阅览《图书集成绘图》后，才下令输入《集成》全书。日本国立国会图书馆《古今图书集成本书考》记载有德川吉宗阅览《图书集成绘图》后对内容产生疑问的《御不审书》。[2]这表明，吉宗认真地阅览并关注《集成》收载的内容。

　　从《兼山秘策》《基熙公记》中，可以看出吉宗有着不拘小节、刚烈开明的性格。正是这种积极开明的性格，使他和书籍、学术结下了不解之缘。大庭修指出："《集成》不仅是吉宗阅读孙辅斋带来的《图书集成绘图》后要求订购的，而且此书也使吉宗超人的见识得以发挥出来。"[3]笔者认为，吉宗"超人的见识"当渊源于其开明的实学思想。可以说，《集成》的输入，是德川吉宗开明的实学思想的产物。[4]

　　那么，《集成》为什么能引起吉宗的兴趣呢？据《见闻书目》上册载，元文元年（1736）五月十二日细井因幡守呈《本书考》（即《集成绘图考》）。又据《圣堂文书》（370–48）载，元文元年持渡的《图书集成绘图》"大意书当时就已呈上"。故笔者认为，此"大意书"就是《本书考》。《本书考》指出，卷三至卷十八、卷二十至卷二十二采自《西洋历经》《算法统宗》等图，卷十九为三垣二十八宿之图，卷五十八至卷八十八为花木、药草、龙鱼及鸟兽之图，卷九十三至卷九十四为医

1　近藤守重上述著作《近藤正斋全集　第二》，第301页。
2　大庭修上述著作《享保时代の日中関係资料三〈荻生北溪集〉》，第528页。
3　大庭修上述著作《江户时代における唐船持渡书の研究》，第136页。
4　关于德川吉宗的实学思想，请参见拙文《从"唐船持渡书"看德川吉宗的实学思想》，中国中日关系史学会编：《中日关系史研究》第2期，2001年。亦参见本书第十三章。

卜图，卷九十七至卷九十九为星相图，卷一〇六至卷一〇八为勘舆图，卷一一四至卷一一九为耕织图，卷一二一为舟车，卷一三〇至卷一六〇为博古图。笔者认为，正是因为这本《图书集成绘图考》的内容符合吉宗的收藏标准而引起了吉宗的注意。吉宗围绕《图书集成绘图》的印刷方法和版心等细节提出了疑问，不仅表现出其广博的专业知识和事必躬亲的实干家精神，而且也显示了其对于《集成》的极大热心。吉宗出于资治的需要而求取史部的诏令奏议、地理、职官、政事之书，为殖产兴业而收集子部的农家、医家、天文算法之书，二者均堪称实学。而附有精美插图的《集成》采集广博，通贯古今，分类详致，条理清晰。这部"包括宇宙之广大，统会古今之异同"的大部头类书，可迅速地实现吉宗的收集需求。

（三）《集成》东传的印本及全套的售价

《集成》首版铜活字本于雍正六年（1728）印成（俗称"武英殿活字本"），八年后的享保二十一年（1736）四月《图书集成绘图》就被唐商舶载至日。如把书商购买、持有的时间也计算在内，《图书集成绘图》从出版到输入日本的时间更短。大庭修曾对蓬左文库所藏天启、崇祯版的书籍刊印及入幕府书库的时间进行统计，指出入库最早的是在出版后两年，最迟的是在刊后十年至十三年。[1]与出版两年后即入幕府书库的这些书籍相比，《集成》（《图书集成绘图》）从出版到输入日本的时间较长。但是，笔者认为，《图书集成绘图》东传日本值得大书特书。上文已指出，《集成》连同一部试印样书，共印成65部。这部书印制精美，校勘称善，装帧富丽，且印本稀少。江浙地区的藏书家鲍士

1　[日]大庭修著，葛继勇译：《书籍之路的验证方法》，王勇主编：《中日关系史料与研究》（第一辑），北京图书馆出版社2002年版，第33页。

恭、范懋柱、汪启淑、马裕等因向朝廷进呈图书有六七百种之多，才各获赏《集成》一部。于日本而言，由政府编纂、在刊印当年即为珍籍的《图书集成绘图》，是其他书籍难以比拟的。《有德院实纪附录》卷十载："某年，唐商孙辅斋从《图书集成》中抽出图绘，集成百六十册，携至长崎，实乃稀世之本。"

据彭城百川《元明清书画人名录》"来舶清人"条记载，孙辅斋为龙湖（今广东廉江市）人。但《雍正朱批谕旨》载，孙辅斋因多次往返于浙江和日本而为浙江总督所知。《见闻书目》（上）所载孙辅斋答词中，孙辅斋自称南京船商客。据《通航一览》记载，孙辅斋于享保十年（1725）六月十八日搭乘苏州人费赞侯的商船与江南苏州府医师周岐来一同赴日。由此可知，孙辅斋虽为广东廉江市人，但其主要活动地点在江浙一带。《图书集成绘图》舶载至长崎，时在享保二十一年四月；《集成》全套由辰一号船携至长崎，时在宝历十年（1760）五月，均在乾隆三十九年（1774）浙江鲍士恭、范懋柱、汪启淑、两淮马裕四家以其藏书六七百种助修《四库全书》而获赐《集成》之前。但是，江浙一带多有古书收藏，不仅盛行刻书风潮，而且还有许多著名藏书家。江浙地区赴日的商船中多载有书籍，江户时代传入日本的古籍中也多钤有江浙地区藏书家的藏书印。陈梦雷《松鹤山房文集》卷二叙述其编撰《集成》时说："或赐发秘府之藏，广其所未备，然后择于江南、浙江都会之地，广聚别本书籍。"乾隆四十三年，为编修《四库全书》而征集到的图书共有12337种，其中江苏进书4808种，居各省之首；浙江进书4600种，排名第二。笔者认为，享保二十一年四月由孙辅斋舶载至长崎的《图书集成绘图》恐得自江浙地区藏书家。遗憾的是，由于《图书集成绘图》下落不明，《集成》全书在关东大地震中被大火焚毁，难以知道东传日本的《图书集成绘图》和《集成》全书出自哪位收藏家。但可以确信的是，输入日本的《集成》是连样书共65部的首版印本。

关于全套《集成》的售价，《宝历十年辰年中直组账》载：

> 辰一番船
> 一《古今图书集成》 一部
> 但二十贯目加五贯目 共二十五贯目

根据中泽辨次郎《日本米价变动史》的研究，宝历十年（1760）的米价为一石51.93匁。如果把25贯目理解为白银25贯目，那么《集成》交易时使用的货币为元文丁银25贯或元文豆板银25贯。如果用日本庆长十四年（1609）的货币交换率即银一贯兑1000匁进行换算，那么25贯就相当于25000匁。也就是说，一部《集成》接近于500石的大米！

江户时代的学者大田南亩《一话一言》卷十三载有天明四年（1784）唐船所载书籍的售价：《太平御览》175匁、《佩文韵谱》227匁6分3厘、《渊鉴类函》350匁2分、《艺文类聚》36匁、《康熙字典》113匁8分1厘5毛。[1]如果把它们与《集成》的售价进行比照，可以发现《集成》售价相当于这些书籍的数十倍、数百倍。山胁悌二郎曾对贞享三年（1686）入港的84艘唐船所载商品的总额进行了统计，其中日本商人购买的商品总额为5969贯754匁8462、将军购买的商品总额为83贯835匁5分。[2]以此来看，这部《集成》全书的售价则约为贞享三年将军从84艘唐船购买商品总额的30%。此外，如果与文化元年（1804）入港的11艘唐船所载书籍的总售价30贯541匁8分进行比照，这部《集成》全书的售价约为文化元年唐船11艘所载书籍售价的82%。

1　大庭修上述著作《江戸時代における唐船持渡書の研究》，第232—233页。

2　［日］山胁悌二郎：《長崎の唐人貿易》，吉川弘文馆1995年版，第72页。

另据浅野长祚《寒檠璅缀》卷二载："其后再次传入真本，价五百金，无有贸者，终徒劳而还。"如果也用庆长十四年（1609）的货币交换率即金（即纯银）一两等于50匁进行换算，那么"五百金"就等于银25000匁！浅野长祚指出《集成》"价五百金，无有贸者"，可见价格之高。也许正是看中了《集成》在日本销售的高额利润，才有了《集成》的再次传入。

三
《古今图书集成》的辗转收藏与日本大型类书的编纂

宝历十年（1760）五月《集成》600帙9996册10004卷30箱，由辰一号船携至长崎，宝历十四年正月全书纳于御文库。此后，《集成》在江户时代的使用及流播情况未见史料记载。笔者认为，全套《集成》舶载至日后，在江户时代并没有得到足够的重视。全套《集成》输入日本，是因拥有开明的实学思想和振兴幕政之志的德川吉宗下令输入。令人遗憾的是，全套《集成》输入日本后，没有对吉宗当时的改革发挥作用，因为德川吉宗未见到此书便于宽延四年（1751）去世了。日本仅有一部全套《集成》，但被收藏入库，束之高阁。此后虽再次传入《集成》真本，但是购买如此大部头的巨著恐怕只有依靠政府的财力才能完成，以个人收藏家的财力难以收购。而《集成》在中国国内极其珍稀，书商不愿降价亏本出售，故"终徒劳而还"。这种"终徒劳而还"的遗憾，还与幕府没有足够重视《集成》的价值有关。

至宽政五年（1793），塙保已一向幕府申请并建立了和学讲谈所，计划将八国史律令的善本普及于世，陆续出版了《日本后纪》《令义解》《百炼抄》等。在编纂《武家名目抄》的同时，着手编修《群书类丛》，得到了幕府的经费支持。《群书类丛》采取编年体标记年月、收录史料、提举纲目的方法，与陈梦雷编纂《古今图书汇编》（即《集成》）的方法极为相似。《松鹤山房文集》卷二《进〈汇编〉启》载，陈梦雷编纂《古今图书汇编》时"纲举目张，差有条理"，"必大小一贯，上下古今类列部分，有纲有纪，勒成一书"；《告假疏》也载其"将家中书籍万余卷，自上古至元、明，皆按代编次，共分类六千余，约可计三千六百卷"。得到幕府财力支持、编纂《武家名目抄》和《群书类丛》的塙保已一，很容易查阅幕府文库所藏的全套《集成》，并参照《集成》编纂《群书类丛》。但是，我们可以说，这部流播至日而被束之高阁的《集成》全书，并没有在江户时代产生重要影响。自德川吉宗"中兴"之后，幕府的体制已经跟不上时代发展，其推行的多次改革，挽救不了幕府必然灭亡的命运，虽"为了回顾过去的盛时以坚定应付时局的信心，幕府也曾计划修史，但是，对过去盛时回顾仅仅是形式，事实上完全执着于现在的事态而无心考虑其他事情"[1]。

明治维新后，藏于幕府文库的《集成》全书归太政官文库，后藏于内阁记录局；明治二十二年（1889）至明治二十四年间被移交宫内厅保管，后经明治天皇批准，出借给东京帝国大学图书馆；大正十二年（1923）在关东大地震中被大火焚毁。[2]为什么在明治年间，堪称"天下无二的珍书"的《集成》会辗转流播呢？笔者认为，这应当与明治维新后日本历史学的发展及明治新政府的修史事业有关。明治维新后日本的历史学作为一门学科独立，公私的修史事业、史学研究及史观发生了重

1　[日]坂本太郎著，沈仁安、林铁森译：《日本的修史与史学》，北京大学出版社1991年版，第119页。

2　大庭修著，戚印平、王勇、王宝平译上述著作《江户时代中国典籍流播日本之研究》，第313页。

要的变化。[1]明治五年十月，明治新政府在太政官正院设置了历史、地志两课，决定以此机构开展新政府的修史事业。明治十九年实施内阁制度，内阁设临时修史局；明治二十一年修史工作移交东京帝国大学；明治二十六年后修史的主要目的变为编纂史料。这些机构的设置及修史事业的发展，促使《集成》全书在不同机构间辗转流播。

明治二年（1869）四月明治天皇下达给太政官三条实美的诏书中指出："修史乃万世不朽之大典，祖宗之盛举。"可见明治新政府对修史事业寄予厚望。明治八年，明治新政府改历史课为修史局，明治十年又改为修史馆，开始史料编纂事业。这种国家史料的编纂事业在内容上完全继承了塙保已一编纂的《群书类丛》。明治十二年三月，文部大书记官西村茂树建议编纂类书，并指出日本缺乏类书乃方今文运兴隆时的缺陷。根据这个建议，文部省着手编纂《古事类苑》，于明治二十四年四月统定编纂条例及细则，检阅并改定稿本。明治四十年基本完成编纂工作，于大正三年（1914）全部印刷出版。《古事类苑》所收文献自太古迄至庆应三年（1867），不同于《大日本史料》按年排列史料的方法，而是按照事项编排史料，初预备编纂四十部，后定为三十部。虽然《古事类苑编纂事历》中多次谈到《太平御览》《渊鉴类函》以及日本的《和汉三才图会》等类书，事项的设定方法也吸取这些类书的长处，但丝毫未提及《集成》。然而《古事类苑》的三十部，与《集成》的三十二典极为相似，具有渊源关系，如天部（乾象典）、岁时部（岁功典）、地部（坤舆典）、官位部（官常典）、人事部（人事典）、文学部（文学典）、乐舞部（乐律典）、礼式部（礼仪典）、帝王部（皇极典）、植物部（草木典）、动物部（禽兽典）、兵事部（戎政典）、姓名部（氏族典）、居处部（宫闱典）、食物部（食货典），等等。笔者认为，《古事类苑》

1　坂本太郎著，沈仁安、林铁森译上述著作《日本的修史与史学》，第165页。

吸取了《集成》的编排方式及体例。明治年间《集成》的辗转流传以及出借给史料编纂中心——东京帝国大学，当表明政府在修史过程中对《集成》的关注和利用程度。

　　《古今图书集成》初稿完成于康熙四十五年（1706），初名为《古今图书汇编》。雍正即位后，因总辑官陈梦雷被谪戍边，改由蒋廷锡重新校对整理，雍正六年（1728）用铜活字排印出版。《集成绘图》于享保二十一年（1736）四月舶载至长崎，全套《集成》也于宝历十年（1760）五月被携至日，"其后再次传入真本"。毋庸置疑，输入日本的《集成》是连样书共65部的首版印本。在刊印当年即为珍籍的《集成》却有三部（其中一部仅有绘图部分）先后东传日本。如果把经孙辅斋之手输入日本的《集成绘图》看作是一种试探性流动，那么宝历十年《集成》全书输入日本，则是中日两方面作用，即日本幕府方面主动购求和中国商人被利益驱动的结果。其后《集成》全书的再次传入则是中国商人单方面被利益驱动的结果，这种结果导致了"终徒劳而还"的遗憾。传入日本的《集成》虽曾被束之高阁，但最终还是实现了其自身价值。综观中日"书籍之路"的整个行程，可以发现，《集成》在中日间的流播比较真实地反映了当时中日文化交流的历史面貌。

（原文刊于王勇等著《中日"书籍之路"研究》，北京图书馆出版社2003年版）

第十三章
"唐船持渡书" 与德川吉宗的实学思想

　　中国文化是以人和书籍为媒介传入日本的，所用工具为帆船。汉籍输入日本，大概发轫于《古事记》中所载王仁携《论语》和《千字文》至日。相信慕求佛法的遣隋使在归国之际会携带不少佛经汉籍。至唐宋元明之际，往来于两国的使节、留学生（僧）、商人输入和逆输入汉籍已是被许多学者论证了的事实。然而，书籍作为贸易物品大量地舶往日本，当在江户时代。当时，日本人把中国人称为"唐人"，把中国船运往日本的书籍称为"唐船持渡书"。书籍作为人类精神文明的载体，一直是文献学和文化史的研究对象，但在江户时代，它以一种商品的形式存在，在中日文化交流史上铺就了一道亮丽的风景——"书籍之路"[1]。

　　17世纪至19世纪的三百年间，东亚的中、日、韩三国掀起了一股试图从传统的儒学思想和价值评判体系的束缚中解脱出来、重视社会生活实际、讲究实事求是学风的学术思潮。这种思潮被称为"实学"[2]。

1　此概念由王勇师提出，意在论证古代东亚诸国的文化交流无论在内容、形式上，还是意义、影响上，均有别于沟通中西的"丝绸之路"，深受中日学术界的关注。《光明日报》（1999年8月10日）刊有《中日文化交流史上曾有一条"书籍之路"》的专访，另有许多中日文报纸杂志作过相关报道。

2　所谓"实学"就是"实体达用"之学，强调"实体""实功""实用"，是相对于空虚、无用之学而言的。据史料所载，此概念最早由北宋理学创始人程颐提出。在中国，这种学说由来已久，只是到了明中叶以后，在肯定和继承宋明理学中的某些实学思想的基础上，才盛行起来。

日本实学是指日本近世社会（1603—1867）所兴起的具有合理性的社会进步思潮，后人称之为"开明实学"。这种开明的实学思想自产生之初就不断地发生嬗变，其概念逐渐丰满，形式日趋丰富。特别是在近代，实学与自然科学相结合，成为推进日本近代化的原动力。

18世纪初，继疾病缠身的六代将军德川家宣及尚在孩提时代就夭折的七代将军德川家继后，德川吉宗袭封德川幕府第八代将军。即位后的吉宗，不断革新政治，强化权威，确立将军的幕政主导权，并大力振兴产业，奖励实学，为死气沉沉的幕府注入了一股新鲜的活力。当时，不仅原有的儒家实学受到重视，随着日荷交流的发展，西方的科学技术即"兰学"也逐渐进入日本人的视野。伴随大量书籍和动植物的舶来、学术研究著作的流播、"学问所"的开设[1]以及殖产兴业诸措施的推进，后期的江户封建社会呈现出前所未有的中兴景象，实学思想的发展也达到了一个新的高度。管见所及，许多学者对德川吉宗的实学思想研究较少，认识有些片面化。鉴于此，本文拟从吉宗对"唐船持渡书"的收集出发，对吉宗的实学思想进行探讨。

一

江户时代的书籍贸易与禁书制度

江户时代对外关系的主基调为锁国。自17世纪中叶锁国体制确立后，日本人被禁止出海航行，能够进入对外开放的窗口——长崎港进行贸易的只有中国船和荷兰船。幕府通过荷兰商馆和中国船提供的情报（即"荷兰风说书"和"唐船风说书"），了解世界形势。江户时代的中

1　享保九年（1724）三宅石庵创建"怀德学堂"，享保十一年成为官府承认的学问所。

日贸易，受两国政府所采取的国内外政策制约。如康熙二十三年（1684，日本贞享元年）废除"迁界令"，在颁布"展海令"后，赴日商船激增，甚至在1688年达到193艘。在日本方面，由于只能根据唐船赴日情况和国内经济动向制定相应政策，显得有些被动。针对唐船的增加，幕府于1685年颁布了《长崎贸易限制令》、1715年出台了《海舶互市新例》[1]，以限制贸易额和实行"信牌（长崎通商执照）贸易"作为对策，来缓解日本国内铜产量的不足。但船的数量及定额的减少，并不意味着贸易总额的减少。据统计，仅元禄元年（1688）乘船来长崎的中国人就多达9128人。从唐船、荷兰船来航的数量或贸易额来看，唐船远超荷兰船。[2]这足以说明，江户时代的中日贸易在当时的长崎贸易中占绝对优势。大庭修指出，长崎的异国情调实际是中国情调，祭祀、节庆、饮食等都受到江户时代中国贸易的影响。[3]

从现藏于内阁文库的《唐蛮货物账》可知，载有书籍的船舶只限于南京船和宁波船。江户初期，在进入长崎贸易的南京船和宁波船中，载有书籍的船只较少。可是到中后期，来航的商船几乎都载有书籍。文政九年（1826）搭乘"得泰号"船赴日的清人朱柳桥（浙江平湖人）答日人曰：

1　由于其在正德年间制定，故又称《正德新例》《正德新令》。其内容有：（一）长崎铜贸易量：一年内的定数为400万斤至450万斤，应严格遵行；（二）唐人商卖法：一年的船数，口船（来自南京、宁波等中国大陆的商船）与奥船（来自东南亚或中国南部的商船）的总和限30艘，银额限6000贯目，其中铜渡数为300万斤；（三）荷兰人商卖法：一年的船数为2艘，银额限3000贯目，其中铜渡数为110万斤。参考：［日］日本史教育研究会编：《新版日本史史料》，岩波书店1997年版，第105页。

2　［日］中村质：《近世长崎贸易史研究》，吉川弘文馆1992年版，第372—376页。

3　［日］大庭修著，徐世虹译：《江户时代日中秘话》，中华书局1997年版，第8页。

我邦典籍虽富，迩年以来装至长崎，已十之七八，贵邦人以国字译之，不患不能尽通也。（《得泰船笔语》卷上）

朱氏之言虽不免有客套之嫌，但从"十之七八"装运长崎，亦可知当时已有相当数量的书籍输至日本。

众所周知，江户幕府禁止天主教的传播，实行思想禁锢，作为禁教政策的一环而采取的禁书制度极其严格。所谓禁书，就是指用中文书写印刷的宣传基督教教义的书籍，日本禁止舶来、私藏这些书籍，更不允许贸易。元禄六年（1693），幕府在长崎奉行之下设书物改役一职，专门调查舶来书籍中是否含有基督教的内容，无者方可输入。在整个江户时代，禁书的书名目录并没有公开，了解此事的仅限于负责检查书籍的官吏及其他一小部分人。关于禁书的种类，以《御禁书目录》（现藏于长崎县立图书馆）的记载最为可信，其中宽永禁书有三十二种（一说三十一种）。在贞享二年（1685），继《寰有诠》被视为禁书后，《帝京景物略》《西湖志》等十五种也被列为禁书，其后种类有所增加。按规定，一旦发现禁书，就会"墨消""引破"或令船头（即货主）载原货返还，甚至给出禁止来航的处分。

禁书制度的实施，对当时的中日贸易产生了很大影响，但大量被视为不含"邪教"的书籍（其中不乏汉译洋书）仍畅通无阻，舶入日本。特别是在允许除基督教书外的洋书及汉译洋书输入后，许多与西方自然科学有关的洋书和汉译书籍蜂拥而至，学术研究群体不断壮大，大大丰富了日本当时的儒家实学和作为技术学、经验科学的实学内涵，为近世实学的高度发展奠定了坚实的基础。这其中应大书特书的是被称为"明君""中兴英主"的德川吉宗的贡献。[1]

1　有关德川吉宗的研究，详见［日］辻达也：《德川吉宗》，吉川弘文馆1994年版。

吉宗对禁书的"解禁"及对"唐船持渡书"的收藏

德川吉宗生于贞享元年（1684），卒于宽延四年（1751），是纪州二代藩主德川光贞的四子，幼名源六，初名赖方。宝永二年（1705），继父位成为纪州三代藩主，改名吉宗。之后，采取厉行俭约、振肃士风、紧缩财政等诸政策，成功地实施了藩政改革。[1]享保元年（1716），吉宗继任幕府第八代将军，开始了长达三十年的享保改革。从室鸠巢的书信集《兼山秘策》中，可以看出他不拘小节、刚烈开明的性格。正是这种性格，使他与书籍、学术结下了不解之缘。

正德五年（1715）颁布的《正德新令》是吉宗时代的外交新政，受此影响，赴日唐船大为减少，并且由于禁书制度极其严格，载有书籍的唐船更少。享保二年（1717），吉宗向来江户行"参礼"的荷兰商馆馆长询问西方的天文、地理、医学、武器等有关情况。以此为契机，吉宗对西洋文化产生了极大兴趣。享保五年正月，拥有开明的实学思想和振兴幕政大略的吉宗，正是看到汉译洋书的实用性，为了吸收实用的学术知识，才果断地下令放宽书籍的检查标准。其令云：

> 唐船持渡书籍之内，凡涉及邪宗门只言片语者，贞享二年起一律遭禁。此后，查禁愈严。倘若仅有无伤风化之句，御用书物自不必说，流通民间交易亦无妨。然书检必须严格，切不可稍有疏忽。（《长崎御书付留·五年正月呈长崎奉行信》）

---

1 据记载，和歌山的元方御金藏中有金14887两、米15650石。藩政改革的实践为吉宗以后担任将军、处理政务树立了威望，积累了政治资本。

此令虽是针对天文历书等书籍，但也大大缓和了当时极其严格的禁书制度。据此令，梅文鼎《历算全书》输入日本，中根元圭得以完成《新写译本历算全书》。后输入的《西洋新法历书》《灵台仪象志》等，让幕府逐渐加深了对中西方天文历法的理解，开拓了数学、测量学、地理学等领域的见识。之后，从《宽永禁书目录》中撤去《圜容较义》《同文算指》《职方外记》〔该书于宽政七年（1795）再度成为禁书〕和《交友论》等十二种，从贞享二年（1685）以后的禁书目录中撤去《三才发秘》《坚瓠集》〔该书于文化二年（1805）再度被禁，天保八年（1837）重新开禁〕和《西湖志》。对携来《天学初函》《帝京景物略》等禁书的唐船的处罚也大为减轻，并允许上述禁书上市交易。据《御禁书目录》可知，在整个享保年间只有一部书增为禁书。此外，吉宗还要求诸如医师（如朱来章）、骑射名手（如沈大成）、僧人（如道本苴亭、竺庵万宗）等具有一定知识技能的人物随唐船赴日，甚至还要求舶来大量的动植物，如广南白象[1]、荔枝树和牡丹，等等。值得一提的是，吉宗命儒臣物观（即荻生徂徕胞弟荻生北溪）校勘补遗《七经孟子考文》，于享保十七年（1732）送往中国。这部书在中国的流播堪称江户时代中日文化交流史上的美谈。

从现存的资料来看，吉宗对书籍的收集是从享保五年（1720）开始的。可能是由于继任将军的前四年间，忙于翻阅幕府文库——红叶山文库所藏的文籍和将军家的家书等资料，积累作为将军应具备的知识和素养，故无暇购买长崎输入的书籍。享保五年后，吉宗完成了初期藩政的调整，开始关心中国物产，遂注意到了流入日本的各种物品，书籍是其中重要的内容之一。据《商舶载来书目》统计，从享保五年至享保二十

1　该大象是唐船头（即船老板）郑大成应吉宗的要求，于享保十三年（1728）六月十三日从广南船载而来的雌雄两头白象中的雄象。按当时谒见天皇和上皇的规定，该象被授予大名之上的从四位官阶，称从四位广南白象。

一年，"新渡书"（新传来的书籍）的数目（不包括重复运来的品种）为1567 种。从这些新舶来书籍的数量可知，在吉宗时期禁书制度较为缓和。通过比较可发现，唐船舶来书籍的数量甚至远远超过积极搜求汉籍的家光时代。如此之多的舶来书籍，也为吉宗挑选有实用价值之书创造了条件。

记载吉宗事迹的《有德院实纪附录》卷十，谈到其收集书籍时云：

> 先是下令访求本邦古书，复就唐商等携来之书，先御览其书目，然后采择其有用之书。且诗赋、文藻之类，虽未必尽求，而对有助于政道、应被备于治具之书，则专事搜求。对于唐土之府州县志类亦如数记入，不遗余力，遂使御库之书倍增。[1]

由此可见吉宗收集书籍的细致、热心及择书标准。据《幕府书物方日记》（红叶山文库书籍奉行的行政日记，又称《御书物方留账》）可知，吉宗借阅广泛，而且针对现存御用书籍的不足，不惜采用多发信牌给唐船主的形式，求购所需书籍，整顿和充实幕府文库。实际上，吉宗不仅从唐商处购买，而且也收集来自琉球的书籍，如《六谕衍义》[2]。吉宗到底收藏了多少书籍虽无明确记录，但仍能从《御文库目录》（现藏于日本东北大学狩野文库）窥知一二，在其任将军时红叶山文库收集舶来汉籍的数量与过去相比成倍地增加。从红叶山文库的藏书种类来看，医书和兵书较多，其中的三分之一为吉宗时期所收集。而且，吉宗

1　吉宗谥号"有德院"。《有德院实纪》为幕府实录《德川实纪》中的一部分，共二十卷，仅次于德川家康的二十五卷，其次为三代家光的六卷，二代秀忠的五卷。

2　该书为享保二年（1717）纳入红叶山文库的唯一一部汉籍，是版刻后传入日本的。享保六年刊行、作为庶民教育教科书的《六谕衍义大意》，由室鸠巢和译后缩写而成。其后，吉宗又命荻生徂徕对《六谕衍义》训读、作序，以汉文出版。

并不满足于此二类书籍的收集，其对法制书籍、地方志及"洋书"也情有独钟。下面以几个例子来说明吉宗对唐船舶来书籍的收集。

一、吉宗对法制书籍的收集。虽然改革施策的重点在财政方面，但是吉宗也很关心司法制度。为谋求裁判的公正、迅速和残酷刑罚的改废，江户幕府于宽保二年（1742）制定了《公事方御定书》等法典。吉宗还表现出对和汉法制研究以及古典、古文书收集的极大兴趣。享保五年（1720）五月，在江户的长崎奉行石川政乡，接到吉宗购买清律书籍的命令后，即向长崎发出通知，其文为：

> 因将军喜好《定例成案》《大清会典》等书，故在按将军预购要求舶来此书之情况下，按规定付给银两。《大清会典》为珍贵之外域重宝，故应明告唐人再舶来此类书籍。（《好书故事·书籍》卷八）

吉宗对法制书籍十分喜爱。《有德院实纪附录》等资料中有多处记载，如"少时即好《大明律》等书"，"好《延喜式》，时作抄录，多有据其古法而制诸器之事"等。其收集的"唐书"有：近卫版《唐六典》、文库藏《唐律疏议》[1]和深见玄岱、有邻父子译《大清会典》等。其中，《大清会典》先后于享保五年（1720）、七年、十二年分三次搜集入库，享保十一年协助深见父子翻译此书的唐人就是后来舶来《图书集成绘图》的船头孙辅斋。在此之前，围绕《大清会典》解答吉宗疑问的是荻生北溪。就实学而言，当时的北溪要比其兄徂徕有名。

二、对地方志的收集。吉宗广集书籍的另一个著名业绩，就是对中国地方志的收集。享保六年（1721）加贺藩前田纲纪献上保定、河间、

1　该书由荻生北溪校写，清人沈燮庵校阅，并附有清刑部尚书励廷仪之序。

开封等13种府志。吉宗一直在谋求人参、砂糖的国产化，以殖产兴业为目标，对中国各地的物产十分关注。同时，吉宗一向重视清朝政治，尤其关注康熙的政绩，欲借鉴其地方行政的统治经验。于是，以此为契机，吉宗对地方志产生了兴趣。如上述的"对于唐土之府州县志类亦如数记入，不遗余力"，在享保五年至享保二十一年间传至日本的1567种"新渡书"中，地方志就有412种，遍及直隶、山西、河南、浙江、贵州等17个省的州府县。其中，《浙江通志》《应天府志》《普陀山志》等江南地区的地方志几乎全都被网罗收集，可见他对江南地区物产的关心。

三、对"洋书"的收集。"洋书"包括汉译洋书及洋版书。其中洋版书指荷兰版书籍。上面提到吉宗为了收集西方天文历书，下令缓和禁书制度。以此为契机，汉译洋书及原版洋书大量舶至日本，如《天学初函·器物篇》的《几何原本》《勾股义》等。由于希望文库中增加一些实用性的荷兰书籍，吉宗于享保二年（1717）购入洋士顿《动物图说》（荷语版）。由于获知西方医药书籍的附图非常精密，吉宗命儒医青木昆阳、侍臣野吕元丈学习兰学。

三

吉宗的实学思想

从以上几点可知吉宗购书的倾向。值得一提的是，这些倾向与他本人的喜好和当时的国际环境密不可分。可以说，这些倾向正是出于其实学思想。据《基熙公记》和《兼山秘策》可知，吉宗似乎缺乏贵族的"教养"，比如在和歌吟诵方面功底甚差，但对其他的学问非常关心，比如在天文、气象的观测和法典的研究方面。也就是说，吉宗以吸取正确的知识和实用技术为目的，对实用性的、具体性的学问极其热心，而对朱子学那样观念性的、抽象性的学问毫无兴趣。其教养顺应了江户时代中期新兴学问的潮流，最显著的表现是实利主义。吉宗之所以罢免著名学者新井白石，是由于新井白石的理想主义、形式主义与自己的现实主义、实利主义格格不入。

吉宗本人的实学思想与江户中期的实学氛围、其周围的实学学者也有着极大的关系。他重用的官吏和亲近的学者，如大冈忠相、室鸠巢和荻生北溪、徂徕兄弟等都是具有实学思想的人。吉宗特别注重对武士和庶民的教育，如实行"奖励武艺"和"振兴士风"的政策及刊刻面向庶民的教科书——《六谕衍义大意》，可以说德川时代的实用实利教育在吉宗时期更为突出。而且在此时，随着兰学研究者增多，许多实证性的、实用的学问，即实学得以在日本传播。

日本的实学思想萌芽较早，"在相当于日本国家成立期的五六世纪，由大陆输入天文、历法、数学、地理、医学、本草等开始。这点与文献史料的记载大致吻合。这些东西主要经朝鲜半岛传入，其发祥地都在中国，但至7世纪以后便有组织地直接从中国本土移植过来了"。[1]从中可以看出，日本的实学从开始之时就已打上了中国的烙印。吉宗时期也不例外，其大量收集的汉籍（汉学），包括洋书（洋学），主要靠唐船舶来，其开明的实学思想包含着中国情结。

有人认为，吉宗采用的实学只是天文历学和本草物产学。[2]的确，吉宗很注重对子部书籍的收集、利用，而且在其执政时期，农学、本草学等领域都出现了可喜的成就，如：贝原益轩的《大和本草》（1709年成书）、稻生若水的《庶物类纂》（1715年成书）、丹羽正伯的《诸国产

1　［日］杉本勋编，郑彭年译：《日本科学史》，商务印书馆1999年版，第18页。

2　［日］杉本勋：《实学史研究的一个视角》，葛荣晋主编：《中日实学史研究》，中国社会科学出版社1992年版，第228页。

物账》（1735年成书）等实用性名著不断问世；当时中国培育失败的朝鲜人参，在日本被成功栽培种植。但是，吉宗对史部书籍也情有独钟，收集研究《唐六典》《唐律疏议》《大清会典》等书籍，于享保六年实行法制改革，规定诉讼手续，制定《公事方御定书》。

实际上，吉宗对唐船舶来书籍的态度是择有用者而藏之，其选择标准如用中国书籍的分类法表示，就是较之理性的经书、类书，更注重史部的诏令奏议、地理、职官、政事及子部的农家、医家、天文算法。人们经常说吉宗重视实学，但如果认为他的实学仅限于中国古籍中的子部而忽视史部，是不正确的。吉宗出于资治的需要而求取史部之书，为殖产兴业而收集子部之书，二者均可称为实学。值得大书特书的是，他对西洋文化的兴趣和对汉译书籍的搜集，大大促进了兰学在日本的流播。当然，这些兰学书籍主要是靠唐船舶来的。

德川时代前期，朱子学占统治地位，但是从朱子学、阳明学向山鹿素行、伊藤仁斋、荻生徂徕的"古学"转变的过程，也显示出德川幕府对实学的重视，开始关注儒学中的实用成分，并逐渐抛弃了朱子学的规范。儒家实学应运而生。吉宗时期彻底地结束对"形而上"学问的穷追，改为提倡以形和物为基础的客观的经验主义和实证主义，把注意力转向经世济民。实学也就不单像过去那样在民间由民众培养，而是成为幕府和诸藩殖产兴业、加强封建统治的有力手段。而且，当时以技术学和经验科学为特色的实学都孕育着实用的、实证的、合理的、批判的性质，并日趋向兰学发展。

进入19世纪，儒家实学完全消失，兰学跃居主流。兰学通过唐船舶来的汉译洋书传入日本，战胜了唐船舶来的儒家实学，日本人的视野也渐趋朝向西方，大规模地吸收西方文化，开始了近代化的历程。反观中国，实学在明清虽有明显的反对宋明理学的倾向，但未能完成自己的历史使命，中国与日本亦走上不同的道路。这是一个发人深思的历史与现实课题。时至今日，从"唐船持渡书"的角度，去研究吉宗的实学思想，也是很有现实意义的。

（原文刊于《中日关系史研究》2001年第2期）

第十四章
中日年号与文字、汉籍

年号亦称元号，是东亚诸国借助汉字为特定年代纪年的名号，亦为统治者控制时间的体现。毋庸置疑，年号制度属于汉字文化的一部分。

如今东亚诸国虽多用西历，然汉字文化圈中的一些国家、地区因实行君主制，直到近代仍采用年号纪年。日本是目前世界上少有的使用年号的国家。

一

中国的年号与文字

曹魏时期王朗曾言："古者有年数无年号，汉初犹然。"（《宋书·礼志》）可知，至汉初中国未使用年号。宋高闶撰《春秋集注》卷一"隐公元年"条载："元年者何？君之始年也。自是累数，虽久而不易。此前古人君记事之例，《春秋》祖述为编年法。及汉文帝惑方士之言改后元年，始乱古制。夫在位十有六载矣，复称元年可乎？孝武又因事，别建年号。历代因之。"可知，君主即位当年称为"元年"，之后称为"二年"，后类推计算。汉文帝在位十六年后，改称"后元年"。汉武帝进而建立年号，之后历代沿袭。至清宣统帝被废、中华民国成立后，便不再使用。可知，年号制度始于汉武帝时期，终于中华民国成立之时。

关于最初的年号，一说为公元前140年创立的"建元"。但此应为二十余年后的元鼎三年（前114），武帝追溯初元时而命名的。[1]此后，以六年为期改元，二元、三元、四元依次命名为"元光""元朔""元狩"。

据《管子》载："天道以九制，地理以八制，人道以六制。以天为父，以地为母。以开乎万物，以总一统。"可知，"人道"以六为制。换言之，"六"为天数（法则），皇帝乃天子，故所用之物皆以"六"为计。《史记·秦始皇本纪》载："数以六为纪。"由此可知，古时以"六"为基准计数。又因王朗曾言："武帝即位以来，大率六年一改元。"（宋吴仁杰《两汉刊误补遗》卷二）汉武帝时以六年为期改元也源于此。

以六年为期改元的年号设定方法，持续至"元鼎"之后的"元封"，但自"太初"起，便与此前不同，皆以四年为期，"天汉""太始""征和"亦属此类（因后元二年武帝驾崩，所以"征和"之后的"后元"未满四年）。

王莽灭西汉建新朝后，创设年号"始建国"与"天凤"，承袭了六年为期改元的方法。因地皇四年王莽被杀、新朝灭亡，"地皇"年号未满六年。

此后，改元规则并不明了。除代始改元外，因逢祥瑞灾异、辛酉甲子革命而改元的情况亦颇多。就代始改元本身来看，特别是在同一王朝的第二代皇帝以后，虽有于践祚（即位）当年当日改元的情况，然翌年改元，即逾年改元更为常见。

时至明朝，明太祖始用"一帝一元号"之法，沿袭至清。故后世以年号称呼皇帝治世，永乐帝、康熙帝等便是如此。

关于年号使用的文字，大部分由两个汉字组成，亦有少量三字、四

---

1 辛德勇：《建元与改元》，中华书局2013年版，第8—9页。

字、六字的年号。

三字年号，可举王莽新朝的"始建国"（8—13）之例。一说，"始建国"三字为初次建国之意，与"始皇帝"同义，恐非年号。此后，三字年号仅有南朝梁武帝时期的"中大通"（529—534）及"中大同"（546—547）两例。此两例三字年号为此前所用年号"大通"（527—529）、"大同"（535—546）的延续。

最初的四字年号为东汉时期的"建武中元"（56—57）。众所周知，倭奴国于建武二年朝贡东汉，获赐"汉委奴国王"金印。因"建武中元"偶作"中元"，与此前的年号"建武"相关，故可以认为该年号仅为"中元"二字。

此后使用的四字年号有北魏时期的"太平真君"（440—451），武周时期的"天册万岁"（695）、"万岁登封"（695—696）、"万岁通天"（696—697），北宋时期的"太平兴国"（976—984）、"大中祥符"（1008—1016），加上"建武中元"，共有七例。

北魏太武帝因接受道教尊号"太平真君"而设立年号"太平真君"；武后周王朝所用三例四字年号中，"天册万岁"为则天武后加"天册"号称"天册金轮大圣皇帝"而改元，"万岁登封"源于登嵩山行封禅之事，"万岁通天"则因通天宫建成而改元；此外，北宋时期除"太平兴国""大中祥符"外，虽有年号"建中靖国"（1001），但仅存一年。由此可知，四字年号未成定制。

六字年号，仅见于党项族所建西夏王朝的"天授礼法延祚"（1038—1048）和"天赐礼盛国庆"（1069—1074）两例。

综上所述，由两个汉字组成的年号为常用年号，且已定型。那么，组成年号的两个汉字又是如何被挑选出来的呢？从年号文字的使用频率看，"元""永""建""天""和""平""兴""太""大""光"等寓意吉利的字广泛使用。还有为表示帝王理想、鉴戒，祈祷永续和平、国家兴盛等选用的汉字。如三国时期蜀汉后主刘禅取年号"炎兴",寓意大汉中兴或复兴。此源于古人以五行取国名,而汉属火,又称炎汉。(参照表14-1:中国年号中出现的汉字)

表14-1　中国年号中出现的汉字[1]

出现频率	汉字(次数)	未见于日本年号的汉字
40次以上	元＝46	
30次以上	永＝34	
20次以上	建＝26,天、和＝21,平＝20	
10次以上	太＝16,光＝15,嘉、大、德＝14,熙、康＝13,泰、宁＝12,景、始、初、中＝11,延、祐、乾、至＝10	太、光、熙、宁、始、初、祐
5次以上	开、咸、庆、隆＝9,宝、明＝8,安、顺＝7,圣、定、武、历、龙＝6,淳、绍、治、通、道、贞＝5	开、咸、隆、顺、圣、定、龙、淳、绍、通、道
4次	化、皇、正、成、昌、寿、同、凤、万	皇、成、凤
3次	炎、熹、显、广、国、岁、朔、章、神、靖、宣、统、符、文、封	符、封
2次	应、观、汉、义、徽、禧、启、弘、祥、上、崇、清、端、地、长、祯、福、丰、本、雍、阳、耀、露	汉、义、徽、禧、启、上、崇、清、端、地、丰、本、雍、阳、耀、露
1次	意、云、运、河、会、甘、监、纪、仪、久、居、竟、极、五、后、孝、更、黄、业、功、鸿、亨、载、丹、视、嗣、爵、狩、授、绪、如、证、彰、承、升、昭、仁、垂、绥、政、征、节、摄、先、总、足、戴、宅、调、鼎、登、唐、晋、复、豫、乐、麟	意、运、河、会、甘、监、纪、仪、居、竟、极、五、后、孝、更、黄、业、功、鸿、载、丹、视、嗣、爵、狩、绪、如、证、彰、升、垂、绥、征、节、摄、先、总、足、戴、宅、调、鼎、登、唐、晋、复、豫、乐、麟

　　此外,因逢祥瑞之物,特别是灵兽、异鸟等,常借植物(如"禾")、动物(如"凤""龙")之名以作元号。如汉宣帝(刘询)的

---

[1]　本表参照[日]所功《年号の歴史:元号制度の史的研究》(增补版)(雄山阁1996年版,第10页)绘制而成。

年号"神爵""黄龙"，吴大帝（孙权）的年号"嘉禾""赤乌""神凤"，魏明帝的年号"青龙"等。借用自然现象的年号也很多，如"甘露"曾作为汉宣帝的年号（前53—前50）、曹魏高贵乡公曹髦的年号（256—260）、孙吴末帝孙皓的年号（265—266）、前秦宣昭帝苻坚的年号（357—364）。当然，"甘露"是极为祥瑞之物，可见于《老子》："天地相合，以降甘露。"《列子·汤问》中有："庆云浮，甘露降。"

二

日本的年号与文字表记

制定年号的国家都属于汉字文明渗透区，吸收汉字文明的国家大都制定年号。[1]日本列岛引入年号制度的时间较朝鲜半岛略晚，为7世纪。第一个年号"大化"，与大化改新同时诞生，可以说日本年号制度是伴随着对律令等中国文化的吸收而引进的。

在当时，虽曾有"大化""白雉"等年号，但却不具有法律约束力。从目前发现的诸多木简、金石文来看，当时盛行以六十年为周期的"干支"纪年（参见表14-2：500—700年纪年铭金石文一览）。

表14-2　500—700年纪年铭金石文一览

年号	西历	物件	铭文	所在地	备考
	503	人物画像镜	癸未年八月日十大王年	和歌山隅田八幡神社	有 383、443、623年之说
	607	金铜药师如来像	岁次丁卯年	奈良法隆寺	

1　[日]大井刚：《年号：独立と従属の標識》，[日]脇田晴子、アンヌ　ブッレシイ编：《アイデンティティ・周縁・媒介》，吉川弘文館2000年版，第26—40页。

年号	西历	物件	铭文	所在地	备考
	623	金铜药师如来像	癸未年	奈良法隆寺	
	628	金铜药师如来像	戊子年	奈良法隆寺	
大化二年	646	宇治断桥碑	大化二年丙午之岁	京都常光寺	
白雉二年	651	金铜观世音菩萨像	辛亥年	东京国立博物馆	有591年之说
白雉五年	654	金铜释迦如来像光背	甲寅年	东京国立博物馆	有594年之说
	658	金铜观世音菩萨像造像记	戊午年	大阪观心寺	
	666	金铜弥勒菩萨像	岁次丙寅年	东京国立博物馆	有606年之说
	666	金铜弥勒菩萨像	丙寅年	大阪野中寺	
	668	船氏王后墓志	戊辰年	东京三井高遂	
	677	小野毛人墓志	岁次丁丑年	京都崇道神社	
	680	药师寺东塔檫	清原宫驭宇天皇即位八年庚辰之岁	奈良药师寺	
	681	山名村碑(山上碑)	辛巳岁	群马高崎市	有741年之说
	686	铜板法华说相图	岁次降娄漆菟上旬	奈良长谷寺	有674年之说
	692	金铜观世音菩萨像	壬辰年	岛根鳄渊寺	
	694	观世音菩萨像造像记	甲午年	奈良法隆寺	
	698	妙心寺钟	戊戌年	京都妙心寺	
	700	那须国造碑	岁次庚子年	栃木笠石神社	

因此，作为"乙巳之变"后革新政治的重要一环而创立的"大化"和"白雉"等，仅仅是律令制度成立过程中试行性的断续年号。甚至有人认为，《日本书纪》所记载的"大化"和"白雉"等年号，是制定大

宝年号时追溯添加的。[1]

在日本国内外环境趋于稳定的8世纪初，701年设年号"大宝"，同时《大宝律令》规定该年号为公文书的年次表记。之后，年号制度沿用至今。制定独立的年号"大宝"，表明了文武天皇建立独立国家的意图。

由于"大宝"年号伴随着律令制度的完成而公布使用，故被认为是最初的正式年号。换言之，日本年号的成立较中国晚八百年左右。可见，当时的中国是以汉字文化、律令政治为代表的东亚最先进的国家，日本是受惠于此的后进国之一。[2]

朝鲜半岛和越南等多个国家直接借用中国年号作为年号。与此相对，日本（倭国）自"大化""大宝"以来，坚持使用自己设立的年号已成常态。此外，日本后来虽深受欧美文化影响，但至今仍恪守传统，沿用年号，可见年号制度已深植于日本的政治文化土壤之中。

明治以前，一代天皇可数次改元，但自明治天皇颁布"一世一元"制后，一代天皇仅用一个年号，之后遂以"大正""昭和"等年号尊称天皇。这一做法与中国明朝自"洪武"起改为"一帝一元号"相同。

在日本，除二字年号外，另有四字年号，如圣武天皇的"天平感宝"（749），孝谦天皇的"天平胜宝"（749—757）、"天平宝字"（757—765），称德天皇（孝谦天皇复辟）的"天平神护"（765—767）、"神护景云"（767—770）。"天平感宝"是自称"三宝之奴"皈依佛教的圣武天皇所设立。"天平胜宝"和"天平宝字"源于佛教信仰，而"天平神护"和"神护景云"则是基于神国思想和祥瑞而改元。在日本历史上，四字年号仅有以上五例。

日本既有像"天平胜宝"这样使用四字年号的时期，也存在如我国

---

1 ［日］仁藤敦史：《年号と元号——制定の意味》，《天皇・天皇制をよむ》，东京大学出版会2009年版，第8—9页。

2 所功上述著作《年号の歴史：元号制度の史的研究》（増补版），第5—6页。

南北朝两元号并立的时期，但两者相比，使用二字的年号为多，且一直延续到现在，今后沿用二字年号的可能性极高。

和中国一样，日本年号的改元也有六个条件，即：（一）新天皇登基引起政局变动；（二）新制度、新思想确立；（三）镇压政变或对外军事行动胜利；（四）发生灾祸或出现祥瑞；（五）开展祭祀、宗教活动；（六）辛酉、甲子改革等。

其中，（一）（二）（三）主要摘自表达帝王治世理念的儒家经典；（四）使用祥瑞，特别是灵兽、异鸟等动物（如"龟"）之名；（五）与中国道教类年号相同，使用日本神道教样式的年号；（六）为进入10世纪后，依照汉学家、文章博士三善清行（847—918）的辛酉革命论改元。

例如，日本学者多认为，"白雉""朱鸟"等为祥瑞改元；"大化"则源在中国及朝鲜半岛的政治文化影响下成长起来的年号意识，摘自欲表达儒家政治理想以及布教施化、大治天下之意的"大行教化"等汉籍佳句。

关于古代日本年号的文字如何选定，目前难以知晓。具体可参见表14–3。不过，平安时代及其后代的改元记录和仪式书籍现存于世。据此可知，担任大学寮的文章博士（纪传道教官二人）以及式部大辅（式部省次官）之类官职的儒学者（主要为菅原氏一族）等若干人（二至六人）接受敕令后，从汉籍中选取佳词若干（二至六个），配上出典，作为"年号勘文"提交公卿（参议以上的高级官僚）会议；公卿们围绕着有无先例以及是否吉祥等进行问询，审议选定最适当的年号上奏天皇，由天皇敕令公布。[1]

1　仁藤敦史上述著作《年号と元号——制定の意味》，载《天皇・天皇制をよむ》，第10页。

表14-3　日本年号中出现的汉字[1]

出现频率	相关汉字及出现次数	未见于中国年号的汉字
20次以上	永＝29，元、天＝27，治＝21，应、和＝20（共6字）	
10次以上	正、长、文＝19，安＝17，延、历＝16，宽、德、保＝15，承＝14，仁＝13，嘉＝12，平＝11，康、宝＝10（共15字）	宽、保（共2字）
5次以上	久、建＝9，享、庆、弘、贞＝8，明、禄＝7，大＝6，龟＝5（共10字）	久、享、禄、龟（共4字）
2次以上	寿、万＝4，化、观、喜、神、政、中、养＝3，昙、护＝2（共11字）	喜、养、护（共3字）
1次	感、吉、景、干、兴、亨、衡、国、齐、至、字、朱、授、昌、昭、祥、胜、祚、泰、雉、鸟、祯、同、铜、白、武、福、灵、老、令（共30字）（白凤年号原为白雉，朱雀年号原为朱鸟）	感、吉、衡、齐、字、朱、授、胜、雉、鸟、铜、白、灵、老、令（15字）

三

日本的年号与汉籍

　　从目前可以明确出典的日本年号来看，其多源自唐代以前的古籍，以"四书""五经"和史书居多。"四书"中多选自《孟子》《论语》，"五经"中则多选自《尚书》《周易》《诗经》，史书则多取用前三史《史记》《汉书》《后汉书》。日本有众多年号选自中国典籍，选用次数排在前十名的主要有：《尚书》35次、《周易》27次、《后汉书》24次、《文选》22次、《汉书》21次、《晋书》16次、《旧唐书》16次、《诗经》15次、《史记》12次、《艺文类聚》9次。[2]

1　本表参照所功上述著作《年号の歴史：元号制度の史的研究》（増補版）第10页绘制而成。

2　所功上述著作《年号の歴史：元号制度の史的研究》（増補版），第10页。

例如，"大化"年号，被认为源自《尚书·大诰》所载"肆予大化诱我友邦君"。[1]但是，从当时日本的社会发展状况来看，孝德天皇尚不足"以伟大的教化劝导邻国的君主"。因此，我们认为，"大化"年号当源于《周易·系辞》所载的"大化流衍，生生不息；阴阳相动，万物资生"一句，意在表明日本开始大力引进中国大陆文化，移风易俗。

"大宝"年号（701—704）也出典于《周易·系辞》"天地之大德曰生，圣人之大宝曰位"。以"大宝"为年号是文武天皇决定模仿唐《永徽令》制定律令、建立以天皇为中心的中央集权制国家体制的政治宣示。之后的"庆云"（704—708）取自祥瑞，"和铜"（708—715）源于日本始产铜之事。再之后的"灵龟"（715—717）年号，与"神龟"（724—729）、"宝龟"（770—782）等均源自地方诸国上献祥瑞之物——龟。《尔雅·释鱼》载："一曰神龟，二曰灵龟，三曰摄龟，四曰宝龟，五曰文龟，六曰筮龟，七曰山龟，八曰泽龟，九曰水龟，十曰火龟。"古人认为"龟，俯者灵"，具有灵性。

据《续日本纪》卷十天平元年（729）六月条记载："己卯，左京职献龟，长五寸三分，阔四寸五分。其背有文云：天王贵平知百年。"但同年八月癸亥条载："又敕：唐僧道荣，身生本乡，心向皇化，远涉沧波，作我法师。加以训导子虫，令献大瑞。宜拟从五位下阶，仍施绯色袈裟并物。其位禄料，一依令条。"由此可知，（贺茂）子虫所献龟背的文字为"天王贵平知百年"，据此改元"天平"。此龟背文字的解读者，当为训导子虫的唐僧道荣。也就是说，唐僧道荣所解读的龟背文字"天王贵平知百年"，揭开了日本佛教最盛期天平时代的序幕。[2]

"明治"年号出典于《周易·说卦》"圣人南面而听天下，向明而

---

1 李寅生：《日本天皇年号与中国古典文献关系之研究》，凤凰出版社2018年版，第78页。

2 葛继勇：《七至八世纪赴日唐人研究》，商务印书馆2015年版，第327—329页。

治"，"大正"年号源于《周易·临卦》"大亨以正，天之道也"，"昭和"年号出典于《尚书·尧典》"百姓昭明，协和万邦"。由此可见，近代以来的日本年号，也皆取自中国古典。

"平成"年号，源于《尚书·大禹谟》所载"地平天成，六府三事允治，万世永赖，时乃功"。1992年10月，明仁天皇曾前往西安，参观藏于西安碑林博物馆中的《尚书》石碑（"开成石经"），寻找"平成"年号的出典。[1]

在年号改元中，满足上述（二）（三）（四）（五）（六）中任一条件则进行改元，但在条件（一）的代始改元中，逾年改元的情况颇多。特别是嵯峨天皇改元"弘仁"以来，逾年改元最为普遍。这是根据儒学的名分论，避免一年有两主的缘故。但因昭和天皇和平成天皇均于前代天皇驾崩当日或翌日即位并改元，故新天皇在即位后即刻选出新年号进行改元的可能性极大。新年号或由出自"四书""五经"等汉籍的二字组成，且具备反映时代特征、寓意吉祥、饱含理想的特点。

［追记］关于2019年4月1日公布的新元号"令和"的出典，根据日本政府的官方解释，其引自《万叶集》卷五《梅花歌三十二首并序》的歌序"初春令月，气淑风和。梅披镜前之粉，兰薰佩后之香"一句。

天平二年（730）大宰府帅大伴旅人举办歌会，吟咏和歌。《梅花歌三十二首并序》即为该和歌集序文。然该序从选词至成句，均与《文选》卷十五中收录的张衡《归田赋》存在明显继承关系。换言之，该序依据的是张衡《归田赋》及王羲之《兰亭集序》等《万叶集》成书之前的汉籍。

1　关于年号的出典，最近出版的相关著作有小仓慈司编《事典　日本の年号》（吉川弘文馆2019版）、米田雄介编《歴代天皇年号事典》（吉川弘文馆2019版），可供参考。

当时的日本对中国汉诗、汉文怀有强烈的憧憬之情，大宰府实为汲取中国文化的基地。参加歌会的三十二位歌人皆以"官职＋氏＋名"的形式被记录下来，其中"氏"依唐风之法，略为一字。例如"大伴氏"略为"伴"，"佐伯氏"略为"佐"。因此，《梅花歌三十二首并序》是受到了《万叶集》成书之前传入日本的《文选》等中国古典的影响而作，这一想法更为合理。可以说，日本新年号"令和"也源于汉籍。

《尚书》石碑（"开成石经"）局部，西安碑林博物馆研究员王庆卫摄

（原文刊于《纪年和文字》，《日文研》第60号，2018年3月）

第十五章
年号"令和"与日本古典《万叶集》

2019年4月1日，在日本首相官邸举行的记者招待会上，时任官房长官菅义伟宣布新年号为"令和"，并公布其出自日本古籍。5月1日，皇太子德仁即位为新天皇。始于1989年1月8日的"平成时代"落下帷幕，"令和时代"由此开启。

时任日本首相安倍晋三在2019年4月1日的记者招待会上表示，"令和"一词引自日本最古老的和歌集《万叶集》中《梅花歌》的序文，是为了表达"如同宣告严寒之后春天到来时绚烂盛开的梅花一样，每个日本人在对明天充满希望的同时，如花般大放异彩"之意。此外，他还特别指出，"《万叶集》收录了不同阶层者创作的诗歌，是象征我国国民文化之丰富、历史之悠久的国书"[1]。可见，安倍晋三对"令和"取自日本国书而自豪不已。

迄今为止的247个日本年号中，可以明确出典的年号均源于77部中国典籍，因此新年号"令和"是日本有史以来首次明确不选自中国古典的年号，打破了1400年来的传统。那么，在21世纪的当下，为何发生了这种转变？

近年来，在安倍晋三等保守派的影响下，消除中国痕迹的"去中国

1　"平成31年4月1日安倍首相记者招待会"，https://www.kantei.go.jp/jp/98_abe/
statement/2019/0401singengou.html。

化"风潮暗流涌动，"国粹主义"的价值观逐渐显露。然而，有报道指出，所谓"令和"出典的《万叶集》使用汉字撰写而成，其中收录的诗歌深受中国古典影响，故"无法消除中国文化的痕迹"。年号不仅是时间的表象，也蕴含着统治者的理念。笔者认为，探究新年号"令和"出典的同时，要挖掘其中隐含了怎样的学术思想和政治诉求。

一

《梅花歌》序文的出典

关于新年号"令和"的出典，日本政府解释为出自《万叶集》卷五《梅花歌三十二首》（第八一五首至八四六首）的歌序"初春令月，气淑风和"一句。

《梅花歌三十二首并序》（以下简称为《梅花歌序》）是天平二年（730）正月在大宰府帅大伴旅人宅邸举办的歌会上吟咏的和歌之序文。其内容如下：

> 天平二年正月十三日，萃于帅老之宅，申宴会也。于时初春令月，气淑风和。梅披镜前之粉，兰薰佩后之香。加以曙岭移云，松挂罗而倾盖；夕岫结雾，鸟封縠而迷林。庭舞新蝶，空归故雁。于是盖天坐地，促膝飞觞。忘言一室之里，开衿烟霞之外。淡然自放，快然自足。若非翰苑，何以摅情。请纪落梅之篇，古今夫何异矣！宜赋园梅，聊成短咏。

正如《万叶集》的注释著作以及中日两国学者的论著所指出的那

样，《梅花歌序》模仿王羲之《兰亭集序》，已是古来之定论，[1]对此无须赘言。以下仅从其与张衡《归田赋》、骆宾王《秋日与群官宴序》等中国古典的关联性入手，进行补充。

当时的日本对中国的汉诗、汉文怀有强烈的憧憬，大宰府是摄取中国文化的窗口。咏唱三十二首梅花歌的有纪男人、山上忆良、张福子、葛井大成等人。其中，纪男人有三首汉诗收录于《怀风藻》中，故其应为熟知汉诗文化之人；张福子、葛井大成是移居日本的外来移民或其后裔。此外，参加该歌会的三十二名歌人中，大伴氏、佐伯氏、门部氏等采用唐风姓氏记录法，分别略为"伴""佐""门"等。

包含古歌谣和民谣的《万叶集》卷一、卷二、卷十一以及卷十六中，均无吟咏梅花的和歌。概因梅花为舶来植物，日本国民尚未熟悉。梅花是来自异国的高贵文雅之花。[2]从以来自中国的外来植物梅树为题吟咏和歌来看，《梅花歌序》受到《万叶集》成书之前传入的中国古典的影响，也理所当然。

序文中的"令月"意为"怡人之月份"，"令和"的"令"字并非"命令"之意，而是如同"beautiful harmony"（美丽和谐）的英译，表示"美好"之意。

实际上，关于张衡《归田赋》（《文选》卷十五）中的"于仲春令月，时和气清。原隰郁茂，百草滋荣"一句，李善注："《仪礼》曰：令月吉日。郑玄曰：令，善也。""令"字为"善"之意。

唐贞元五年（789）将二月一日定为"中和节"，是因二月即仲春处

1　可参考：日本古典文学大系本《万葉集》（岩波书店1982年版），日本古典文学全集本《万葉集》（小学馆1982年版），[日]古泽未知男《梅花歌序と兰亭集序》（《漢詩文引用よりみた万葉集の研究》，樱枫社1977年版），严绍璗《中日古代文学关系史稿》（湖南文艺出版社1987年版）等。

2　[日]井村哲夫：《万葉集全注》第五卷，有斐阁1984年版，第91页。

第十五章　年号"令和"与日本古典《万叶集》

在春天的正中，天气和暖之故。清沈德潜等视"中和节"为"清和节"（清乾隆帝《诗四集》卷八十一）。因张衡《归田赋》和王羲之《兰亭集序》（是日也，天朗气清，惠风和畅）中有"气清"二字，故《梅花歌序》中的"气淑风和"之"淑"乃"清新"之意。

"梅披镜前之粉，兰薰佩后之香"意在吟诵随盛开的梅花一同到来的春天的喜悦，《归田赋》中"原隰郁茂，百草滋荣"也同样是咏唱春天的到来。其中，南朝梁何逊《咏春风》一诗（《艺文类聚》卷一）中有"镜前飘落粉，琴上响余声"一句，可视为"梅披镜前之粉"的典据。另外，"兰薰佩后之香"当源自屈原《离骚》（《文选》卷三十二、《艺文类聚》卷八十一）中的"纫秋兰以为佩"一句。[1]

"曙岭移云，松挂罗而倾盖"大概来源于"云罗"一词。南朝宋鲍照《舞鹤赋》（《文选》卷十四、《艺文类聚》卷九十）载有"厌江海而游泽，掩云罗而见羁"之句。"夕岫结雾，鸟封縠而迷林"应是仿照汉籍的"雾縠"一词。南朝陈江总《为陈六宫谢表》（《艺文类聚》卷十五）载"步动云袿，香飘雾縠。愧缠艳粉，无情拂镜"概为其出典。

"盖天坐地，促膝飞觞"是对张衡所撰《西京赋》（《文选》卷二）中的"促中堂之狭坐，羽觞行而无算"的转用。刘伶《酒德颂》（《文选》卷四十七）中有"幕天席地"一词，与"盖天坐地"同义。"忘言一室之里，开衿烟霞之外。淡然自放，快然自足"与王羲之《兰亭集序》所载"或取诸怀抱，悟言一室之内；或因寄所托，放浪形骸之外……快然自足，不知老之将至"有异曲同工之妙。"忘言一室之里"则直接化用"悟言一室之内"之语。[2]

"若非翰苑，何以摅情。请纪落梅之篇"与唐骆宾王所撰《骆丞

1　上述日本古典文学大系本《万叶集》，第72—73页。

2　日本古典文学全集本《万叶集》，小学馆1994年版，第67页。

集》卷四所收《秋日与群官宴序》载"不有雅什，何以摅情。共引文江，同开笔海云尔"类似，"若非翰苑，何以摅情"应源于"不有雅什，何以摅情"一句。

此外，该句也与李白《春夜宴从弟桃李园序》（《李太白集》卷二十七）所载"不有佳作，何伸雅怀？如诗不成，罚依金谷酒数"类似。另李白《春夜宴从弟桃李园序》中有"开琼筵以坐花，飞羽觞而醉月"的表达，与《梅花歌序》中的"盖天坐地，促膝飞觞"相似。但是，古泽未知男指出，《春夜宴从弟桃李园序》应是开元二十一年（733）前后或李白晚年所作，虽然在词句、内容、构成上与《兰亭集序》遥遥相接、紧密相连，但与《梅花歌序》没有任何直接联系。[1]

《万叶集》研究专家中西进认为："虽然类似作品可以找出王羲之《兰亭集序》以及诗文集《文选》中的《归田赋》，但是文脉与意思大不相同，所以不能认为典据于此。"[2]然而，《梅花歌序》不仅在意思上，而且在文脉和语言的选择、句型上，都明显是模仿张衡《归田赋》、王羲之《兰亭集序》以及唐骆宾王的诗序等。新年号"令和"的出典是《万叶集》这一说法存在"解释的余地"。

如古泽未知男指出的那样，梅花和观梅之宴、以梅为题咏均承袭了中国风。从把梅花的飘落比作雪花纷飞的汉语式表达来看，《梅花歌序》以及吟诵梅花的和歌受到了中国文学的影响，[3]特别是其中多见与王羲之《兰亭集序》的相似之处。例如，在内容的构成上，两者均先叙述时间、地点、事件，再细致描写景物和人物心境，最后阐明主旨与撰文意图，而且句式相同，皆为"四四六六"的对句。严绍璗也指出，

1　古泽未知男上述著作《梅花歌序と兰亭集序》。

2　《"令和"考案は中西進氏》（《朝日新聞》4月20日14版〈综合4〉インタビュー记事）。

3　古泽未知男上述著作《梅花歌序と兰亭集序》。

《梅花歌序》与《兰亭集序》在篇章布局、遣词造句、骈偶运用、气氛烘托和心情表达诸方面，都有许多内在的群类型，是"同句式形态"的模仿。[1]

因此，《梅花歌序》与王羲之《兰亭集序》关系十分紧密，明显是基于《万叶集》成书以前的中国古典而创作的。换言之，吟诵《兰亭集序》等中国古典的日本贵族们，对这些名作中描绘的世界心怀憧憬。他们仿照中国的文人贵族，于初春时节在大宰府举行歌会，一边饮酒一边在日本重现这种世界，从而创作了《梅花歌序》。从某种程度上看，《梅花歌序》不仅仅是模仿之作，亦具有一定的独立性，可以说是在消化吸收外来文化的基础上孕育出的新文化。

不过，王羲之《兰亭集序》所载"天朗气清，惠风和畅"一句中并无"令"字。如日本国学者契冲《万叶代匠记》所述，《梅花歌序》中的"初春令月，气淑风和"明显来自张衡《归田赋》中的"仲春令月，时和气清"。

总而言之，《梅花歌序》前半部分是受到王羲之《兰亭集序》、中间部分受到张衡《归田赋》、后半部分受到骆宾王《秋日与群官宴序》的影响。其中，从句式表达与内容来看，王羲之《兰亭集序》"天朗气清，惠风和畅"应明显参照了《归田赋》中的"仲春令月，时和气清"。

《梅花歌序》的作者不仅熟读《文选》，亦读过《艺文类聚》等中国古典。但是，与张衡的《归田赋》被收录于《文选》卷十五有所不同，王羲之的《兰亭集序》未见于《文选》，只被收录于初唐时期成书的《艺文类聚》。

关于《艺文类聚》和《万叶集》的关系，芳贺纪雄指出：

1　严绍璗上述著作《中日古代文学关系史稿》，第87页。

《艺文类聚》于推古天皇三十二年（624）成书后，很快便传来日本，并在编纂《日本书纪》等书时被广泛使用。山上忆良《类聚歌林》、吉备真备《私教类聚》等类书的编纂也深受此书的影响。此外，《万叶集》卷七、卷十中的门类排列顺序也参照了《艺文类聚》。……收录于《艺文类聚》的诸多诗文，都是《万叶集》和歌序文参照的对象。这充分说明了《艺文类聚》的重要性。[1]

　　小岛宪之也曾指出，《艺文类聚》的传入可追溯至《日本书纪》成书以前，对《万叶集》作者产生极大的影响。[2]近来，孙立春围绕《万叶集》和《艺文类聚》中的咏雪诗歌进行比较，指出《艺文类聚》中的咏雪诗与大伴旅人、山上忆良等万叶歌人的咏雪歌有共通之处。[3]

　　如上所述，新年号"令和"可以说是以《文选》《艺文类聚》所收录的《归田赋》《兰亭集序》等中国古典为典据。可知，《万叶集》与中国古典之间有着密不可分的关系，认为新年号"令和"取自日本古典而非汉籍，并不合理。

1　[日]芳贺纪雄：《典籍受容の諸問題》，《万葉集における中国文学の受容》，塙书房2003年版。

2　[日]小岛宪之：《芸文類聚の利用》，《上代日本文学と中国文学》（上），塙书房1971年版，第126—132页。

3　孙立春：《〈万葉集〉と〈芸文類聚〉における詠雪詩歌の比較》，《万葉古代学研究所年報》第5号，2007年。

二

其他热门候选年号

作为新年号最终候补的六个方案之一，"万和"的典据收录于《文选》卷八的司马相如《上林赋》（亦见于《艺文类聚》卷六十六）所载"奏陶唐氏之舞，听葛天氏之歌，千人唱万人和"。但是，该句最早见于《史记》，后又将"万和"的出典调整为《史记》。由于汉籍中年代越久的经典越具权威性，故以比《文选》更古老的《史记》作为其典据。总之，"万和"和"令和"一样明确包含了和平的愿望。

除"令和"外，取自日本古典《古事记》的"英弘"一度被认为是热门候选。"英弘"以《古事记》序文中的"清原大宫，升即天位。道轶轩后，德跨周王。……设神理以奖俗，敷英风以弘国"为典据。其中的"清原大宫，升即天位"是指在"壬申之乱"后即位的天武天皇。"英弘"是彰显天武天皇功绩的词句，因此政治意味强烈。据后世的文献记载可知，天武天皇在"壬申之乱"中，从其兄天智天皇之子大友皇子（弘文天皇）手中篡夺了帝位。若以此为典据，可能诱发反抗"英弘"的社会风潮。因此，日本在2019年3月上旬把包含"英弘"在内的五个方案定为预选方案后，又追加了新方案"令和"。

《古事记》虽记述从天地初开到推古天皇时代以皇室为中心的历史，但实际上是以神话、传说、歌谣、系谱为中心，因此难以原封不动地作为史料使用。另外，由于第二次世界大战前《古事记》被视为天皇神圣化的圣典而为军国主义所利用，因此一旦"英弘"成为新年号，将会招致在野党、知识阶层乃至其他国家的反对。

"令和""万和""英弘"之外的三个方案，其年号出典均已明确。"广至"出自日本国书《日本书纪》和《续日本纪》，"久化"取自中国儒教经典《易经》，"万保"来源于中国最早的诗集《诗经》，但均未公开其具体出典语句。

"广至"是以《日本书纪》卷十九钦明天皇三十年（569）四月乙酉条钦明天皇诏书所载"岂非徽猷广被，至德巍巍，仁化傍通，洪恩荡荡者哉"为典据。该诏书是由于高句丽使节虽途中遇难但依然来贡，钦明天皇为彰显自己的仁德而颁布。若"广至"成为新年号，可以预想必会引起韩国和朝鲜的反对。因此，"广至"与"英弘"一样也不适合作为新年号。

"久化"大概取自《易经》所载"日月得天而能久照，四时变化而能久成。圣人久于其道而天下化成"。"万保"或来源于《诗经》中的"君子万年，保其家室"或"君子万年，保其家邦"。"久化""万保"与"万和"一样，均出自中国古典，故被安倍晋三等保守派摒弃。

然而，"令和"年号的选取虽有意避开中国典籍，但据上文分析可知，这一年号仍未能摆脱中国古典的影响，在被诸多学者指出出典"谬误"后，只能采取自欺欺人的做法。

汉籍已深植于日本土壤之中，成为日本文化不可或缺的一部分。像日本这样从蛮荒时期起就在大陆文明哺育下繁盛起来的海岛国家，要想割裂其文明早期与母体的联系，就如同切断腹中胎儿的脐带一样，不仅可笑，也十分可悲。[1]年号是文化的表象，也是文化的装置。日本文化中遍布汉籍身影，愿今后勿将汉籍看作异国文化加以排斥。

1　高洪：《日本确定"令和"年号过程中的政治因素探析》，《日本学刊》2019年第3期。

三
作为日本古典（国书）的《万叶集》

所谓新年号"令和"的典据《万叶集》编纂于8世纪后半期，是日本现存最早的和歌集。由于其中多收录咏叹恋爱和自然之美的和歌，故被认为是政治性较弱的书籍。恐因此，日本政府决定从具有一般性且政治性稀薄的《万叶集》中选取年号，委托《万叶集》研究专家中西进等人提案。诚如安倍晋三所述，因《万叶集·梅花歌序》中不易看出政治色彩，"令和"年号广受好评。

江户时代以后，《万叶集》才被奉为日本古典。继元禄时代的北村季吟（《万叶拾穗抄》的作者）之后，日本国学者契冲对《万叶集》全卷进行了精密考证并加注，撰成《万叶代匠记》。该著作富于创见，奠定了《万叶集》研究的基础，对贺茂真渊、本居宣长等产生了极大影响。此外，契冲以渊博的和汉学识对人性及历史出色的解读，对《万叶集》施以翔实的注解，成为日本古典学的新起点，被誉为划时代之里程碑。明治二十三年（1890）出版的三上参次、高津锹三郎著《日本文学史》（上卷）载：

> 夫《古事记》《日本书纪》为国史之嚆矢，《万叶集》为国文之翘楚，则奈良朝为我国文学之曙晓。《万叶集》实为我国之《诗经》。[1]

其中，将《万叶集》置于与中国《诗经》同等尊崇的地位。被视为

1　[日]三上参次、高津锹三郎：《明治大正文学史集成1　日本文学史》上卷，日本图书中心（东京金港堂旧版）1982年版，第137页。

新年号"令和"典据的《万叶集》，确如安倍晋三等保守派所强调的那样，可称为日本古典（国书）。

但是，"国书化"的《万叶集》等也有被日本用作战争动员的历史。例如，《万叶集》卷十八第四〇九四首歌即大伴家持《贺陆奥国出金诏书歌一首（并短歌）》载：

> 苇原瑞穗国，天孙下凡治。皇祖承神命，世代嗣相继。……
> 忆我大伴家，远祖有声名。世世代代传，大久米主称。
> 仕君无二心，生死誓进忠。赴海水渍尸，结草卧山岭。
> 现身君王侧，义无反顾情。自古传到今，后代来继承。

天平二十一年（749）四月一日，因首次从日本国内陆奥地区产出黄金，圣武天皇下诏庆贺，其中特别赞颂大伴、佐伯两氏世代的忠节。大伴家持根据诏书吟咏了上述和歌，将天皇喻为天之神，将日本喻为神之国，发誓不惜生命为国尽忠。此后，该和歌在战争期间被谱曲为《远航》（《海行かば》）。

昭和十二年（1937），日本政府为提高国民对国家的忠诚度、强化国民精神，《远航》被谱曲后通过广播播放。当时的日本年轻人一边唱着《远航》，一边高呼着"天皇万岁"，奔赴侵略战场。通过强调日本是"神国"，把战争正当化为"圣战"，来达到美化天皇、让国民尽忠的目的。当时，当权者利用《万叶集》古典为国家主义、军国主义提供便利。

如今，安倍晋三等保守势力又欲利用古典来彰显"日本特性"。江户时代以来的国学者们主张复古思想，排斥儒家思想，这与现在保守派鼓吹的"日本本土化""日本特性"目的相同。新年号"令和"正展现了当今时代特征，显示出日本政府、学界乃至民间部分学者"去中国化"的强烈意识。

但是，基于排斥儒家思想而欲恢复纯粹的日本古代精神（古道）的本居宣长等人的国学运动，和鼓吹国家主义的军国主义者一样最终失败。因此，欲"去中国化"的日本国粹主义者也不可能抹去中国文化的痕迹。以安倍晋三为首的保守派政治家最终选择了"无法消除中国痕迹"的年号"令和"，不正是一个很好的例子吗？

四
隐喻的时间——年号

外国人在日本停留三个月以上时，需要在政府机关进行居民登记，此时便会苦恼于西历与日本年号的换算。年号虽起源于中国，却已湮没在中华文化的历史长河之中，如今只有日本一国仍在延续着这一传统。

年号可追根溯源自中国的儒家思想。天子受命于天，德高于众，通过给时间命名，以期掌控世间万物。年号正是天子支配民众时间的象征，故天子统治的地方都要使用其制定的年号。设立年号是君主统治权的象征，与宣扬国家独立无异，无论是在内政还是外交上均有重大意义。制定年号的国家都属于汉字文化受容区，这些区域不仅在外交事务上，在内政治理中也使用年号。大分裂时期的中国多年号并存，此时在汉字文化圈内的各国也出现独立年号。[1]

据文献记载可知，日本在7世纪中叶曾有"大化""白雉"等年号，但却不具有法律约束力。从发现的许多木简、金石文来看，当时盛行以六十年为周期的干支纪年。701年设立年号"大宝"，同时《大宝

1　大井刚上述著作《年号：独立と従属の標識》，載脇田晴子、アンヌ ブッレシイ上述著作《アイデンティティ・周縁・媒介》，第26—40页。

律令》规定公文书中需使用年号标明时间。制定自有的年号"大宝"，表明了其欲摆脱中国的独立意图。之后，年号制度沿用至今，即使是武家手握国政实权的12世纪以后，天皇和京都的朝廷仍一直掌控着年号的制定权。[1]迄今为止，明确出典的年号均出自中国文献典籍而非日本国书。这正是由于认识到年号起源国中国的古典价值，且强烈意识到需拉近与中国的距离。[2]

　　与中国一样，日本改元主要基于六个条件。[3]在新君主登基之初，期待新制度、新思想能迎来新时代而制定新年号，新年号的制定为时间注入了新生命。在上述4月1日的记者招待会上，安倍晋三解释，新年号"蕴含了在人们的美丽心灵相互靠近的过程中，新文化诞生并成长的寓意"，同时表示："我们对能够孕育文化、欣赏自然之美的和平生活怀着由衷的感谢之情，共同开启一个充满希望的新时代。"[4]的确，新年号"令和"为新时代注入了新生命，寄托着日本国民的梦想和希望。

　　然而，具有美丽和平之意的"令和"一词，源自于张衡《归田赋》以及王羲之《兰亭集序》，精通中国古典研究的日本学者对此心知肚明。尽管如此，日本政界、学界却又强调"令和"出自日本国书而非中

1　大井刚上述著作《年号：独立と従属の標識》，载胁田晴子、アンヌ　ブッレシイ上述著作《アイデンティティ・周縁・媒介》，第26—40页。

2　矶田道史（国际日本文化研究中心副教授）指出，从与中国的距离感来说，年号在日本的使用历史有四个阶段：第一阶段是直接使用中国的年号；第二阶段是虽然知道中国的年号，但不敢使用，而只用干支；第三阶段是虽使用独立年号，但出典于中国汉籍；第四阶段是设立独立年号，并以本国典籍为出典。参见《令和、中国台頭で〈日本〉を强く意識した》，https://www.asahi.com/articles/ASM416GY5M41UL-ZU00J.html。

3　所功上述著作《年号の歴史：元号制度の史的研究》（増補版）；葛继勇：《紀年と文字》，《日文研》第60号，2018年。参见本书第十四章。

4　"平成31年4月1日安倍首相记者招待会"，https://www.kantei.go.jp/jp/98_abe/statement/2019/0401singengou.html。

国古典，这一做法究竟意欲何为？

据与平成改元密切相关的日本政府有关人员透露，"国书典据"的想法不是在这次改元时突发奇想，而是自昭和后期议论至今。安倍晋三在早前支持通过历史文化的自豪感恢复日本传统价值观，并曾明确表示，"年号出典以日本所著书目为最佳"，概因考虑到强调独立自由、摆脱中国影响的右派支持者。事实证明，安倍晋三此次大胆而强有力地推动年号选定，其动力来自欲选出"脱离中国文化元素"的新年号的意图，以及政权内部认识上的一致性和社会上保守政治基础强有力的支撑。[1]

事实上，这次年号出典更换，与近150年来日本的飞速发展、国际意识的变化密切相关。"明治"年号出典于《周易·说卦》："圣人南面而听天下，向明而治。"表明日本政府欲推动文明开化、殖产兴业、富国强兵政策，向欧洲列强学习的政治抱负。"向明"二字意味着天将亮，表明日本对国力强盛明天的强烈憧憬。明治政府实行议会制度，进行西式教育，实施上述三大政策后，战胜清朝，打败俄国，得以"称雄"东亚，迈入强国之林，进而实现"脱亚入欧"。

"大正"年号源于《周易·临卦》："大亨以正，天之道也。"孔颖达疏曰："使物大得亨通而利正。""大亨以正"的意思是，通过走正道不断壮大，且亨通无阻，暗喻以上临下，统御民众。不过，此处的"民众"恐怕不仅仅包含日本国民。1910年炮制《日韩合并条约》，日本将"大韩帝国"（朝鲜王国"升级"）吞并。这一事件正式改变了东亚版图，对两年后大正年号的诞生影响巨大。

"大正"之后的"昭和"年号出典于《尚书·尧典》："克明俊德，以亲九族。九族既睦，平章百姓。百姓昭明，协和万邦。""亲九族"就是首先把自己的宗族管理好；"平章百姓"就是继而把自己的国家治理好；

1　高洪上述著作《日本确定"令和"年号过程中的政治因素探析》。

进而使各国团结起来，就是"协和万邦"。"协和万邦"与"夷夏之防"联系紧密，往往带有"华夏中心"主义的色彩。采用"昭和"年号，表明日本要把亚洲国家和诸民族"统一"起来协同抵制欧美列强的"鸿志"。这与之后日本军国主义宣扬的"大东亚共荣圈"一根同源。第二次世界大战期间，日本以"拯救东方，对抗西方"为借口，发动"大东亚战争"。"大东亚共荣圈"的实质是日本以东亚宗主国自居，把中国、朝鲜及东南亚置于被其奴役的地位。

刚刚谢幕的"平成"年号，源于《尚书·大禹谟》所载"地平天成，六府三事允治，万世永赖，时乃功"，或《左传·文公十八年》所载"举八元，使布五教于四方，父义、母慈、兄友、弟恭、子孝，内平外成"。杜预注："内，诸夏；外，夷狄。"寓意"内外""天地"皆和平安定。众所周知，1968年，日本成为仅次于美国的世界第二号经济大国；1986年，日本的黄金储备达421亿美元，雄踞世界第二。因此，采用"平成"作为年号，当是经历战后经济复苏、高速发展后，日本期盼能够继续维持世界第二经济大国的愿望的体现。

但是，2010年日本的GDP被中国超越，降为世界第三大经济体。这也是1968年以来，日本经济首次退居世界第三。虽然时任官房长官枝野幸男对日本GDP被中国赶超表示祝贺，但他仍补充道："在人均GDP方面，日本仍然是中国的10倍多。"随后，日本大幅削减对华援助。日本广播协会（NHK）于2018年10月23日刊发题为《日本今年结束对华援助，今后朝"对等"发展》的文章，表达了对中国的发展充满警戒心态。昔日的经济大国日本被中国赶超后，"大国心态"发生了扭曲，转而从文化上进行博弈。这次欲选出"脱离中国文化元素"的新年号，不正是这种心态的表现吗？

综上，笔者关注日本新公布的年号"令和"及其出典《万叶集》卷五《梅花歌序》，在探究年号"令和"出典的同时，尝试挖掘其中隐含的学术思想和政治诉求。结论如下：

（1）被认为是新年号"令和"出典的《万叶集·梅花歌序》，前半部分是受到王羲之《兰亭集序》、中间部分受到张衡《归田赋》、后半部分受到骆宾王《秋日与群官宴序》的影响。新年号"令和"可以说是以《艺文类聚》所收录的张衡《归田赋》、王羲之《兰亭集序》等中国古典为典据。

（2）安倍晋三政府选择"令和"作为新年号并宣布出典为日本古籍《万叶集》，有深层次的政治意图。其他候补年号之所以没有当选，与日本历史文化有密切的关系，同时也隐藏着日本政府"去中国化"的意图。

（3）被日本国学家"国书化"了的《万叶集》等古典也有被国家用作战争动员的历史。安倍晋三等保守势力欲利用古典来彰显"日本特性"，显示出政府、学界乃至民间"去中国化"的强烈意识。近代至今，年号的选择与近150年日本国家的飞速发展、深层的国际意识密切相关。

在上述2019年4月1日的记者招待会上，安倍晋三表示，"有一首歌叫作《世界上唯一的花》，肩负着日本未来的青年，在对明天满怀希望的同时都能如花般绚烂盛开。我想和国民全体一起创造出对于这些年轻人来说充满希望的日本"。以代表平成时代的偶像天团SMAP热门歌曲《世界上唯一的花》为例，满含对"令和新时代"的期待。[1]今后，笔者希望警惕利用古典来展示日本特性的保守势力抬头，同时也要团结守护和平宪法的日本青年，共同维护东亚的和平与稳定。

（原文刊于荒木浩编《古典的未来学》，文学通信2020年版）

---

1 "平成31年4月1日安倍首相记者招待会"，https://www.kantei.go.jp/jp/98_abe/statement/2019/0401singengou.html。

附录一

超越时空的"书籍之路"
——中日"书籍之路"国际学术研讨会综述

金秋送爽，丹桂飘香。2000年9月18日，由浙江大学日本文化研究所主办的中日"书籍之路"国际学术研讨会在美丽的西子湖畔举行。本次研讨会得到日本国际交流基金的资助。虽然研讨会的日程较短，但由于赴会的都是国内外著名的专家学者，讲演精彩，讨论热烈而深入，与会者获益匪浅。

研讨会由浙江大学日本文化研究所所长、博士生导师王勇教授主持，以大会演讲和集中讨论的方式进行。18日上午，大庭修、严绍璗、德田武三位中日著名学者作了大会讲演。在下午的讨论会上，来自各地的专家、教授以及博士生、硕士生等欢聚一堂，畅所欲言。笔者作为日文翻译，有幸参加了这次研讨会，也深有感触。

一

本次研讨会以东亚诸国间的书籍往来，特别是以中日典籍交流为背景，对汉籍进行宏观上的研究，历史上，中国文化在日本流布甚广，影响极深，这种影响主要是由汉籍传播带来的，中日之间事实上存在一条"书籍之路"。"沙漠，驼队，西方，夕阳西下，背负的是鲜艳的丝绸，这是古代的丝绸之路；大海，船队，东方，旭日东升，运载的是飘香的书籍，这是古代的书籍之路。"(《中日文化交流史上曾有一条"书籍之路"》，载《光明日报》1999年8月10日) 日本输入中国典籍，以5世纪通过百济间接摄取《论语》和《千字文》为开端。7世纪初由遣隋使开拓直通航道,慕求佛法的遣隋使归国之际会携带不少佛经汉籍。至唐宋明清之际,往来于两国的日本使节、留学生(僧)以及商人携归大量的汉籍,这已是毋庸置疑的事实。书籍作为人类精神文明的载体,一直是文献学和思想史的研究对象,但在这里,它分明是作为一种商品的形式存在,从而在中日文化交流史上铺就了一道亮丽的风景线——"书籍之路"。

"书籍之路"(Book Road)概念的提出,意在论证古代东亚诸国的文化交流,无论内容、形式,还是意义、影响,均有别于沟通中西的"丝绸之路"(Silk Road)。简言之,中国与西方的交流,主要体现在以"丝绸"为代表的物质文明层面;而中国与日本的交流,则主要体现在以"书籍"为媒介的精神文明层面。前者虽然能暂时地、表面地、局部地装点某个地区的文明景观,但难以从根本上改变该地区的文明内质;后者则可以积淀于一个民族的心灵深处,成为该民族创造文明的源泉。

"书籍之路"概念近年由王勇教授提出以后,深受中日学术界的关注。1998年王勇先生赴日讲学期间,先后应邀在和汉比较文学会、早稻田大学国文学会、早稻田大学史学会作"古代中日的书籍之路""中世中日的书籍之路""近代中日的书籍之路"的演讲。同年,早稻田大学田中隆昭教授、神户大学藏中进教授、大阪大学后藤昭雄教授等知名学者,在论著中引用或介绍"书籍之路",认为这是研究东亚文化交流史的有效视角。《光明日报》(1999年8月10日)、《人民日报(海外版)》(1999年8月6日)刊有专访,覆盖日本全国的KBS卫星电视播出王勇教授的专访片(1999年7月18日)。此外,面向日本全国发行的《图书馆教育新闻》(第843期)、《浙江日报》(1998年8月5日)、《中国文化报》(1997年10月21日)等许多中日文报纸杂志分别作过相关报道。

二

"书籍的流动往往伴随着文化的交流与传播。我们在考虑这一问题时，通常想到的是书籍所蕴含的文化层次上的思想、文艺、制度等方面的内容，大都着眼于它们对异文化所产生的影响。……在此，我想换一种研究书籍的视点，从另一种角度展开论述，那就是把输入的书籍作为贸易品之一，不考虑书籍的内容，而是把它作为单纯的物品来看待。"日本秦汉史研究会前会长、皇学馆大学校长大庭修教授独辟蹊径，立论精邃，显示出深厚的学术功底。在《书籍之路的检证方法》演讲中，他把书籍作为拥有独特性格的贸易商品，把书籍的刊记看作书籍这一商品的制造年月，通过对尾张藩第一代藩主德川义直藏书的刊记、购入年月以及版本的考察，证实了汉籍从出版到输入日本的时间极短、中日文化交流的速度之快。而且，他还把长崎贸易过程中记录的《赍来书目》《书物元帐》《大意书》等第一手资料和当时知识分子所作的《商舶载来书目》《舶载书目》等第二手资料分析整理，并结合现存于日本内阁文库、蓬左文库等藏书机构中的当时幕府将军和大名制定的书目，说明了"在这个资料极其缺乏、研究较为困难的时代，不依靠文献而能阐明中日贸易交流史的正是书籍"，从而在更深的层次上论证了"书籍之路"的存在。

中日比较文学学会会长、北京大学比较文学与比较文化研究所所长严绍璗教授则对版本目录学著作极为重视，提出了典籍文本传递的"终端形态"这一新的学术观点。他指出："学术界历来对文化交流中的'版本目录学著作'不很重视……但是，如果从中日'书籍之路'的体系化势态来估量，那么应该说，日本古代与汉籍相关的版本目录学著作，是典籍传递的第一种'终端形态'，我把它称为'初级终端形态'。"严教授认为，在日本履中天皇六年（405）至孝明天皇庆应二年

305

附录一

（1866）的1461年间，作为"书籍之路"中传递的"初级终端形态"的版本目录学著作主要有三种类别：①以学者个人收储为对象而编撰的"个人目录学著作"；②以一定范围、一定时间的收储为对象而编撰的"综合目录学著作"；③以特殊方式和处理的不同类别的入境典籍为对象而编撰的"专题目录学著作"。之后，他以《日本〈本朝见在书目录〉的学术价值与问题的思考》为题，考证了前人围绕《本朝见在书目录》几个"历史悬案"的诸多观点，提出该书编撰年代为876年至886年、现存的《本朝见在书目录》不是原本等鲜明独特的见解，并指出《本朝见在书目录》在中日古代"书籍之路"中具有标志性和终端性意义。严教授还提示研究者，"中日两国政治文化关系的研究，如果离开了对文献典籍的考察，便是无根之木、无源之水"。

如果说大庭修教授从书籍这一独特商品出发，论证了"书籍之路"的检证方法，严绍璗教授从研究"版本目录学著作"入手，廓清了"书籍之路"的研究层面，那么，日本明治大学教授、著名的中国白话小说研究专家德田武教授则以《中国人评论的江户汉诗》为题，论证了"书籍之路"的实际意义。这篇论文言简意赅，材料翔实。他指出，汉诗文的交流促进了"中华思想根深蒂固的中国知识分子逐渐着眼于日本，这在中日文化交流中具有重大的意义"。在该文中，德田武教授列举了中日文化交流中几个有名的人物，如陈元赟、朱柳桥、野村篁园、市河米庵等，通过对陈元赟、朱柳桥等中国文人给江户汉诗人的作品所作的序、跋和识语进行梳理，指出："通过汉诗文著作的交流，最初读到日本汉诗的中国知识分子惊异于异邦人能作如此优秀汉诗，遗憾不能与异邦的文雅之士隔海相会；……正是由于江户时代汉诗文著作的交流，才有明治（光绪）时期《东瀛诗选》的付梓。"

三

在 18 日下午的讨论会上，首先，由本研讨会主持人、浙江大学日本文化研究所所长王勇教授介绍了"书籍之路"专题的研究过程、现状和实际意义。他指出，中日两国的文化交流，不仅历史悠久，而且形式独特。从历史来看，可以上溯到秦汉之交，至少已有两千余年；就形式而言，人员往来受大海阻隔，书籍成为授受的主要载体。由于自然环境和物质条件的限制，自 5 世纪至 19 世纪，日本一直把购求书籍作为摄取中国文化的主要手段。汉籍负载的精神文明，不仅改变了日本列岛的人文景观，更重要的是重塑了日本民族的心灵世界，使他们创造的文化带有浓郁的中国色彩。这是介乎"模仿"与"独创"之间的文明"再生"机制。综观以往的研究，对人物关注有余，对书籍重视不足；个案考证较盛，综合思索较弱。而"书籍之路"聚焦于东亚诸国文化交流的特殊性，试图运用新的理论框架，阐述书籍在传播精神文明方面的作用和影响，揭示汉籍流播域外与汉字文化圈生成、扩延、变迁的关系。

接着，大家围绕藏书目录、文本传递以及版本真伪等问题各抒己见。浙江大学古籍研究所前所长崔富章教授带着自己的博士生及相关古籍文本请中外专家"会诊"版本真伪，特别是把日本友人赠送的《本朝见在书目录》交给严绍璗教授判断其为何种版本。严教授毫不含糊，立即"诊断"出此本非原本，乃为后人校对所用的本子。大庭修教授指出，判断典籍文本有五个依据：避讳、印鉴、序跋、训点、纸张。严绍璗教授总结十五年来有关日藏汉籍的追踪经历，认为关于"书籍之路"的研究有四个层面的工作要做：第一是典籍文本的调查研究；第二是文本传递的基本轨迹的研究；第三是相应的版本目录学著作的研究；第四是文本传递的后果（即文化变异现象）的研究。之后，大家围绕着白话小说典籍的东传及汉籍在韩国的流布各自发表了见解。

最后，王勇教授总结发言。他充分肯定了这次研讨会取得的成绩，并指出："与此相关的中国典籍流播日本史、日本汉籍发展史、日藏中国善本目录、中国藏日本汉籍目录、佚存书籍的回归等专题，中日学者均有精深的研究。然而，从文明论的高度加以综合考察，还仅仅是近年开始的学术探索，这一构想虽有创意，但还有待进一步完善。"

参加本次研讨会的还有中国社会科学院世界历史研究所《世界历史》杂志社编辑马新民研究员、日本皇学馆大学神道研究所牟礼仁副教授和浙江大学中文系陆坚教授、日本文化研究所副所长王宝平教授、古籍研究所前所长崔富章教授、韩国研究所所长黄时鉴教授、历史系何忠礼教授等国内外著名专家数十位，以及浙江大学日本文化研究所、古籍研究所、韩国研究所、历史系、中文系和国际文化系的博士生、硕士生等共百余人。举办研讨会的同时，日本文化研究所展示了前期研究成果，包括在中日两国出版的专著、编著、译著等五十多部。

本次研讨会主要有以下鲜明特点：首先，研究、讨论内容广泛，涉及史学、文学、文献学等领域，其中不少方面较以往几次研讨会更深入、更系统化；其次，与会学者来自中日两国，他们在知识结构、专业技能等方面各有专长，可以说是各领域的学术权威；再次，研讨会不仅关注人物的往来，而且重视书籍的交流，从众多个案考证中进行综合思索。稍显不足的是，本次研讨会缺少韩国以及中国台湾、香港等地区的学者，如能更深入地挖掘朝鲜半岛的史料，将会进一步丰富"书籍之路"的内涵。

我们相信本次中日"书籍之路"研讨会不仅会进一步促进中日友好交流，而且也可以昭示中国文化作为一种国际性文化的真正意蕴。"书籍之路"必将超越时空、惠及后代！

（原文刊发于中日关系史学会编《中日关系史研究》2000年第4期）

附录二

中日文化交流史研究的新视角
——评葛继勇著《汉诗汉籍的文化交流史》

日本关东学院大学　河内春人

1995—1998 年，日本大修馆书店出版了"日中文化交流史丛书"（1996 年中国出版了该丛书的中文版"中日文化交流史大系"）。该丛书内容分为历史、法制、思想、宗教、民俗、文学、艺术、科技、典籍、人物十个主题，汇集了中日两国学者关注的焦点，对中日文化交流史进行了双向、立体的梳理。20 世纪 90 年代，两国交往开始步入正常轨道，彼时中日两国学者之间的交流亦日趋活跃，该丛书的出版无疑推进了中日学术交流的蓬勃发展。

该丛书出版至今已过去将近二十五年，中日之间的学术交流越发频繁。在当前中日两国的学术研究交流日趋活跃的情况下，作为"中国图书对外推广计划"以及"国家重点图书出版规划"项目的一环，"新中日文化交流史丛书"（第一辑）十册的出版，无论在深化学术研究还是促进两国交流方面均是极为可喜的大事。

现将该丛书的作者及书名、总页码列举如下：

王勇《古代をいろどる国际人》（《古代中日跨国人物》），368 页；

王勇《奈良·平安期のブックロード》（《奈良平安时代的书籍之路》），384 页；

王晓平《诗の交流史》（《诗的交流史》），296 页；

神鹰德治《白氏文集诸本の系谱》（《白氏文集诸本系谱》），272 页；

葛继勇《漢詩・漢籍の文化交流史》(《汉诗汉籍的文化交流史》),400页;

葛继勇、河野保博《入唐僧の求法巡礼と唐代交通》(《入唐僧的求法巡礼与唐代交通》),464页;

陈翀《日宋漢籍交流史の諸相－文選と史記、そして白氏文集》(《日宋汉籍交流史诸相——〈文选〉与〈史记〉以及〈白氏文集〉》),304页;

德田武《大田南畝・島田翰と清朝文人》(《大田南亩、岛田翰与清朝文人》),296页;

张伟雄《日中文人の明治期交遊録》(《明治时期中日文人交游录》),336页;

邢永凤、李月珊《孔子の日本伝来と変様》(《孔子传入日本与变样》),320页。

从上述书名可以看出,该丛书汇集了以文化交流为主题的相关研究成果。主编王勇提出"书籍之路"概念历时已久,本丛书之一《奈良平安时代的书籍之路》便是由王勇本人对"书籍之路"这一概念的阐释,其余九册则与其相呼应,内容也以汉诗文、书籍的交流为主。因此,此系列丛书整体上可称为"书籍之路的文化交流",从中足以窥知"书籍之路"研究已取得的巨大进展。

与旧丛书不同的是,新丛书基本为一位学者独立撰写一册。《入唐僧的求法巡礼与唐代交通》《孔子传入日本与变样》两书虽为合著,但作者也仅为二人,由此不难看出新丛书采取少数人执笔这一方针。旧丛书的一大特色在于由多位学者撰写,呈现多样视角,但其中也存在中心论点不够明确的问题。新丛书将作者集中限定于一人或二人,更容易突出论点。

关于新丛书的作者,日本学者三人,中国学者七人(有重复),中国学者所占比例大于日本学者。由于是中国学者发起的项目，这一点无可厚非。不过，从中日双方的立场对论点进行相互印证是该丛书的特色所在，若能在中日学者比例方面加以平衡的话或许会更好。

以下简单介绍一下本丛书的主要内容。以时代划分，古代六册、中世一册、近世一册、近代一册、通史一册。从总体来看，第一辑的十册书并非均匀分布于各个时代，古代所占比重达半数以上，数量最多。中日交流史上原本存在频繁期和冷淡期的起伏变动，中世也有许多诸如禅宗交流、明日贸易等文化交流研究课题。从本十册丛书被称作第一辑这一点来看，或许第二辑中会考虑上述课题。期待整套丛书在整体上对时代分布的均衡方面予以考量。

以笔者之力，对本丛书所涵盖的丰富内容无一遗漏地加以评价，是不可能的。因此，笔者欲从中选取葛继勇《汉诗汉籍的文化交流史》一书来进行介绍，以塞其责。

作者葛继勇，毕业于浙江大学日本文化研究所，在本丛书主编王勇的熏陶下，主要从事古代中日交流史研究。其于2004年初次赴日，2011年开始长期留学于早稻田大学，是一位刻苦勤勉、锐气十足的学者，以其著作《七至八世纪赴日唐人研究》（商务印书馆2015年版）为代表，公开发表了诸多研究成果，是中日文化交流研究领域中引领中国学界的佼佼者。葛继勇优秀的写作能力令人惊叹，且对中日交流的各种研究课题均有涉猎，令人钦佩。

首先将《汉诗汉籍的文化交流史》一书的目录列举如下（副标题省略）：

前　言　本書の研究視角と構成（本书的研究视角与构成）

第一章　大津皇子の「臨終一絶」と陳後主の「臨行詩」（大津皇子的《临终一绝》与陈后主的《临行诗》）

第二章　陳後主「臨行詩」の日本伝来（陈后主《临行诗》传入日本）

第三章　古代日本における魏徴『時務策』の受容（古代日本对魏徵《时务策》的受容）

第四章　日本に伝来した『魏文貞故事』（传到日本的《魏文贞故事》）

第五章　『兎園策府』の成立と日本伝来（《兔园策府》的成书与传入日本）

第六章　『白氏文集』の成立と寺院奉納（《白氏文集》的成书与寺院奉纳）

第七章　白居易の子孫と『白氏文集』家蔵本の行方（白居易后人与《白氏文集》家藏本的去向）

第八章　白居易と楊氏兄弟との交友（白居易与杨氏兄弟的交友）

第九章　留学僧円載の在唐活動と唐人送別詩（留学僧圆载的在唐活动与唐人送别诗）

第十章　円珍に贈られた唐人の送別詩（唐人赠圆珍的送别诗）

　　由以上内容可知，本书涉及的时代为7世纪后半期至9世纪，时间跨度较大，仅以此便足以窥见葛继勇的学术能力之强。且其内容涉及历史和文学两个领域。历史和文学两大学科的跨越融汇看起来容易，但实际却非常困难。对于基本都在文学范畴进行研究的汉诗，本书深入其内容，并从历史学的角度对汉籍如何成书、如何传入日本等问题进行了分析。从历史与文学的学科融合来看，这是一部非常有意义的著作。下面将对本书的详细内容进行介绍。

　　前言中指出，隋唐时代通过"书籍之路"传入日本的汉籍和诗文集是日本文化不可或缺的组成部分，日本不应将汉籍看作异国文化。然而，大多数汉籍传入日本的路径均不明确，故本书中将厘清汉籍传入日本的经过（课题A）作为课题。此外，由于学界对课题A相关的新资料尚未进行过批判性梳理，故对这些新资料的史料性进行探讨（课题B）。典籍诸版本的成书及其传播、收藏场所的研究也尚不充分，故对此加以阐明（课题C）。课题A—C正是本书所设定的分析视角。

本书可分为四个部分：有关大津皇子《临终一绝》和陈后主《临行诗》之间关系的第一章至第二章，有关对策文集的第三章至第五章，有关《白氏文集》及其相关内容的第六章至第八章，由入唐僧的送别诗来探寻他们的文化活动的第九章至第十章。据文中所述，第一章至第八章探讨了典籍的成书及其传入日本的经过，与此相对，第九章至第十章论述了人物的移动所促成的文化交流。

如标题所示，第一章探讨了《怀风藻》收录的大津皇子所作《临终一绝》与日本僧智光著《净名玄论略述》中引用的、相传为陈后主所作《临行诗》之间的关系，其相当于本书的课题A。关于两者的关系，存在两种说法：第一种为《临终一绝》传至中国引发了《临行诗》的创作，即日本诗传入中国说；第二种为《临终一绝》乃模仿《临行诗》而作，即中国诗传入日本说。文中通过论证《净名玄论略述》，对两种说法的妥当性进行了分析，指出了陈后主的狎客——江总的文集传入新罗和日本的可能性，论证《临行诗》为真作，支持了中国诗传入日本说。

笔者也赞同作者的结论，原因在于8世纪的日本以中国文化为摹本，引用汉籍并加以模仿是理所当然的。智光改编大津皇子的诗，在逻辑上亦是没有必要的。

关于大津皇子被处死刑之前《临行诗》如何传入倭国这一问题，第一章中仅论述了江总的文集传播东亚的可能性，对该问题详细的探讨见于第二章。其中推断了智光从其师僧智藏处得知《临行诗》的可能性，并推测智藏作为学问僧在留学期间于越州嘉祥寺读到了《临行诗》，并阐释了智藏直接将《临行诗》传授于大津皇子的可能性。

第二章中最关键的问题在于智藏的回国时间。《怀风藻》记载其于"太后天皇世"回国,但是《怀风藻》中传记的错误记载较多,在利用该史料时有必要进行仔细甄别。

第三章对魏徵《时务策》的成书、卷数、内容构成等进行了探讨,并在此基础之上对《时务策》传入日本以及日本对《时务策》的接受进行了论述。文中认为《时务策》为8世纪前半期遣唐使带回之物,8世纪后半期传播至地方下级官吏层;至平安初期,才作为文章的范本被空海的著作引用。

作者不仅关注《时务策》传入日本的时间,还对其传入日本后如何被消化吸收进行了探讨,即日本对《时务策》的学习并非是简单的模仿,而是能够利用其进行诗文创作。作者的这一问题意识非常重要。此外,能关注到空海的《性灵集》和《三教指归》,并指出《时务策》与两者的相似之处,作者的博闻强识令人惊叹。

大宰府并非仅仅是日本地方官衙,还是海外交流的最前线,被誉为8世纪后半期"天下之一都会"[1],大量汉籍汇集于此,是仅次于都城平城京的中国文化基地。大宰府的官员虽为地方官吏,但也不能将其文化水平与其他地方官吏等同视之。从这一点来看,《时务策》木简发现于大宰府并非偶然。

第四章围绕9世纪以前传入日本的王方庆所撰的魏徵言行录《魏文贞故事》十卷,将其与其他类似题目的书籍进行了对比和整理,尤其对《魏文贞故事》于南宋时期重新编集成《魏郑公谏录》五卷一事进行了说明。此外,关于日本对《魏文贞故事》的吸收学习,文中通过分析成

---

1 《续日本纪》卷三十神护景云三年(769)十月甲辰条载:"大宰府言:此府人物殷繁,天下之一都会也。子弟之徒学者稍众,而府库但蓄五经,未有三史正本,涉猎之人其道不广。伏乞列代诸史各给一本,传习管内,以兴学业。诏赐《史记》《汉书》《后汉书》《三国志》《晋书》各一部。"——译者注。

书于平安末期至镰仓初期的《明文抄》中引用的逸文，论述了《魏文贞政书》与《魏文贞故事》系同一书籍，《明文抄》抄写自藤原通宪所藏《魏文贞故事》。

古代书籍并非仅有单一的名称，可能拥有多个名称，会令研究者将同一书籍误认为是多种不同的书籍。基于这样的认识，该章对《魏文贞故事》进行整理，究明其在日本的利用情况，可以说是一项重要的研究成果。从中亦可延伸出今后的课题，即《明文抄》中以各种书名引用了《魏文贞故事》，而《日本国见在书目录》中却仅记载了《魏文贞故事》一种书名，那么在《日本国见在书目录》记载之后，《魏文贞故事》很可能被冠以其他书名再次被带至日本。此课题涉及平安时期日本对唐代书籍的需求及接受等问题。传统观点认为，平安时期，传入日本的中国文化主要以唐代以前的古典为中心，而对唐代书籍的需求则较小。此课题的研究表明，这种学界的传统观点有待进一步审视。

第五章主要探讨《兔园策府》的成书及流播日本的情况。该书为唐代编纂的类书，现已失传。文中关注《杜嗣先墓志》所载杜嗣先撰写《兔园策府》之事，认为此记载可信度较高。从杜嗣先的经历推断出《兔园策府》的编纂年代为661—666年之间，作为科举考试的参考书广为流传，于8世纪前半期由遣唐使带至日本，成为大学寮的教科书和参考书。

《兔园策府》在类书中并不出名，从此前被忽视的《杜嗣先墓志》相关记载来考察其成书年代的方法，体现出作者作为一名历史学者所具备的卓越才能。考察内容不仅包括成书时期，还涉及其传播情况，该研究视角与第三章有着异曲同工之妙，也是序言中所提到的本书分析视角的体现。

笔者留意的是《兔园策府》传入日本的时间。若该书与杜嗣先有关，由杜嗣先接待遣唐使的时间为702年可知，该书极有可能由大宝年间遣唐使带回日本。但是，作者从留学生的学问这一视角出发，倾向于由吉备真备于天平年间带回日本的可能。因而，文中并未清晰说明该书传入日本的年代。此外，关于《兔园策府》在日本的利用情况，文中认为，其并不如《文选》传播范围之广，至室町时代，《兔园策府》已散佚，故遣明使请求予以赏赐。若真如此，则应该考虑其在当时并未被广泛阅读使用的原因。

第六章围绕对平安时代日本文学产生了极大影响的《白氏文集》的编纂过程及其收藏场所，对《会昌四年惠萼识语》《江州德化东林寺白氏文集记》等新资料进行了深入探讨。尤其是根据《江州德化东林寺白氏文集记》的记述指出了七十卷本的存在，这一点意义深远。此外，作者反复强调，《白氏文集》除家藏外，还以寺院供奉的形式流传了下来，因此才得以留存下来比较完整的写本。

《白氏文集》的研究庞大而复杂，外行人往往望而却步。能够将其通俗易懂地进行说明，恐怕只有作者才具备这样的能力吧。若提起其中的不足，则是文中虽然将文集的编纂过程制成了一览表，但相互之间的关系仍难以把握。若能将文集编纂各阶段的继承关系进行图解说明的话，对读者来说将会更加容易理解。

此外，关于本章提到的《会昌四年惠萼识语》，田中史生编《入唐僧惠萼と東アジア》（《入唐僧惠萼与东亚》，勉诚出版2014年版）中对其进行了校注。《入唐僧惠萼与东亚》一书中收录了本书第八章所收论文的初版，将两者一起阅读，便可以多角度地了解《白氏文集》传入日本的情况。

第六章主要论述《白氏文集》收藏入寺院的情况，而第七章主要内容为《白氏文集》在白居易子孙后代之间的传播情况。文中将白居易的后嗣白景受推定为其弟白行简之子龟儿，且指出了白景受就任于集贤御书典时将《白氏文集》收藏于集贤院的可能。此外，文中还提到白居易之女阿罗的儿子即外孙谈阁童，探讨了其继承七十五卷本的可能性，并论述了白居易的宅院履道里第后成为寺院之事。

作者详细分析了白居易的家族关系，按照兄弟排行等当时的习惯探讨了其后嗣子孙，这一考察具有很强的说服力。其中有趣的是白居易的宅邸履道里第成为寺院。将宅邸改造成寺院这一行为，使人联想到古代日本藤原不比等的宅邸被其女光明子布施建造成法华寺之事。中日布施行为的共通性，也是中日文化交流的产物。

第八章围绕与白居易有婚姻关系但不明之处甚多的杨氏一族，尤其是杨虞卿、杨汝士、杨鲁士、杨汉公等人，作者在原有资料的基础上利用新发现的石刻资料进行了分析，探明了白居易与杨氏一族之间的交往是超越了政治性意图的、坦诚的交往。此外，关于杨鲁士，作者还指出了其与圆仁的关系以及圆仁与杨鲁士的亲家白居易会面的可能性。

本章的政治背景为牛李党争。面对当时两派之间的政治斗争，白居易作为官僚自然也无法置身事外。另一方面，白居易作为知识分子，也曾志向于隐居。这两种方式的碰撞，不仅仅决定了唐代，也决定了近代以前中国知识分子阶层的立场。因此，文中若能对白居易的隐居进一步详细论述，则读者对文章的理解也会更加深刻。此外，若圆仁与白居易曾有过会面，则《入唐求法巡礼行记》中当有此事的记载，但却未见相关记载。关于这一点，期待作者进一步深入阐述。

第九章和第十章则与前几章的内容不同。前八章主要研究文化交流的实际情况，即交流的实体——诗文汉籍，而第九、十章则聚焦于创作诗文的人物，探讨中日人物交流。前八章是从文学的视角进行考察，而第九、十章则主要立足于历史学的视角。这一视角对作为历史学者的作者来说更是得心应手。

第九章探讨了被台州刺史滕迈评价为"东国至人"（东方的圣人）的圆载的真实形象。关于圆载在唐期间的活动，并非如圆珍诽谤的那样，而是在唐向日本传达信息，借用作者之言，"像阿倍仲麻吕一样，扮演了日本政府在唐使节的角色"。圆载回国时，有著名文人为其作送别诗。这些送别诗表明，圆载是一位优秀的求法僧，且从诗的内容也可以感受到圆载归国的意志之坚。

关于圆载，迄今为止先行研究硕果累累。被圆珍谴责为"贼"的圆载，其真实形象不断得到重新审视。本章从送别诗入手，分析圆载的人物形象，不再局限于其与圆珍个人之间的关系，而是探究唐代知识分子阶层对圆载的评价。可以说作者提供了一个非常重要的研究视角。关于将圆载视为在唐使节的评价，笔者持有不同的看法，即应该视为7世纪较为活跃的民间交流中旧有官方关系的残留〔拙稿《入唐僧と海外情報》（《入唐僧与海外情报》），《東アジア交流史のなかの遣唐使》，汲古书院2013年版）。若将圆载的活动看作半官半民的性质，那么对其作出的历史性评价则是积极的。此外，作者对送别诗的关注，与本书的主题——文化交流有着紧密的联系，开拓了入唐僧研究的新视角。唐代文人为圆载咏送别诗这一史实，说明了当时半官半民性质的在唐日本人与唐代知识分子阶层之间存在广泛交流。这一观点的提出非常重要，因为其揭示了中日交流的历史实况。

第十章采用了与第九章同样的新视角，着眼于对圆珍送别诗的分析。文中通过对诗的分析，推测出吟咏送别诗的场所为大宰府周边；由于该诗未遵循平仄押韵，故可知作诗之人并非知识分子阶层，而是下级官僚或贸易商人。文中还指出圆珍回国后仍与他们保持着交流。

与第九章提到圆载和中央官僚知识分子阶层之间的交流不同，第十章则论述圆珍与扎根于地方社会的权势阶层的交流。此种交流并非是该时代具有代表性的文化精髓的完美体现，而是地方社会日常中呈现出的文化样态的生动刻画。本章所论述的交流实例，对研究当时的文化交流实况非常重要。因此，作为贸易商人活动据点的日本大宰府的文化、中国江南的文化具有何种特征呢？文中应对此详加阐述。尤其作为他们居留大宰府时期与日本人交流的前提，即中国江南地方社会权贵者之间的诗文交流情况，也有必要进行说明。然而，作者并没有详细论述这一点，未免有隔靴搔痒之嫌，令人可惜。

尽管如此，第九、十章论述的文化交流，在研究9世纪的文化实况方面非常重要。圆载与上层知识分子的交流，使人联想到上一时代阿倍仲麻吕与李白等人的交流。在此意义之上，可以说其为8世纪中日文人交流的延续。但是，圆珍与贸易商人的交流展现的是中日文化交流向社会下层的传播，是8世纪所没有出现过的新趋势。可以看出，9世纪不只是贸易的时代，在贸易过程中产生的文化交流，也为下一时代的文化发展奠定了基础。其实质是此前仅局限于外交范围内的交流，向广泛的社会阶层人士交流的转换。

如上所述，笔者对葛继勇《汉诗汉籍的文化交流史》一书中的学术成果陈述了愚见。显而易见，本书的研究成果非常重要。该丛书的其他九册书亦各有千秋，读者从其中任何一册书中都会有很大收获，请大家一一仔细研读。

该丛书的主题为中日文化交流，但在全球化不断发展的今天，不应仅止步于中日之间的文化交流，中韩、日韩乃至东南亚、中亚，甚至全球文化交流的历史都应被纳入研究范围之内。在此意义之上，希望该丛书能够发挥构筑21世纪新世界史基础的作用，广受读者的欢迎。

（原文刊发于《日语教育与日本学》第16辑，2021年4月）

后 记

"勧学院の雀は蒙求を囀る。"（劝学院里麻雀叫，听来竟是《蒙求》音）这句谚语在日本妇孺皆知、脍炙人口，用来比喻经常看见或听闻的事物能熟记于心。事实上，此谚语出自日本佛教说话（故事）集《宝物集》（1179年成书），意为贵族子弟的教育机构劝学院房顶上的麻雀因日常聆听学生读习《蒙求》，故能够啼叫出《蒙求》的内容。但是，《蒙求》是唐人李翰编撰的以介绍掌故和各科知识为主要内容的儿童识字课本。正如"书籍之路"首倡者王勇教授所指出的那样，"这是'书籍之路'独特的景象"。

无独有偶。宋方岳（1199—1262）撰《秋崖集》卷四《独立》一诗载："村夫子挟兔园册，教得黄鹂解读书。"其中，《兔园册》又名《兔园策府》，是唐人杜嗣先编撰的咨政对策文集，后被用作科举考试的参考书，至唐末五代被作为平民教育的教材为乡校所使用，以至于"田夫牧子"也能随口诵读，乡村院落的黄鹂能"解读书"。《兔园策府》流播至日后，不仅被用于大学寮教育的教材，也被日本文人视为类书广泛引用。这种同书殊途异用的"独特的景象"，一直是笔者从事本课题研究的动力源泉，也是令笔者沉浸于其中的魅力所在。

本书前十一章均为笔者于2011年至2018年在日留学期间撰写，第十二章、第十三章为笔者于2000年至2003年在浙江大学攻读硕士研究生期间撰写。若没有恩师王勇教授的赏识，笔者就无缘踏入学术之门；没有恩师王勇教授的推荐，笔者就不会有赴日本留学的机会；没有恩师王勇教授的耳提面命，更不可能有本书的问世。

王勇教授是笔者学术道路上的引路人。在笔者研究生毕业后，王勇教授也多次造访笔者的工作单位，在研究和工作上给予照顾与帮助。正因如此，笔者才能够无后顾之忧地致力于研究，继而有了本书的付梓。本书第一章收录于王勇教授与河野贵美子教授共同编著的《東アジアの漢籍遺産》（《东亚的汉籍遗产》，勉诚出版2012年版）一书中。在该书末尾，由王勇教授执笔的后记中对笔者的激励之语时常萦绕耳旁。第十一章是在王勇教授主持的"近世东亚地区的医师国际迁徙与学术交流"学术研讨会（2018年12月7日，日本东京）、第十五章在王勇教授主持的"东亚文化视域中的年号"学术研讨会（2018年5月15日，浙江杭州）报告论文的基础上增补而成。王勇教授不仅在研究中独辟蹊径、旁征博引、穷极幽深、研核几微，以踔绝之能遨游于学术世界，还不遗余力提携后进，培育栋梁之才，为笔者治学之典范。

笔者于2011年入早稻田大学，始有幸聆听新川登龟男教授的教诲。曾几何时，笔者暂且放下预定的研究课题，埋头于新发现的百济人祢军墓志研究。新川先生非但没有责怪笔者的任性，甚至在百忙之中对拙文《扶桑について》（《何谓"扶桑"》）的撰写提出了指导性建议。此外，拙文《「風谷」と「盤桃」，「海左」と「瀛東」》（《"风谷"与"盘桃"、"海左"与"瀛东"》，《东洋学报》95卷第2期，2013年）的完成也离不开新川先生的悉心教导。因篇幅有限，不能将这些论文收录到本书中，实乃遗憾。新川老师思维缜密、立论精邃、逻辑清晰、绰有余裕，犹如高山般的存在，难以企及逾越。2018年3月，新川先生已从早稻田大学荣退，在此衷心祝愿先生福泰安康，健步学界。

本书收录了三篇与白居易相关的论文。此研究课题若没有畏友田中史生教授的建议将无法完成。2005年6月，笔者与田中教授成为知己，之后相约踏查多地史迹，时常围绕有关研究话题促膝夜谈。在有关入唐僧惠萼的共同研究中，笔者意识到研究《白氏文集》的重要性。本书第八章正是在田中教授的鼓励及督促下完成的，以此文为契机，第六章、

第七章以及《白居易の杭州西湖と蘇州武丘山のイメージ》（《白居易眼中的杭州西湖与苏州武丘山意象》）等论文才得以陆续完成。在此对田中教授聊表谢忱。

第四章是笔者作为外国人研究员在国际日本文化研究中心访学期间所作，第九章、第十章、第十一章是笔者作为客座研究员在二松学舍大学访学期间所作，第十四章是应国际日本文化研究中心榎本涉副教授所邀而撰写。第十五章发表于荒木浩教授主编《古典の未来学》（《古典的未来学》，文学通信2020年版）。在此向国际日本文化研究中心荒木浩教授、榎本涉副教授以及二松学舍大学町泉寿郎教授致以诚挚的谢意。特别是榎本涉副教授，在访学期间给予笔者无微不至的关怀与照顾。

第十二章、第十三章是笔者研究生求学期间提交的课程作业，因完成仓促，文中多有稚拙之处，亟须完善修正。然因出版时间紧迫，未能修缮，甚为遗憾。附录一为笔者硕士研究生期间参加学术会议后草成的会议综述，与第十三章均发表于中日关系史学会编《中日关系史研究》杂志上。感谢故卞崇道先生的提携与厚爱！附录二为日本关东学院大学教授河内春人先生为拙著《汉诗汉籍的文化交流史》日文版撰写的书评，文中指出的问题和中肯批评，期待今后详细梳理。

本书前八章收录于拙著《汉诗汉籍的文化交流史》日文版。能再次成为王勇教授主编的"新中日文化交流史大系"（中文版）之一册，笔者倍感荣幸。感谢王勇老师、各位编辑及负责出版的相关人士。

本书是2017年度中国国家哲学社会科学基金重大项目（17ZDA227）、2018年度河南省高校哲学社会科学基础研究重大项目（2018-JCZD-010）、2021年度郑州大学双一流重大专项（2021-29）等科研项目阶段成果的一部分。

葛继勇

于郑州大学盛和苑祥园

图书在版编目（CIP）数据

中日汉籍关系论考 / 葛继勇著. —杭州 ：浙江人
民出版社，2021.11
（新中日文化交流史大系）
ISBN 978-7-213-10340-7

Ⅰ. ①中… Ⅱ. ①葛… Ⅲ. ①图书-文化交流-文
化史-中国、日本-唐代 Ⅳ. ①G256.1

中国版本图书馆CIP数据核字(2021)第215288号

中日汉籍关系论考

葛继勇 著

出版发行	浙江人民出版社 (杭州市体育场路347号 邮编 310006)	
	市场部电话:(0571)85061682 85176516	
责任编辑	尚 婧	
责任校对	杨 帆 王欢燕	
责任印务	刘彭年	
封面设计	敬人工作室	
电脑制版	杭州兴邦电子印务有限公司	
印 刷	浙江新华数码印务有限公司	
开 本	880毫米×1230毫米 1/32	
印 张	10.875	
字 数	280千字	
插 页	6	
版 次	2021年11月第1版	
印 次	2021年11月第1次印刷	
书 号	ISBN 978-7-213-10340-7	
定 价	88.00元	